表外业务对我国商业银行风险的影响及监管研究

权飞过 著

西安交通大学出版社
XI'AN JIAOTONG UNIVERSITY PRESS

图书在版编目(CIP)数据

表外业务对我国商业银行风险的影响及监管研究 / 权飞过著. --西安 ：西安交通大学出版社，2024.11.
ISBN 978-7-5605-8519-2
Ⅰ. F832.332
中国国家版本馆 CIP 数据核字第 20240F35A9 号

书　　名 表外业务对我国商业银行风险的影响及监管研究
BIAOWAI YEWU DUI WOGUO SHANGYE YINHANG FENGXIAN DE YINGXIANG JI JIANGUAN YANJIU
著　　者 权飞过
责任编辑 史菲菲
责任校对 王建洪
封面设计 伍　胜

出版发行 西安交通大学出版社
(西安市兴庆南路 1 号　邮政编码 710048)
网　　址 http://www.xjtupress.com
电　　话 (029)82668357　82667874(市场营销中心)
(029)82668315(总编办)
传　　真 (029)82668280
印　　刷 西安五星印刷有限公司

开　　本 700mm×1000mm　1/16　**印张** 14.625　**字数** 196 千字
版次印次 2024 年 11 月第 1 版　2024 年 11 月第 1 次印刷
书　　号 ISBN 978-7-5605-8519-2
定　　价 98.00 元

如发现印装质量问题，请与本社市场营销中心联系。
订购热线：(029)82665248　(029)82667874
投稿热线：(029)82665379
读者信箱：511945393@qq.com

前言

Foreword

伴随着利率市场化进程的加快,商业银行传统盈利模式难以为继。在激烈的市场竞争环境下,表外业务成为商业银行业务转型方向,表外业务规模快速扩张。表外业务规模上升不但改变了商业银行资产结构,还引发了监管当局对表外业务风险的忧虑。然而就目前而言,现有的研究缺乏针对表外业务风险的深度研究,表外业务对银行个体风险和系统性风险研究缺乏整体性和系统性,同时表外业务监管政策的有效性也并未涉及。在我国主动防范和化解系统性金融风险的经济背景下,系统研究表外业务对银行风险作用机理不仅有助于理解表外业务对银行个体风险及银行系统性风险的传导机制,也为增强表外业务风险监管的针对性和有效性提供了指导和借鉴,因此本书的研究具有重要的理论价值和实践意义。

本书采用理论与实证相结合的研究方法,在对我国商业银行表外业务特征和监管现状进行归纳总结的基础上,通过分析表外业务不同特征对银行脆弱性的影响机理,建立了表外业务影响银行风险的统一理论分析框架。以手工收集的上市商业银行2008—2018年表外业务面板数据为样本,采用固定效应两阶段最小二乘法、动态系统GMM(广义矩估计)方法以及工具变量法,实证检验了表外业务对银行个体风险(银行风险承担)及银行系统性风险(单个银行风险对银行系统风险溢出)的影响,并检验了银行所有制属性以及表外业务类型差异带来的异质性影响。本书进一步实证检验了微观审慎监管政策和宏观审慎监管政策在抑制表外业务对银行风险影响方面的有效性差异,并探讨了表外业务监管中的货币政策与宏观审慎监管政策协调搭配策略。

本书的主要创新体现在如下几个方面：

第一，明确了表外业务对银行个体风险和银行系统性风险的作用机理及影响效应。现有文献大多聚焦于部分表外业务对银行个体风险或银行系统性风险的影响，导致研究结论出现一定的偏差。本书从表外业务整体视角出发，运用银行脆弱性理论并结合数理模型推导和数值模拟方法，理论分析并实证检验表外业务对银行个体风险及银行系统性风险的影响。研究发现：①在银行个体风险方面，表外业务复杂性带来的信息不对称问题以及市场竞争属性对银行特许权价值的负向冲击，使得表外业务与银行风险承担之间呈现出正相关关系（直接效应）；表外业务监管套利属性改变了银行风险偏好，通过强化利益搜寻效应以及改变央行沟通和反应函数，强化了货币政策银行风险承担渠道，从而间接提高了银行风险承担水平（间接效应）。②在银行系统性风险方面，表外业务带来的银行间关联性上升提高了银行系统性风险，同时银行协同开展表外业务竞争加剧了对银行间批发融资市场的依赖性，容易引发融资市场流动性危机而导致银行系统性风险。表外业务对银行个体风险和银行系统性风险的双重影响为表外业务监管提供了方向性指引和借鉴。

第二，揭示了表外业务对银行风险影响的结构性差异，为表外业务差异化监管和功能监管提供了经验指导和实证支持。本书研究发现：①与国有商业银行相比，表外业务对非国有商业银行的个体风险和系统性风险的影响更加显著，这为表外业务的差异化监管提供了必要性支撑。②不同类型表外业务对银行个体风险及银行系统性风险的影响存在明显差异。整体来看，不同类型表外业务对银行风险的影响程度依次为：代理投融资服务类表外业务最强，担保承诺类表外业务次之，中介服务类表外业务最弱；分类来看，担保承诺类表外业务和代理投融资服务类表外业务提高了银行个体风险和系统性风险，而中介服务类表外业务则降低了银行个体风险和系统性风险。不同类型表外业务对银行风险的影响差异为表外业务功能监管提供了可能，同时也为我国2018年出台的《商业银行理财子公司管理办法》将表外理财业务风险与表内风险隔离提供了实证支持。

第三，明确了不同监管政策在抑制表外业务对银行风险影响的作用效果方面的差异，并提出了表外业务监管中“稳健性货币政策＋宏观审慎监管政策”的协调搭配策略。本书在运用三重差分模型以及计算银行真实杠杆率基础上，研究发现：以资本充足率监管为代表的微观审慎监管政策非但不能降低表外业务对银行个体风险的影响，反而提高了表外业务对银行系统性风险的溢出效应；以杠杆率为代表的宏观审慎监管政策则能够有效降低表外业务对银行系统性风险的影响。因此应选用宏观审慎监管政策对表外业务进行监管。进一步考虑到表外业务对货币政策银行风险承担渠道的强化影响，本书将表外业务对货币政策的传导影响纳入 Agur 等(2019)的理论模型，通过静态比较分析方法探讨了表外业务监管中货币政策与宏观审慎监管政策的最优协调搭配策略，研究指出：在货币政策选择中，应保持货币政策的稳健中性，并选择市场化利率作为货币政策工具；在宏观审慎监管政策中，应联合采用多种监管措施，如限制表外业务资金投向、规范表外业务发展，以压缩表外业务监管套利空间，从而降低银行系统性风险。上述结果为监管当局有效监管表外业务提供了参考和指引。

本书相关研究工作得到了中国博士后科学基金(2023M730360)、陕西省自然科学基金(2023－JC－QN－0788)等科研项目以及长安大学经济与管理学院高水平专著出版支持计划的经费支持。本书即将付梓，在此感谢西安交通大学王晓芳教授、复旦大学陈硕教授以及西安邮电大学刘柳博士在本书写作过程中提供的指导和帮助，感谢西安交通大学出版社史菲菲编辑在出版过程中给予的协助和专业的建议，感谢长安大学经济与管理学院杜强教授、孙启鹏教授、李想教授、马飞教授、白礼彪教授、杨伟教授、晏文隽教授、何浩楠副教授、许晓晴博士、赵杰博士、李德鸿博士、戴涛博士、周琦博士、孟帆博士、黄又丹博士等专家学者提供的宝贵意见，感谢长安大学经济与管理学院徐永超副院长以及行政办公室相关工作人员对本书出版工作的支持，感谢家人一直以来给予的支持和照顾。

著　者

2024 年 9 月

目录

Contents

第1章

绪　论

1.1　研究背景与研究意义

1.1.1　研究背景

伴随着我国利率市场化进程的加快，商业银行传统信贷业务的利差缩小，银行表内业务盈利空间受到挤压，商业银行开始寻求“轻资产”的转型发展模式。得益于在资本监管和资金投放限制中的优势，表外业务成为商业银行应对市场竞争的重要转型方向，表外业务规模迅速提升。《中国金融稳定报告 2019》显示，截至 2018 年末，我国银行业金融机构表外业务余额高达 338.42 万亿元(含托管资产表外部分)，约为 2011 年末商业银行表外业务资产余额的 10 倍。

事实上，我国商业银行表外业务的快速发展受到资金供给和需求的共同影响。自 2008 年以后，我国的经济结构和货币政策调控方式都发生了转变。2009 年，为应对金融危机而进行的“四万亿”投资刺激计划，推动了基建、房地产和地方政府融资平台的快速发展，撬动了庞大的实体融资需求。房地产市场升温以及地方政府债务规模的扩大引发了监管当局对房地产市场以及对地方政府债务问题的关注，使监管当局加强了对房地产行业和地方政府融资平台的融资限制。但是由于基建和房地产行业的投资周期较长，前期投资项目的后续融资需求较高，因此旺盛的社会融资需求迫使商业银行和资金需求主体寻求突破监管的融资方式，商业银行表外业务在此背景下“应运而生”。在货币政策调控方面，从2013年以后，我国外汇占款余额不断下降，传统依赖外汇投放基础货币的模式难以为继；再加上国内经济增速放缓，M2（广义货币供应量）增速大幅回落，监管政策趋严，资金流动性大幅降低。在需求和供给的双重刺激下，商业银行同业创新业务快速发展，“同业—理财—委外”的套利链条逐步形成。商业银行通过发行同业存单募集资金，然后购买理财产品获取利差；理财又通过委外等模式将资金转移给非银机构，最终投向限制行业和高风险高收益项目。部分商业银行通过发行同业存单主动负债模式加杠杆，企图实现“弯道超车”。在社会需求和银行逐利的双重驱动下，商业银行表外业务规模不断扩大。

随着表外业务规模的扩大，表外业务对银行资产结构的影响也愈发显著，并且表外业务的风险得到了监管当局的关注。《中国金融稳定报告2019》显示，我国商业银行表外资产规模与表内资产规模比例从2011年的35.1％提升至2018年的126.16％，表外业务资产逐渐成为商业银行资产的重要组成部分。商业银行表外业务快速发展带来的潜在风险受到了监管当局的关注，《中国金融稳定报告2019》中多次提及表外业务管理薄弱以及表外业务风险防范问题。鉴于表外业务不纳入资产负债表，因此表外业务能够规避信贷规模控制、资本充足率监管、资本计提和损失拨备等监管限制，并且表外业务的透明度较低，表外业务违规向限制行业进行融资，削弱了我国货币政策的宏观调控效果。更为严重的是，商业银行表外业务容易累积潜在金融风险，威胁金融安全。以商业银行表外理财业务为例，商业银行通过发行理财产品构建资金池进行投资，容易导致期限错配引发的流动性风险；商业银行理财产品还存在刚性兑付问题，打破刚性兑付容易导致客户流失，遭受声誉风险；表外业务中信贷承诺和委托贷款不能完全将表内和表外风险隔离，存在表外风险向表内转移的潜在问题等。表外业务还容易导致资金在金融体系的"空转"，延长资金链条，提高企业资金成本，削弱了金融对实体经济的服务效果。商业银行采取协同策略大规模扩张表外业务，迫使中央银行不得不对表外业务风险"兜底"，因此表外业务还容易引发系统性金融风险。

鉴于表外业务存在监管套利及潜在的风险防范问题，2016 年底的中央经济工作会议就提出，要把防控金融风险放到更加重要的位置。2017 年召开的全国金融工作会议则明确提出，紧紧围绕服务实体经济、防控金融风险、深化金融改革三项任务，回归本源、加强金融监管协调、补齐监管短板。同时着力强实抑虚，健全金融风险责任担当机制，强化金融监管的专业性、统一性、穿透性，所有金融业务都要纳入监管。2017 年中央经济工作会议更直接提出"做好重点领域风险防范和处置，坚决打击违法违规金融活动，加强薄弱环节监管制度建设"等。中国银监会于 2017 年启动了银行业"三三四十"①专项整治行动，于 2018 年 1 月印发了《商业银行委托贷款管理办法》等针对表外业务的监管政策，表明了监管当局对表外业务风险的重视。与此同时，监管当局已经开始意识到分业监管导致的监管真空问题，监管模式开始由机构监管向功能监管和行为监管转变。党的二十大报告更是明确指出，"加强和完善现代金融监管，强化金融稳定保障体系，依法将各类金融活动全部纳入监管，守住不发生系统性风险底线"。

诚然我国商业银行表外业务潜在风险已得到监管当局的关注，然而国内在有关表外业务风险及监管方面仍缺乏针对性和系统性的研究。鉴于我国商业银行表外业务与影子银行、表内科目之间的复杂联系，深入总结我国商业银行表外业务特征，厘清表外业务对银行个体风险和银

① "三三四十"具体是指"三违反、三套利、四不当、十乱象"。"三违反"是指违反金融法律、违反监管规则、违反内部规章，"三套利"是指监管套利、空转套利和关联套利，"四不当"是指不当创新、不当交易、不当激励和不当收费，"十乱象"是指股权和对外投资、机构及高管、规章制度、业务、产品、人员行为、行业廉洁风险、监管履职、内外勾结违法、涉及非金融活动等十个方面市场乱象。

行系统性风险的影响是表外业务风险监管的前提。考虑到表外业务的金融创新和监管套利本质属性,表外业务对现有货币政策传导渠道的影响研究还不够全面,仅有陈雄兵等(2016)研究了表外业务对货币政策信贷传导渠道的影响,忽略了表外业务对银行风险承担渠道的影响研究,而银行风险承担渠道则紧密地将货币政策与银行风险承担联系在一起,因此有必要探讨表外业务是否会通过强化银行风险承担渠道而对银行风险承担水平造成影响。进一步,表外业务对银行风险承担和银行系统性风险的影响以及传导机理尚不明确,针对表外业务监管政策的有效性评估和政策选择有待深入研究。

1.1.2 研究意义

在供给侧结构性改革背景下,我国经济工作重点之一为防范系统性金融风险,以更好地发挥金融服务实体经济作用。表外业务作为银行业创新转型发展方向,其健康发展不仅关乎金融服务实体经济效率,而且对防范系统性金融风险具有重要的意义。本书通过归纳总结我国商业银行表外业务特征,构建统一理论分析框架,理论分析并实证检验表外业务对银行风险承担以及银行系统性风险的影响,同时实证检验针对表外业务不同监管政策的有效性,在此基础上尝试给出表外业务监管中货币政策与宏观审慎监管政策协调搭配策略。本书的研究结合了理论的发展前沿和我国宏观经济实际,具有重要的理论和现实意义。

从理论意义来看,本书系统地梳理了银行脆弱性、货币政策传导渠道及表外业务风险监管等相关理论。在理论框架构建中,从银行脆弱性视角出发,构建了分析表外业务风险的理论分析框架。通过理论分析并结合表外业务特征,分析了表外业务对单个银行风险承担的影响机理以及表外业务对银行系统性风险的影响机理,为后续的研究提供了理论基础和指引。在理论拓展研究中,一方面,本书细致地分析表外业务对货币政策银行风险承担渠道的作用机理,拓展了银行风险承担渠道的研究视角，丰富了表外业务对货币政策传导渠道的研究范围，同时建立了表外业务与银行风险承担之间的内在联系，奠定了货币政策与宏观审慎政策协调的基础；另一方面，本书拓展了 Agur 等（2019）有关货币政策与宏观审慎监管的研究框架，将表外业务纳入央行目标函数中，分析了表外业务影响下货币政策与宏观审慎监管政策的最优搭配策略，拓宽了货币政策与宏观审慎监管政策协调监管的研究深度。

从现实意义看，本书厘清了表外业务与影子银行及银行表内科目之间的区别和联系，总结归纳了我国商业银行表外业务特征，细致地研究了表外业务对银行风险承担的双重影响以及对银行系统性风险的影响，并从银行所有制属性差异和表外业务分类视角进行了深入探讨，实证检验了表外业务不同监管政策的有效性，并提出了防范和化解表外业务对银行风险影响的货币政策与宏观审慎监管政策协调搭配策略，这对全面掌握我国商业银行表外业务发展趋势、明确表外业务风险传导以及表外业务风险监管具有重要的指导和借鉴意义。本书提出表外业务对货币政策银行风险承担渠道的强化影响以及运用“稳健中性货币政策＋全面审慎的宏观审慎监管政策”搭配组合，对于监管当局的政策实施具有很强的操作指导性；表外业务对不同所有制属性银行风险的影响差异、不同类型表外业务对银行风险的影响差异，以及表外业务不同监管政策的监管效果差异，为监管当局监管政策选择以及对表外业务进行差异化监管提供了指导和参考。

1.2 关键概念界定

1.2.1 表外业务的定义及分类

根据巴塞尔协议，表外业务有广义和狭义之分。狭义的表外业务是指商业银行所从事的，按照通行的会计准则不纳入资产负债表内核算，不影响银行的资产和负债总额，但能改变当期损益和营运资金，从而提高银行资产报酬率的经营活动；广义的表外业务包括所有不在资产负债表中反映的业务，除了上述狭义的表外业务之外，还包括结算、代理、咨询等风险小或无风险的经营活动。《商业银行表外业务风险管理办法》规定，表外业务指商业银行从事的，按照现行会计准则不计入资产负债表内，不形成现实资产负债，但有可能引起损益变动的业务。根据表外业务特征和法律关系，表外业务分为担保承诺类、代理投融资服务类、中介服务类、其他类等。

担保承诺类业务包括担保、承诺等按照约定承担偿付责任或提供信用服务的业务。担保类业务是指商业银行对第三方承担偿还责任的业务，包括但不限于银行承兑汇票、保函、信用证、信用风险仍由银行承担的销售与购买协议等。承诺类业务是指商业银行在未来某一日期按照事先约定的条件向客户提供约定的信用业务，包括但不限于贷款承诺等。

代理投融资服务类业务指商业银行根据客户委托，按照约定为客户提供投融资服务但不承担代偿责任、不承诺投资回报的表外业务，包括但不限于委托贷款、委托投资、代客理财、代客交易、代理发行和承销债券等。

中介服务类业务指商业银行根据客户委托，提供中介服务、收取手续费的业务，包括但不限于代理收付、代理代销、财务顾问、资产托管、各类保管业务等。

其他类表外业务是指上述业务种类之外的其他表外业务。

1.2.2 银行风险承担

根据本书研究内容，表外业务对银行风险的影响不但包括表外业务对银行个体风险的影响，而且包括表外业务对银行系统性风险的影响。本书将银行个体风险聚焦于银行风险承担，即银行风险承担代表了银行个体风险的大小(后文中不对两者进行区分)。根据已有文献，银行风险承担的定义随着研究的深入存在明显变化。以是否考虑货币政策立场对银行风险承担的影响为标准(张雪兰 等,2012),银行风险承担可划分为被动的银行风险承担和主动的银行风险承担两类。在不考虑货币政策立场影响下,银行风险承担是指银行风险承担行为,用以反映银行从事风险业务的动机、决策以及执行等行为(孔德兰 等,2008),是被动的;而考虑货币政策立场影响下,银行风险承担反映了货币政策对银行风险偏好以及风险承担意愿的影响(Altunbas et al.,2010;Laeven et al.,2009),是主动的银行风险承担。鉴于表外业务可能改变银行风险承担意愿及风险偏好,本书将银行风险承担定义为银行的风险偏好以及风险承担意愿,因此是主动的银行风险承担。

1.2.3 银行系统性风险

尽管银行系统性风险一直是监管当局关注的重点,但对银行系统性风险的定义并没有一个统一和被普遍接受的定义。众多学者在研究银行系统性风险时,重点关注了系统性风险的溢出效应和风险的传染性。Thornton(1939)将单个银行的风险对其他银行的风险溢出定义为银行系统性风险。Loretan(1996)则从银行系统的流动性危机视角出发,将单个银行挤兑产生的系统流动性短缺定义为银行系统性风险。从传染性视角出发,Kaufman 等(2003)认为银行系统性风险源于银行间关联性的影响,将单个银行风险通过网络关联而导致银行系统崩溃的风险和可能性定义为银行系统性风险。Hart 等(2009)则将银行系统性风险描述为,银行体系内机构倒闭等极端事件的发生,从一个机构传染至多个机构,最终对实体经济产生的负外部性风险。国内学者包永全(2005)从狭义和广义视角分别对银行系统性风险进行了定义。狭义的银行系统性风险是指单个或多个银行机构出现经营困难,对其他银行机构带来的不利影响;而广义的银行系统性风险则指整体金融体系丧失有效运转的可能性。

由此可见，对银行系统性风险的定义都涉及风险的溢出效应和传染性，不同学者根据自身研究需要，分别从不同的层面来定义银行系统性风险。由于本书旨在研究表外业务对银行系统性风险的影响，本质上是探讨表外业务对单个银行的风险对于整体银行系统的溢出程度大小，因此本书将银行系统性风险定义为：单个银行受到冲击时，单个银行风险对银行系统的风险溢出程度。

1.2.4 表外业务风险

一般来说，表外业务作为银行创新业务，其风险一般可划分为信用风险、操作风险、市场风险、流动性风险以及声誉风险等。但鉴于表外业务信息披露程度不足，表外业务信用风险的准确度量较为困难，以及部分表外业务信用风险可以通过风险转化系数测算，从而受到资本充足率等微观审慎监管政策的限制，因此本书不再测算表外业务的信用风险；表外业务的操作风险则需考察银行是否通过表外业务开展违规操作，而上述风险评估仅能通过监管当局发布的相关信息获取，但上述信息披露极少，并且那些采取违规操作但并未被监管当局关注银行的操作风险难以获取，因此表外业务操作风险也难以度量；在市场风险以及流动性风险中，各商业银行年报中披露的相关信息极少，无法运用相关模型进行度量；而表外业务的声誉风险需要考虑银行因开展表外业务而遭受的声誉损失，现有技术手段难以进行度量。可以发现，上述表外业务自身风险度量难度极大，并且表外业务信用风险最终也会体现在银行风险加权资产中，因此本书将表外业务的风险聚焦于表外业务对银行个体风险和银行系统性风险的影响大小和作用方向。

1.3 研究思路和方法

1.3.1 研究思路

本书依照“发现问题—分析问题—解决问题”的研究思路，围绕表外业务特征、表外业务对银行风险的影响以及表外业务的监管展开分析。第一，通过梳理表外业务相关文献，发现现有研究不足及本书可能的研究方向。第二，通过分析我国表外业务发展现状，总结归纳我国商业银行表外业务整体发展趋势、特征及监管现状，为后续研究分析提供了事实基础。第三，在归纳总结银行脆弱性来源基础上，结合表外业务特征对银行脆弱性的影响，分析表外业务对银行个体风险以及对银行系统性风险的影响机理，为后续的研究提供理论基础和指引。第四，实证检验表外业务对银行风险承担的影响，指出表外业务既可以对银行风险承担产生直接影响，还可以通过强化货币政策银行风险承担渠道而间接影响银行风险承担。表外业务对货币政策银行风险承担渠道的强化影响，是后文研究货币政策与宏观审慎协调监管的基础。第五，借助银行博弈均衡模型和数值模拟技术直观地反映表外业务对银行系统性风险的影响机理，利用上市银行面板数据实证检验表外业务与银行系统性风险之间的联系。第六，实证检验表外业务微观审慎监管政策和宏观审慎监管政策的有效性，并借鉴 Agur 等(2019)的宏观审慎监管效用函数研究，探讨表外业务监管中货币政策与宏观审慎监管政策的协调问题，为化解和防范表外业务对银行风险的影响提供指导和借鉴。

在分析表外业务对银行风险承担的影响中，本书在理论上探讨表外业务对银行风险承担的直接作用机理，同时分析表外业务对货币政策银行风险承担渠道的影响机理，从而形成表外业务对银行风险承担具有“双重效应”的理论分析结论。本书基于我国上市银行面板数据，在利用两步法规避内生性问题后，实证检验表外业务对银行风险承担的“双重效应”,探讨银行所有制属性差异带来的影响,并进一步分析不同类型表外业务对银行风险承担的差异性影响。

在研究表外业务对银行系统性风险的影响中,本书通过构建银行博弈均衡模型,借助静态比较分析和数值模拟技术,直观地反映表外业务对银行系统性风险的作用机理。在利用 ΔCoVaR 方法测算单个银行系统性风险基础上,本书实证检验表外业务对银行系统性风险的影响,并进一步考察不同类型表外业务对银行系统性风险的影响差异。

本书将表外业务监管政策划分为微观审慎监管政策和宏观审慎监管政策两类,实证检验两类监管政策对抑制表外业务影响银行风险的作用效果。考虑到表外业务对银行系统性风险的影响以及表外业务对货币政策传导渠道的影响,本书还探讨表外业务监管中货币政策与宏观审慎政策的协调搭配问题,从而形成表外业务监管策略。本书具体的研究思路如下:

第一,总结梳理表外业务相关文献,归纳总结现有文献的不足,提出本书的研究方向。第二,明确我国商业银行表外业务发展趋势,归纳表外业务特征,分析监管现状及不足。第三,结合表外业务对货币政策传导渠道的影响,探讨表外业务对银行个体风险影响的“双重效应”。第四,理论分析表外业务对银行系统性风险的影响,通过构建银行博弈均衡模型,直观反映表外业务对系统性风险的作用机理,并实证检验表外业务对银行系统性风险的影响,为表外业务纳入宏观审慎监管提供理论和实证支持。第五,比较分析表外业务微观审慎监管政策和宏观审慎监管政策的有效性,并尝试给出表外业务监管中货币政策与宏观审慎监管政策的协调搭配策略。第六,对本书的研究结论进行总结,并对进一步研究进行展望。

1.3.2 研究方法

1. 归纳与演绎相结合

本书首先对表外业务与银行风险承担、表外业务与银行系统性风险、货币政策与表外业务传导渠道以及表外业务风险监管四个方面的研究文献进行归纳梳理，并通过分析演绎，明确表外业务研究中的相对不足，为本书的拓展和创新打下基础。

2. **理论分析与实证分析相结合**

本书在研究表外业务对银行风险承担影响以及表外业务对系统性风险影响中，都采用了理论分析和实证研究相结合的研究方法。理论分析用于指出表外业务银行风险和银行系统性风险的影响机理和作用效果，实证研究用于检验理论分析的可靠性，对研究结论和政策建议提供事实支撑。

3. **静态比较分析与数值模拟技术相结合**

本书通过构建银行博弈均衡模型，静态比较分析表外业务对银行博弈均衡的影响差异；借助数值模拟技术，直观反映表外业务对博弈均衡变动的影响机理，明确表外业务对系统性风险影响的传导机制。在货币政策与宏观审慎监管政策的协调中，比较分析盈利效应和杠杆效应的相对大小对监管效用的最终影响，为分析货币政策与宏观审慎的最优搭配策略提供分析工具。

4. **理论分析与政策运用相结合**

理论与政策实践是一个相互贯通、相互支持的关系。理论是实践的总结，理论的发展需要实践的检验。本书研究的一个重要目标是为表外业务风险监管提供理论依据和有益参考。本书通过检验表外业务不同监管政策的有效性，进一步分析表外业务监管中“严监管＋稳货币”协调配合的监管效果，提出货币政策工具选择以及与宏观审慎监管工具的搭配模式，并形成相关的政策建议。

本书的研究结构如图1－1所示。

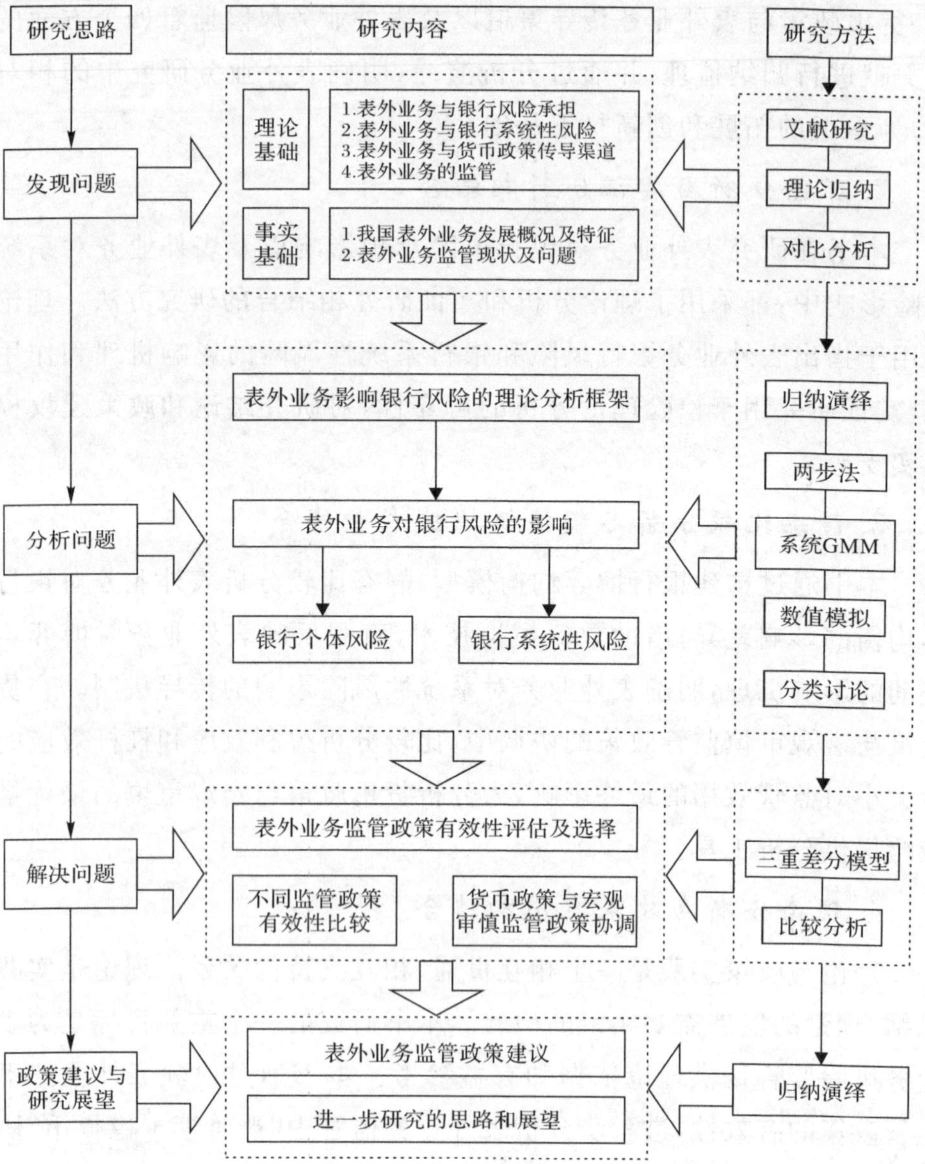
研究思路
研究内容
研究方法
发现问题
理论基础
1.表外业务与银行风险承担
2.表外业务与银行系统性风险
3.表外业务与货币政策传导渠道
4.表外业务的监管
事实基础
1.我国表外业务发展概况及特征
2.表外业务监管现状及问题
文献研究
理论归纳
对比分析
表外业务影响银行风险的理论分析框架
归纳演绎
两步法
分析问题
表外业务对银行风险的影响
系统GMM
数值模拟
银行个体风险
银行系统性风险
分类讨论
表外业务监管政策有效性评估及选择
解决问题
三重差分模型
不同监管政策有效性比较
货币政策与宏观审慎监管政策协调
比较分析
政策建议与研究展望
表外业务监管政策建议
进一步研究的思路和展望
归纳演绎

图 1－1　本书的研究结构

1.4 主要研究内容和章节安排

第1章为绪论，介绍本书的研究背景，阐述本书的研究意义，确定研究思路，介绍研究方法、基本内容和研究的结构框架，归纳主要创新之处。

第2章为文献综述，主要包含表外业务与银行风险承担、表外业务与银行系统性风险、表外业务对货币政策传导渠道的影响以及表外业务的监管四个方面。在此基础上，本书指出了现有研究的不足以及本书研究的方向。

第3章为我国商业银行表外业务发展概况，主要介绍我国商业银行表外业务整体发展现状、表外业务特征以及表外业务监管现状。本章从整体规模视角、表外业务分类视角以及商业银行主体差异视角，分析表外业务发展趋势，并发现商业银行开展表外业务具有协同性和异质性等特征，进一步归纳分析表外业务复杂性、市场竞争属性突出和监管套利属性明显等特征，总结表外业务监管现状及问题，为后文理论分析和实证研究提供事实基础。

第4章从银行脆弱性视角出发，构建分析表外业务风险的理论分析框架。通过理论分析并结合表外业务特征，分析表外业务对单个银行风险承担的影响机理以及表外业务对银行系统性风险的影响机理，为后续研究提供理论基础和指引。

第5章主要研究表外业务对银行风险承担的双重影响，即表外业务直接提高银行风险承担和通过强化银行风险承担渠道间接提高银行风险承担。从理论上分析表外业务对银行风险承担的直接影响机理、表外业务对货币政策银行风险承担渠道影响机理以及银行异质性影响；通过实证检验指出表外业务发展确实提高了银行风险承担水平，并且通过强化货币政策银行风险承担渠道提高了对银行风险承担的影响。上述影响的异质性体现在，相比于国有银行，表外业务对股份制商业银行和城市商业银行的风险承担的影响更加明显。

第6章研究表外业务对银行系统性风险的影响。本章利用上市银行面板数据，在使用不同度量方法计算单个银行系统性风险基础上，实证检验表外业务对银行系统性风险的影响效应及传导渠道，并探讨银行所有制属性不同以及表外业务类型差异对上述结果带来的影响差异。

第7章比较分析表外业务不同监管政策的有效性，并进一步探讨表外业务监管中货币政策与宏观审慎监管政策协调配合策略。在微观审慎监管政策有效性评估中，通过三重差分模型实证检验资本充足率监管的有效性；在宏观审慎监管政策中，选择杠杆率作为宏观审慎监管工具，实证检验表外业务宏观审慎监管政策的有效性。进一步，考虑到表外业务对货币政策传导渠道的强化作用以及表外业务对银行系统性风险的溢出影响，比较分析表外业务监管中不同货币政策与宏观审慎监管政策搭配的监管效果，给出货币政策与宏观审慎监管政策的最优搭配方式。

第8章对全书的研究内容进行归纳整理和总结，提出相关的政策建议，并进一步对未来研究进行展望。

1.5 本书的创新之处

第一，明确了表外业务对银行个体风险和银行系统性风险的作用机理及影响效应。现有文献大多聚焦于部分表外业务对银行个体风险或银行系统性风险的影响，导致研究结论出现一定的偏差。本书从表外业务整体视角出发，运用银行脆弱性理论并结合数理模型推导和数值模拟方法，理论分析并实证检验表外业务对银行个体风险及银行系统性风险的影响。研究发现：①在银行个体风险方面，表外业务复杂性带来的信息不对称问题以及市场竞争属性对银行特许权价值的负向冲击，使得表外业务与银行风险承担之间呈现出正相关关系（直接效应）；表外业务监管套利属性改变了银行风险偏好，通过强化利益搜寻效应以及改变央行沟通和反应函数，强化了货币政策银行风险承担渠道，从而间接提高了银行风险承担水平（间接效应）。②在银行系统性风险方面，表外业务带来的银行间关联性上升提高了银行系统性风险，同时银行协同开展表外业务竞争加剧了对银行间批发融资市场的依赖性，容易引发融资市场流动性危机而导致银行系统性风险。表外业务对银行个体风险和银行系统性风险的双重影响为表外业务监管提供了方向性指引和借鉴。

第二，揭示了表外业务对银行风险影响的结构性差异，为表外业务差异化监管和功能监管提供了经验指导和实证支持。本书研究发现：①与国有商业银行相比，表外业务对非国有商业银行的个体风险和系统性风险的影响更加显著，这为表外业务的差异化监管提供了必要性支撑。②不同类型表外业务对银行个体风险及银行系统性风险的影响存在明显差异。整体来看，不同类型表外业务对银行风险的影响程度依次为：代理投融资服务类表外业务最强，担保承诺类表外业务次之，中介服务类表外业务最弱；分类来看，担保承诺类表外业务和代理投融资服务类表外业务提高了银行个体风险和系统性风险，而中介服务类表外业务则降低了银行个体风险和系统性风险。不同类型表外业务对银行风险的影响差异为表外业务功能监管提供了可能，同时也为我国2018年出台的《商业银行理财子公司管理办法》将表外理财业务风险与表内风险隔离提供了实证支持。

第三，探讨了不同监管政策在抑制表外业务对银行风险影响的作用效果方面的差异，并提出了表外业务监管中“稳健性货币政策＋宏观审慎监管政策”的协调搭配策略。本书在运用三重差分模型以及计算银行真实杠杆率基础上，研究发现：以资本充足率监管为代表的微观审慎监管政策非但不能降低表外业务对银行个体风险的影响，反而提高了表外业务对银行系统性风险的溢出效应；以杠杆率为代表的宏观审慎监管政策则能够有效降低表外业务对银行系统性风险的影响。因此应选用宏观审慎监管政策对表外业务进行监管。进一步考虑到表外业务对货币政策银行风险承担渠道的强化影响，本书将表外业务对货币政策的传导影响纳入Agur等(2019)的理论模型，通过静态比较分析方法探讨了表外业务监管中货币政策与宏观审慎监管政策的最优协调搭配策略：在货币政策选择中，应保持货币政策的稳健中性，并选择市场化利率作为货币政策工具；在宏观审慎监管政策中，应联合采用多种监管措施，如限制表外业务资金投向、规范表外业务发展，以压缩表外业务监管套利空间，从而降低银行系统性风险。上述结果为监管当局有效监管表外业务提供了参考和指引。

第 2 章

文献综述

2.1 表外业务与银行风险承担

2.1.1 银行风险承担

1. 银行风险承担的度量

银行风险承担旨在反映银行的风险偏好和风险承担意愿，以度量银行风险的大小。现有文献对银行风险承担的度量指标选择存在明显差异。根据前文对银行风险承担的定义，银行风险承担可划分为被动的银行风险承担和主动的银行风险承担两类。被动的银行风险承担一般用不良贷款率(Delis et al.,2011)和 Z 值(Laeven et al.,2009)等指标进行度量；而主动的银行风险承担则需要反映单个银行风险承担意愿，常用预期违约频率(EDF)(Altunbas et al.,2010)、风险加权资产比例(De Nicolo et al.,2010)度量。预期违约率指标能够反映银行对预期违约风险的承担意愿，是商业银行风险承担的最优代理变量。风险加权资产比例是风险加权资产与总资产的比例，能够反映商业银行的风险承担意愿及商业银行风险承担水平(Delis et al.,2011)。由于 Bankscope 数据库中我国商业银行业的风险加权资产比例数据严重缺失，方意等(2012)的研究采用“风险加权资产＝总权益/资本充足率”来近似替代。

张雪兰等(2012)研究认为,我国银行业务结构较为单一,信贷风险是银行重点关注的风险,故而选择贷款损失占贷款总额的比重来反映银行风险承担水平。

与上述论文指标选取不同,金鹏辉等(2014)认为,银行风险承担是银行风险偏好和意愿的体现,因此贷款审批条件指数反映的审批"放松"能够表明银行风险承担意愿的加强,故其使用贷款审批条件指数围绕均值的波动来反映银行风险承担。项后军等(2017)通过对商业银行不同贷款等级赋予差异化权重,刻画了银行贷款质量,规避了我国信用评级数据难以采集的难题,使用银行贷款质量指标更加接近 EDF 指标。

2. 货币政策与银行风险承担

Borio 等(2012)首次提出了货币政策银行风险承担渠道。货币政策银行风险承担渠道是指宽松的货币政策通过改变银行对风险的容忍度和风险偏好,最终影响银行的风险承担水平。国内外学者对银行风险承担渠道的存在性进行了大量的理论和实证研究。Delis 等(2011)利用欧元区 2001—2008 年的 18000 个观测数据实证检验了货币政策银行风险渠道的存在性,并指出宽松货币政策对表外业务占比更高的银行的风险承担的影响更大。Maddaloni 等(2011)则利用欧元区和美国银行的信贷标准数据实证检验发现,宽松的货币政策会使得银行放松家庭和公司信贷的标准,进而提高了银行风险承担水平。Ioannidou 等(2015)则研究了玻利维亚货币政策银行风险承担渠道的存在性。国内学者也对我国货币政策银行风险承担渠道的存在性进行了大量研究。在微观层面,李双建等(2020)基于我国 2007—2017 年 151 家银行面板数据,实证检验发现宽松的货币政策会导致银行风险承担水平的上升。在中观层面,夏仕龙等(2017)分产业、分行业、分省份、分机构实证检验了货币政策银行风险承担的存在性。在银行业整体层面,金鹏辉等(2014)则实证检验了货币政策与银行风险承担之间的关系,研究发现宽松的货币政策提高了银行在资产端的风险承担水平。他们利用银行业贷款审批条件指数来反映银行风险承担意愿,研究亦发现宽松的货币政策容易导致信贷审批条件的放松，证明了我国货币政策银行风险承担渠道的存在性。

3. 银行风险承担其他影响因素的研究

除货币政策对银行风险承担的影响研究外，现有的研究还关注了宏观经济波动、互联网金融、利率市场化及信息披露等制度环境对银行风险承担的影响。潘敏等(2012)探讨了宏观经济波动对银行风险承担的影响，发现宏观经济波动与银行风险承担负相关：正向的宏观经济波动有助于降低银行风险承担，反之则提高银行风险承担。郭品等(2015)通过分析互联网金融对银行管理费用和资金成本的影响，从理论和实证层面检验了互联网金融对银行风险承担的动态影响和异质性作用。刘忠璐(2016)进一步从风险管理、经营效率、盈利水平和风险传染四个维度分析了互联网金融对银行风险承担的作用，并指出不同类型商业银行需根据自身特点合理融合互联网金融，才能降低银行风险承担。通过基于文本挖掘方法构建的互联网金融指数，郭品等(2015)研究发现互联网金融冲击加剧了银行风险承担。

在利率市场化对银行风险承担的研究中，李成等(2015)利用非平衡面板数据，实证检验了利率市场化对银行风险承担的影响，发现利率市场化前中期降低了银行风险。江曙霞等(2016)通过构建存款市场化和贷款市场化指数，实证研究发现贷款市场竞争对银行风险承担的影响作用更大，但存贷款利率市场化降低了银行风险承担对存贷款市场竞争的敏感性。李成等(2015)基于我国 49 家商业银行面板数据，实证检验发现利率市场化有助于降低银行系统性风险，并从政治经济学视角给出了相关解释。项后军等(2017)的研究得到了相反的结论，其研究指出利率市场化通过加剧市场竞争、赋予银行更多的风险承担机会等方式，提高了银行风险承担水平。

在信息披露与制度环境对银行风险承担影响的研究中，王宗润等(2015)通过构建博弈均衡模型，研究发现隐性的存款保险制度削弱了信息披露对银行风险承担的抑制作用。黄敏等(2018)研究指出，高质量的信息披露能够有效抑制银行风险承担，并且上述抑制效果对面临较大监管压力的银行更加显著。段军山等(2018)基于全球93个国家的商业银行样本，通过实证检验发现存款保险制度对发展中国家银行风险承担有促进作用，而在发达国家中则无明显影响；与此同时，一国监管、法律和政治环境能够抑制银行风险承担，并削弱存款保险造成的道德风险问题。

此外，国内部分学者还关注了金融创新业务对银行风险承担的影响，如郭甦等(2017)研究了资产证券化对银行风险承担的影响，发现资产证券化在短期内能够降低银行风险承担，但这种影响也存在异质性。资产种类较多、规模较大以及盈利能力较强的商业银行开展资产证券化业务会导致其风险承担水平上升，而资本充足率较高、流动性较强的商业银行从事资产证券化业务会使其风险承担水平进一步下降。

2.1.2 表外业务对银行风险承担的影响

在表外业务与银行风险承担的研究中，国外学者的研究结论并不统一。部分学者认为，表外业务降低了银行风险承担，如Boot等(1991)研究了表外业务(贷款承诺)对银行风险承担的影响，其研究发现贷款承诺降低了银行的投资组合风险，缩小了联邦存款保险公司的风险敞口。Hassan(1993)利用美国商业银行面板数据，采用Ronn-Verma期权定价方法计算了表外业务隐含风险资产规模。研究发现，当以隐含资产风险代替股权风险作为总风险替代变量时，表外业务显著降低了商业银行的总风险。Hassan(1994)进一步研究发现表外业务降低了风险溢价和股权风险。Hassan等(2009)将美国银行控股公司分为大型、中型和小型三类，研究了表外业务对银行风险的影响，研究发现，表外业务中的互换条约显著降低了大型和中型银行控股公司的风险，而期权和远期合约对三类公司的风险影响并不显著。部分学者的研究结论则指出表外业务与银行风险承担之间存在正相关关系。Angbazo(1997)研究指出表外业务与商业银行利率风险和流动性风险之间存在紧密联系，表外业务发展提高了银行的风险承担水平。表外业务通过促进银行经营多元化、提高生息资产的比重,扩大了银行的净息差,以弥补表外业务发展带来的潜在风险。Théoret(2009)以加拿大商业银行为样本数据,利用Hausman(豪斯曼)高阶矩方法,实证发现表外业务提高了银行风险。Stiroh(2004)将银行总收益率视为净利息收入和非利息净收入两种收入来源的组合收益率,该收益率波动来源于净利差波动和非利息收入占比波动的贡献及两者波动的相关性,他认为银行表外业务比重的加大会使银行的总体风险增加。

除此之外,还有部分学者研究发现,表外业务与银行风险承担之间不是简单的线性关系,Théoret(2009)研究指出表外业务对银行风险的影响存在门槛效应:在1997年以前,表外业务与银行风险负相关;1997年以后,表外业务与银行风险正相关。Nie(2014)研究了表外业务与银行流动性风险之间的联系,发现表外业务与银行流动性风险存在倒U形关系。

国内学者直接以表外业务为对象进行研究的相对较少。刘生福等(2014)在研究货币政策与银行风险承担关系中指出,商业银行开展表外业务提高了银行在宽松货币环境下的风险偏好,导致银行的风险承担水平上升。黄洁莉等(2013)利用我国上市银行均衡面板数据,通过构建多元回归模型研究了表外业务对银行风险的影响,研究发现表外业务与不良贷款率显著正相关,且表外业务对银行风险输入具有即时性。于研等(2015)通过联立方程组模型及内生转换模型研究发现,表外业务对冲了净息差定价方程中的非系统性风险。值得注意的是,上述文献中,对表外业务的度量要么仅采用了部分表外业务来代替表外业务整体规模(如黄洁莉等仅用信贷承诺类表外业务来度量表外业务),要么利用非利息收入来测算表外业务(刘生福等用表外业务占总资产的比重进行计算,于研等采用非利息收入占总营运收入指标进行计算),导致表外业务度量并不准确,相关研究结论还需进一步明确。

更多的研究集中于银行表外业务中某种业务类型对银行风险的影

响。如刘新华等(2015)分析了银行理财产品的“影子金融”本质,认为商业银行理财产品本质为信托等非银行机构的负债,是银行资产信托化运作的结果,冠以“银行理财”之名其实是银行对相关金融机构开展影子银行业务提供的无形担保,并且“资金池”模式理财业务削弱了信贷约束,容易导致银行风险的“累积”。高海红等(2014)以银证合作作为分析重点,研究指出该类业务透明度低、杠杆率高、期限错配、难以监管等特点容易导致信用风险和流动性风险。高蓓等(2016)分析了理财产品对商业银行经营稳定性的影响机制,利用全面广义最小二乘法(FGLS),采用中国 14 家上市银行 2009—2015 年面板数据实证检验发现:发行理财产品通过降低资本比率与资产收益率,降低了商业银行经营稳定性;不同规模商业银行发行理财产品,或是同一商业银行发行不同类型、不同期限理财产品,均会对商业银行经营稳定性产生负面影响,但影响机制因理财产品预期收益率大小不同存在差异。

除此之外,还有部分学者以非利息收入作为银行表外业务的代理变量展开了研究。黄国妍(2015)研究指出非利息收入的波动性会增加银行的破产风险。赵胜民等(2016)研究发现非利息收入对银行风险承担的影响并不显著,非利息收入提高了大型国有银行风险,降低了农村商业银行风险,但对股份制商业银行和城市商业银行的影响不显著。肖文东(2017)实证检验发现我国银行的破产风险与非利息收入占比呈反向关系。顾晓安等(2015)利用 5697 家美国银行 2006—2013 年的年度数据,实证检验发现,非利息收入占比与风险分散效应间整体上呈先降后升再降的“横向 S 形”特征。张羽等(2010)利用中国银行业 1986—2008 年数据从整体层面和银行层面考察了我国银行业非利息收入增长与银行风险的关系,研究发现,非利息收入增长对我国银行业具有一定的风险分散化效应,但是更多地依赖非利息收入存在着恶化风险与收益之间权衡关系的可能性。孔丹凤等(2015)从中美比较的视角,研究发现非利息收入对中美商业银行经营风险的影响不同:非利息收入与中国商业银行的风险正相关但不显著,而在美国,商业银行非利息收入的增加会显著地降低其风险。黄隽等(2010)以美国银行 2000—2008 年的面板数据为研究对象,发现非利息收入在拓展银行利润来源渠道的同时,也给银行带来了更大的风险。

2.2 表外业务与银行系统性风险

2.2.1 银行系统性风险

有关银行系统性风险的研究主要集中在银行系统性风险的形成机理、银行系统性风险的传导机制以及系统性风险的度量等方面。

1. 银行系统性风险的形成机理

在银行系统性风险的形成机理研究中,不同理论学派的解释差异较大。从金融脆弱性视角出发,金融理论学派认为银行内在的脆弱性是银行系统性风险的重要根源。一般认为,金融脆弱性理论有广义和狭义之分。狭义的金融脆弱性是指银行部门高负债经营特点容易导致其经营失败,它强调金融脆弱性的“内在性”。银行信贷资金使用与偿还上的时间分离是银行脆弱性产生的根源。广义的金融脆弱性则是指一种趋于高风险的金融状态,泛指一切融资领域的风险积累,包括信贷融资和金融市场融资。在金融脆弱性的解释中,Minsky(1982)从企业视角解释了金融体系内在脆弱性的特征。他指出代际遗忘和竞争压力导致贷款人做出的贷款决策不审慎,在经济繁荣时期,企业更倾向于投资高风险、高回报且回收期更长的项目,因此企业的贷款需求巨大。银行为避免提供贷款不足引发顾客流失,都向其顾客提供大量贷款,忽视了风险的累积影响。任何可能引起企业信贷中断的事件或者经济环境中的不利冲击,如利率上升、石油和天然气等价格暴涨会导致银行不愿向企业提供贷款,企业部门破产影响金融部门,引发金融部门破产,造成了金融脆弱性。Kregel(1997)从银行角度分析了金融脆弱性产生的根源。他提出的“安全边界性”认为银行收取的风险报酬体现在借款人支付给银行的贷款利息中。金融脆弱性建立在安全边界的变化上,那些缓慢不易察觉的行为对安全边界的不断侵蚀，形成金融脆弱性。金融创新掩盖了日益增长的金融脆弱性，金融创新激励了基于难以实现的未来现金率和资产价格预期的投机性融资，因此增加了金融体系的脆弱性。

金融信息学派将银行系统性风险的原因归纳为信息不对称导致的逆向选择和道德风险。Mishkin(1996)研究指出，信息不对称导致的逆向选择和道德风险，以及存款人的“囚徒困境”可能引发存款市场上的挤兑，提高了银行内在的脆弱性。经典的信息不对称对银行系统性风险的影响由 Diamond 等(1983)构建的银行挤兑模型进行了阐释。由于信息不对称，存款人难以区别银行面临的风险状况，存款人因恐慌导致的挤兑行为会破坏银行间市场的流动性，从而导致银行系统性风险。Jacklin 等(1988)构建了基于信息的银行挤兑模型，引入了双向信息不对称问题，即银行难以预测存款人的流动性需求，而存款人也难以观测银行资产的真实情况。当部分存款人获得有关银行风险资产回报的不利信息时，银行挤兑作为唯一的均衡而发生。这时一旦发生意外事件，存款人便有强烈的动机加入挤兑的行列；若存款人的挤兑导致银行流动性枯竭，存款人难以及时回收全部存款，则会导致更大规模的恐慌。存款人个体理性的结果导致了集体非理性，最终导致银行系统性风险的形成。

货币主义学派探讨了货币政策对银行系统性风险的影响。Friedman 等(1963)将银行系统性风险产生的原因归结为货币政策的失误，即货币政策的不稳定会造成银行业恐慌，继而导致银行系统性风险。根据货币主义者的论述，一些金融事件导致公众对银行将存款兑换为通货的能力丧失信心，将引起银行业的恐慌。若货币当局不采取措施对银行业的恐慌进行有效干预，则会导致大量稳健性的银行破产，引发银行系统性风险。Koray 等(1988)进一步阐述了 Friedman(弗里德曼)的思想，研究认为货币存量增速将导致银行系统性风险。他们认为，央行一旦对货币供给控制不当而造成货币过分紧缩，那么即使在经济平稳运行时期，也会导致银行系统性风险。这是因为突发性的货币紧缩会迫使银行为维持足够的流动性而售出资产，资产价格因此下降并导致利率的提升。若大批银行因失去流动性和偿付能力而倒闭，必然会导致银行金融机构的加速破产和传播，造成银行系统性风险。Schwartz(1997)进一步区分了真实金融危机和虚假金融危机，指出真实的金融危机即为银行业恐慌，规避银行系统性风险的关键在于使得公众相信货币当局会提供他们所需的货币需求。

金融自由化理论认为，金融自由化在相当程度上激化了金融固有的脆弱性，暴露出金融体系内在的不稳定性和风险(Diaz-Alejandro, 1985)。Demirguc-Kent 等(1998)利用 1980—1985 年 58 个发达国家和发展中国家的数据进行实证研究，发现金融自由化对金融系统性安全存在负面影响。Carter(1989)研究认为：利率自由化作为金融自由化的主要内容，虽然可以通过利率差别来区分风险不同的贷款人，有助于提高资源配置效率和资金的使用效率，但是它通过两种方式增加了银行风险，加剧了银行体系的脆弱性。一是利率自由化后利率水平的上升会导致企业债务成本上升，导致企业破产，提高银行不良资产率；二是商业银行缺乏风险管理工具和能力来应对利率自由化带来的利率变动风险。Hellmann 等(2000)研究指出，利率自由化导致的银行进入壁垒降低和特许权价值下降，容易导致银行风险管理行为的扭曲，导致银行系统性风险。除此之外，银行混业经营和金融创新等都会增加金融体系的脆弱性。Carter(1989)研究指出金融创新掩盖了日益增长的金融脆弱性，激励了基于难以实现的未来收入流和资产价格预期的投机融资。Minsky (1982)则直接指出，无须对金融创新产品进行分析，仅从金融层次的增多和创新工具的发明，就足以说明金融体系的脆弱性。Greenspan (1997)指出，金融创新产品打破了银行业与金融市场、衍生产品和原生产品之间的传统界限，金融创新使得金融市场风险快速传导至银行业市场，导致银行系统性风险的上升。

2. 银行系统性风险的传导机制

银行系统性风险源于两个方面，一是银行间关联性导致的风险传染，二是长时间失衡而引发的风险。根据风险传染和风险溢出理论，银行业风险与其他行业风险的本质区别在于，银行业风险具有传染和溢出效应。通过构建传统银行间资产负债表网络模型反映银行间负债流动性挤兑渠道，Sheldon 等(1998)、Furfine(2003)、Upper 等(2004)分析了瑞士、美国、德国和奥地利等国家的银行系统性风险。国内学者马君潞等(2007)以及范小云等(2011)利用同业拆借数据，黄聪等(2010)等利用支付结算数据，宫晓琳(2012)利用资金流量表数据测算了我国银行系统性风险。除银行间负债流动性挤兑渠道外，Cifuentes 等(2005)将降价抛售机制引入了网络模型。降价抛售渠道是指当债权方提前抽回债权时，银行必须卖出资产，若当市场流动性不足时，卖出资产的行为会导致资产价格的损失。Chan-Lau(2010)在网络模型中引入了降价抛售渠道，以规避传统资产负债表网络模型测算的传染损失偏小等问题。他们认为，银行风险传染不仅来源于银行资产端，还源于银行负债端。Greenwood 等(2015)、Duarte 等(2013)分别考察了降价抛售机制在欧洲银行和美国银行系统性风险中的重要影响。国内学者方意(2016)将上述渠道进行扩展，将风险传染机制分为破产机制和去杠杆机制，其中破产机制细分为银行间负债违约渠道和银行间负债流动性冲击挤兑渠道两种，去杠杆机制则包括为满足监管要求的主动卖出资产的降价抛售渠道以及主动卖出资产遭受的降价抛售渠道两类。

3. 银行系统性风险的测算

根据银行系统性风险度量方法中多采用的数据和方法差异，下面从股票市场收益率依赖和资产负债表关联传染两个角度对相关文献进行分类。

基于银行股票市场数据，现有的研究通过计算尾部依赖关系、违约可能性以及相关系数等来测度或表征银行系统性风险。具体来看，第一，通过分析银行股票收益率的尾部依赖情况，测度个体银行之间的溢出效应或测算单个银行对银行系统整体风险的贡献程度。这类方法本质上是从横截面维度来反映银行在系统中的重要性，常用的研究方法有条件风险价值（CoVaR）方法（Adrian et al.，2016）、边际期望损失（MES）方法（Acharya et al.，2017）和系统性风险指标（SRISK）（Brownlees et al.，2017）。第二，通过考察银行股票收益率的相关系数变化来测算系统性风险，从时间纵向维度来反映系统性风险的演化（Huang et al.，2009）。上述方法是无条件度量方法，通过计算股票收益率的相关关系来衡量银行资产的相关性，进而测算联合违约的概率。CoVaR 方法等是计算极端情形下银行系统面临的损失，不能够反映银行之间的联动关系变动以及系统性风险的累积过程（李政 等，2016）；相关系数方法则仅能刻画线性关系，而对系统性风险爆发过程中所体现的非线性变化缺乏解释力。第三，通过将银行权益转化为看涨期权，运用期权定价公式，计算出违约距离和预期损失等来测算银行系统性风险（Gray et al.，2010）。该方法也被称为或有权益分析法（CCA），旨在强调银行关联结构的重要性，但无法从横截面分析个体银行对系统性风险的溢出效应。为弥补上述方法不足，Billio 等（2012）引入了二元格兰杰（Granger）因果检验方法、方差分解方法。范小云等（2013）结合 CCA 和有向无环图等技术，从时间和空间维度识别了我国系统重要性银行。张天顶等（2017）则采用成分预期损失方法测算了我国上市银行的系统性风险。朱波等（2018）运用网络拓扑结构中的特征向量中心性方法测度了银行系统性风险。

基于银行资产负债表关联视角，计算初始冲击经银行间关联网络放大后的损失规模，可以测算银行系统性风险以及单个银行的系统重要性。构建的关联模型可分为内生网络模型和外生网络模型。内生网络模型从微观主体目标收益最大化视角出发，通过设定银行最优决策问题来配置银行资产以构造银行网络结构，并以此测算初始冲击带来的损失规模（Bluhm et al.，2014）。该方法揭示了银行关联网络的形成机理，并通过仿真技术求解初始冲击造成的系统性风险，常用来研究不同货币政策与金融稳定之间的联系（朱波 等，2016）。但该方法中关联网络的构建并不依赖真实数据，而模拟结果则严重依赖于数据的生成，故使得模型求解结果与实际情形相差较大。外生网络模型通过银行间真实的资产负债表数据反映银行关联性，通过测算初始冲击经网络关联放大后的损失规模来反映银行的风险贡献程度及系统性风险。该方法根据资产负债表数据的不同可进一步划分为直接关联网络模型和间接关联网络模型（方意 等，2016）。直接关联网络模型是基于银行直接关联的数据而构建的网络模型，如银行间同业数据、支付计算以及交叉持股等直接关联的数据。该模型能够直观描述风险在银行网络中的放大机制，容易考虑多轮风险传染情形（Upper，2011）。该模型对数据要求严格。然而在现实中银行之间的双边交易数据难以获取，大量数据需要以最大熵方法估计来获得，这难免削弱了模型的解释力。与此同时作者指出，直接关联网络模型对冲击情境假设过于严格，没有考虑到风险传染中资产价格变动等其他因素，亦削弱了模型的解释力。

间接关联网络模型通过考察银行共同持有的资产，测算资产遭受冲击后，银行选择降价抛售对银行体系带来损失的大小。Cifuentes 等（2005）首先提出了间接关联网络模型，探讨了非流动性资产价格下跌对银行系统性风险的影响。Greenwood 等（2015）扩展了上述模型，将银行持有的非流动性资产类型由一种扩展至多种，进一步考察了资产价格降价抛售对银行系统性风险的影响。Duarte 等（2013）研究指出，即使银行间并无直接业务往来，但业务因为持有相同或相近的资产而产生间接关联。上述间接关联网络模型建立了银行风险与宏观经济波动的分析桥梁。国内学者方意等（2016）利用持有共同资产的间接网络模型考察了房地产价格下跌对银行系统性风险的影响。葛鹏飞等（2019）通过划分银行共同持有资产，构建间接关联网络模型，实证检验了个人住房贷款、权益工具类业务等对银行系统性风险的影响。

2.2.2　表外业务对银行系统性风险的影响

在探讨表外业务与银行系统性风险之间的联系中，尚无研究以银行表外业务为主体视角来探讨其对银行系统性风险的影响，更多的研究将表外业务纳入影子银行或用非利息收入作为代理变量，探讨了其对银行系统性风险的影响。总体来看，有关表外业务与银行系统性风险的研究可以分为两类：一是从理论上探讨表外业务影响银行系统性风险的理论机制；二是实证检验表外业务对银行系统性风险的影响，但鉴于表外业务数据可获得性，实证检验更多是以非利息收入和影子银行为视角进行的。虽然上述度量能够在一定程度上反映表外业务对银行系统性风险的作用机理，但以非利息收入及影子银行并不能准确度量我国商业银行表外业务，因此还需从表外业务视角精确研究其对银行系统性风险的影响。

1. 从非利息收入或影子银行视角实证检验表外业务对银行系统性风险的影响

Hassan（1993，1994）的研究指出，表外业务与系统性风险无关，表外业务并不会影响金融系统性风险，故对表外业务进行的额外资本监管要求将会导致金融市场的扭曲，基于风险的资本监管措施可能过度“惩罚”了大型商业银行。Barrell 等（2010）将非利息收入作为银行表外业务的代理变量，利用 logit 模型研究了表外业务与银行资本充足率、流动性、房价波动以及经常账户余额之间的相互联系，指出表外业务可能会导致系统性风险向银行系统的传递。以非利息收入作为银行表外业务的代理变量，国内学者朱波等（2016）使用成分预期损失（CES）方法对 2008—2014 年我国 14 家上市银行面板数据进行面板门槛模型实证检验发现，银行非利息收入与系统性风险之间存在非线性关系，规模较大的银行非利息收入业务分散了系统性风险。张晓玫等（2014）基于我国 16 家上市商业银行收益率数据，利用长期边际期望损失（LRMES）方法测度了我国上市商业银行的系统性风险，研究发现非利息收入与系统性风险负相关。

鉴于表外业务监管套利属性以及表外理财业务的影子银行属性，表外业务对银行风险承担的影响还可以参考影子银行的研究。何德旭等(2009)研究指出，影子银行杠杆操作、业务界限突破、过度金融创新、信息披露不足以及规避金融监管等特性给金融体系带来了信贷的风险，对金融稳定造成了冲击。林晶等(2013)研究指出影子银行高杠杆率、期限错配、信息不透明等特点愈加凸显，使得社会中的流动性被大量释放，房地产业、金融业被推向高潮，给整个金融体系带来了严重的系统性风险。刘超等(2014)利用VAR(向量自回归)模型研究了影子银行对金融稳定的影响，发现影子银行对金融稳定具有负向冲击作用，却对金融发展具有正向促进作用。李俊霞等(2014)研究指出，我国商业银行委托贷款等表外业务风险与银行信贷风险相当，而理财产品则存在期限错配和收益率错配的风险。祝继高等(2016)从影子银行资金融出方角度研究发现，银行发展买入返售金融资产业务提高了银行的潜在经营风险。涂晓枫等(2016)研究认为：银行通过银银、银信、银证、银保等之间的合作将表内资产转移至表外，强化了银行之间及银行与其他非银行金融机构之间的关联性。他们利用中国16家上市银行在2009—2014年的面板数据研究发现，影子银行规模与银行系统性风险之间存在倒U形关系。在发展初期，影子银行的关联性可以通过风险共担降低系统性风险，而当影子银行规模进一步扩大时，则会通过风险传染效应加速银行系统性风险积累。考虑到影子银行与表外业务之间存在的紧密联系和不同，以非保本理财业务为代表的表外业务也被纳入影子银行业务，因此非保本理财等表外业务与银行间批发融资市场具有紧密的联系，使得风险在银行间的传染性增大(李建军 等，2014)；表外理财业务通过“银信”“银证”“银银”通道业务，提高银行间金融机构的关联性，放大了单个银行风险对整个银行体系的系统性风险带来的潜在威胁(Nijskens et al.，2011)。郭晔等(2017)则研究指出存款竞争导致银行理财产品发行规模的急速飙升，银行通过发行非保本理财产品筹集资金，并通过通道业务将资金转移至表外，投资于房地产、政府融资平台等高风险领域，提高了银行业的系统性风险。

2. 表外业务影响银行系统性风险的传导机理探讨

从关联性视角出发，现有的研究发现银行间关联性增强是导致银行系统性风险的重要原因。Acharya 等(2017)认为银行的负债结构本身以及资产方面的收益相关性是系统性风险的来源。银行高负债的资产负债结构就决定了其本身的脆弱性，一旦出现流动性风险，贷款逾期会对银行的运转产生很大的冲击。考虑到我国商业银行表外业务通过“银银合作”“银信合作”“银保合作”“银证合作”等多种通道业务，使得银行之间、银行与非银金融机构之间的关联性大幅提高(王喆 等,2017)，使得单个银行风险或其他单个金融机构风险可以通过多种渠道传导到整个银行体系而产生系统性风险。以银行表外理财业务为例，理财业务构建的“资金池”运作模式增大了银行资产负债之间的期限错配程度，使得银行对银行间批发融资市场的依赖性增强，因此银行间批发融资市场的流动性冲击能够迅速对银行融资成本造成冲击，威胁银行系统流动性安全。2013 年“钱荒”事件充分说明了上述冲击对系统性风险的巨大影响(张晓玫 等,2013)。除此之外，表外业务通过发行理财产品，借助多种“通道”业务将资金转移至表外，并将资金投向房地产和地方政府融资平台等高风险行业，加剧了宏观经济风险波动对银行系统性风险的潜在威胁(Song et al. ,2015)。房地产信贷调控以及房价波动等都可能成为引发银行系统性风险的来源。表外业务发展容易导致资金在金融机构间空转，引发资产价格泡沫和系统性风险累积，导致宏观经济波动影响银行系统性风险。

从微观审慎监管偏差视角出发，现有的研究发现微观审慎监管忽略了表外业务可能导致的系统性金融风险。表外业务高杠杆、高复杂性特点加强了金融机构间的关联度，系统性风险被金融结构间的“相互联系”和“相互依存”所掩饰，微观审慎监管难以有效地披露表外业务对系统性风险的影响(李佳,2012)。就我国商业银行表外业务发展而言，表外业务通过信托计划、资产管理计划等，形成了与信托业和证券业相关金融机构的紧密联系，而银行间相互买卖理财产品，进一步加强了银行间市场联系的紧密性，导致单一银行表外业务风险更加容易扩散至整个金融系统。微观审慎监管政策旨在提高单个银行经营稳定性的监管目标显然无法对表外业务对系统性风险的潜在影响进行评估，故而导致表外业务系统性风险的累积。微观审慎监管不能评估表外业务导致的风险，进而忽略了表外业务对系统性风险的影响。随着金融市场化和全球化的推进，商业银行表外业务创新不断加快，资产证券化和金融衍生工具创新成为表外业务创新的主要方向（王喆 等，2017）。微观审慎监管政策难以评估表外业务创新工具的风险，并且不能对表外业务风险给予充足的资本覆盖，导致微观审慎监管政策失灵（李佳，2012）。事实上，我国商业银行开展的表外业务中，存在名义上为银行代销的资管产品，但事实上却以代销银行主导负责相关项目，并通过签订隐性回购条款承担实质风险，或者在项目出现风险后以自营资金承接代销业务的风险资产，这就造成表外业务潜在风险向表内转移的可能性，微观审慎政策对此类风险无法评估。微观审慎政策对表外业务的信息披露不足，难以反映表外业务风险状况，从而增加了银行遭受挤兑而产生的系统性风险。充分的表外信息披露有助于投资者了解表外业务的风险特性，避免在危机发生时因信息不对称造成的投资者恐慌，从而更好地解决风险扩散问题。然而，微观审慎政策缺乏对表外业务信息披露的硬性规定，表外业务相关数据多以附注的形式出现在财务报表中，且不同银行对表外业务的分类标准及披露程度均不相同，更有将表外业务"腾挪"至表内科目下以规避相关监管。根据中国银监会 2018 年 1 月发布的《关于进一步深化整治银行业市场乱象的通知》，我国商业银行未制定划分表外业务和表内业务的严格统一标准，存在故意模糊界限、随意腾挪等现象。近年来我国银行业同业业务、买入返售业务以及应收款项类投资科目成为表外业务表内科目"腾挪"的"重灾区"（祝继高 等，2016）。部分银行还以信贷资产和资管产品为基础资产，通过特定目的载体以打包、分层、份额化销售等方式，在银行间市场、证券交易市场以外的场所发行类资产证券化产品，实现资产非洁净出表等，严重干扰了市场投资者对银行风险的判断。

单个银行面临违约等负向冲击时，极易引发市场投资者恐慌，产生挤兑行为，从而对银行系统性风险造成威胁。值得注意的是，上述研究仅从理论上阐明了表外业务对银行系统性风险的影响，但并未就表外业务对银行系统性风险的影响进行实证检验。

除此之外，现有的研究指出，资产证券化等表外业务创新能够影响银行系统性风险，Hakenes 等(2010)研究发现金融创新工具，如信用风险转移工具的大量使用，使得银行间关联性大大增强，导致负面冲击对银行风险传染的关联效应增强，威胁系统性安全；但亦有学者指出，银行业务多元化有助于分散风险，降低银行系统性风险，因此银行表外业务带来的多元化业务与银行系统性风险负相关(Anginer et al.，2014)。考虑到表外业务中，担保承诺类、中介服务类以及其他类表外业务都能够为银行带来多元化收入，同时也增强了银行与金融机构的关联性，因此上述不同类型表外业务对银行系统性风险的影响还有待深入研究。现有的研究并未涉及以表外业务整体和分类视角探讨表外业务对银行系统性风险的影响，因此有必要从实证层面检验表外业务与银行系统性风险的联系，探讨不同类型表外业务对银行系统性风险的影响差异。

2.3　表外业务对货币政策传导渠道的影响

在国外研究中，Perera 等(2014)利用南亚国家 114 家商业银行面板数据研究发现，表外业务发展降低了货币政策信贷传导渠道的有效性。表外业务对货币政策传导具有缓冲效应，即表外业务可以使商业银行的信贷供给免受货币政策造成的冲击，并且这种效应在小规模、高流动性、资本充足率较高的银行更加明显。Scopelliti(2013)利用 39 家美国商业银行 1998—2008 年的季度数据，使用面板固定效应方法和面板 VAR 分析方法，研究发现表外业务潜在或已经发生的损失降低了银行的信贷增长率。表外业务对银行信贷的影响还因贷款期限的长短而不同：表外业务与长期贷款规模负相关，与短期贷款规模正向关。部分学者从企业的视角考虑了表外业务对货币政策传导的影响作用。

Mateut等(2006)将商业信用纳入模型,利用16000家英国制造业企业的数据,检验了商业信用对货币政策的传导影响,研究发现:货币政策紧缩时,银行贷款的绝对数和相对数均会减少,但商业信用却会增加,因此,以商业信用为代表的表外业务削弱了货币政策信贷传导渠道的有效性。

在国内研究方面,仅有陈雄兵等(2016)利用2002—2014年我国24家商业银行的面板数据研究了表外业务对货币政策信贷传导渠道的影响,研究发现表外业务强化了货币政策的信贷传导渠道,并且这种强化作用在小规模、低资本和低流动性的银行中表现得更为明显。其余的研究则以与银行表外业务密切相关的同业业务或理财业务为研究对象。如肖崎等(2014)研究指出银行同业业务的信用创造功能削弱了货币政策信贷传导渠道的调控作用,降低了宏观调控的有效性。邵汉华等(2015)基于银行信贷渠道理论,实证分析了同业业务在货币政策银行信贷渠道传导中的作用,研究发现同业业务扩张显著地弱化了银行信贷渠道的传导效果。伍戈等(2014)研究指出我国商业银行同业业务扩张促使基础货币数量调控效力逐步下降。黄小英等(2016)基于银行微观数据实证研究发现,同业业务扩充了银行资金来源,提高了资产运用效率,但弱化了中央银行货币政策的信贷传导渠道效果,导致社会资金“脱实向虚”。翟光宇(2016)利用上市银行2004—2013年的季度数据,实证检验了理财业务对货币政策的影响,研究发现理财业务削弱了以法定存款准备金率为代表的数量型货币政策工具的有效性,信贷规模和法定存款准备金率的相关性减弱。

鉴于表外理财业务属于影子银行业务,因此有关银行表外业务对货币政策传导渠道的影响可以借鉴影子银行相关研究成果。Sheng(2011)运用时间序列实证检验了影子银行信贷创造功能对货币政策供应量的影响,研究指出货币供应量的衡量应加入影子银行。Mazelis(2014)进一步考察了影子银行对货币政策信贷传导渠道的影响,研究结果表明影子银行削弱了货币政策的信贷传导效应。国内学者李向前等(2013)研究发现，影子银行对货币政策的制定和实施有负向作用，对货币政策的目标、工具以及传导机制都产生了一定的冲击。裘翔等(2014)利用DNK-DSGE(动态新凯恩斯-动态随机一般均衡)模型研究了影子银行作为一个“通道”对货币政策信贷传导渠道的有效性的影响，并指出影子银行呈现出的逆周期特征削弱了货币政策的有效性。王振等(2014)认为影子银行发展导致的货币流通速度可控性和可测性下降，增大了货币供应量等中介目标的监控难度，因此影响到信贷、利率等货币政策传导机制的有效性。许少强等(2015)以简化资产负债表为研究视角，研究了影子银行体系发展对不同利率之间的传导路径的影响，实证检验了影子银行对利率市场化的推动作用。

2.4　监管政策的有效性

2.4.1　微观审慎监管、宏观审慎监管与银行风险

1. 微观审慎监管政策与银行风险

在微观审慎监管政策能否有效防范银行风险的研究中，众多学者探讨了资本充足率监管对防范银行风险的有效性。在银行个体风险研究方面，从缓解道德风险视角出发，Elizalde等(2004)指出当银行信贷项目出现违约时，提高资本充足率监管要求使得银行股东承担更多的损失，从而弱化银行过度风险投资动机。Allen等(2011)从银行风险偏好视角出发，研究发现资本充足率要求降低了银行过度风险偏好，降低了银行个体风险。部分学者研究发现资本充足率监管要求提高会提高银行个体风险。Altumbas等(2007)从预期收入理论视角出发，研究指出更高的资本充足率要求“变相”地提高了银行的资金成本，降低了银行预期收益。为满足前期已制定的预期收益目标，银行不得不提高风险资产项目比例来对冲监管成本造成的负面影响。Boyson等(2016)则进一步实证发现，当银行采取监管套利策略时，资本充足率监管对银行个体风险具有促进作用。钟永红等(2018)考察了巴塞尔协议Ⅲ对我国商业银行风

险承担的影响，研究发现资本监管约束提高不能降低银行实际风险，银行通过增加资本而非降低风险资产规模来满足资本监管要求，并且资本充足率高的银行具有更强的风险偏好。

在银行系统性风险防范研究中，Brämer 等(2014)通过构建银行同业网络模型来度量银行系统性风险，研究发现提高银行一级资本充足率的资本监管要求能降低银行系统性风险。Laeven 等(2016)采用 CoVaR 方法度量银行系统性风险，实证研究发现资本充足率监管要求的提高能够降低银行系统性风险。当然，亦有部分学者研究得到了相反的结论。Acharya(2009)认为，在面临更高的资本充足率监管要求时，银行可以通过银行间关联网络实施风险转移，提高银行系统性风险。Horváth 等(2017)则指出更高的资本充足率监管提高了银行同业业务同质化程度，使得银行系统在面临外生负面冲击时更加脆弱。苏帆等(2019)从资本充足率监管视角，运用双重差分方法实证检验了资本充足率监管对银行个体风险和银行系统性风险的影响，发现提高银行资本充足率监管要求，有助于降低银行个体风险，但会提高个体风险向系统性风险的溢出，诱发“以邻为壑”的银行风险转移行为。

除资本充足率监管政策之外，现有研究还研究了高管债权激励以及资本计量方法改革等政策对银行风险的影响。Edmans 等(2011)指出，高管债权激励通过延迟支付高管薪酬以及设置激励性养老金等措施，缓解银行股东与管理层之间的委托代理问题，降低银行风险水平。Bennett 等(2015)研究发现，高管债权激励降低了银行违约风险。国内学者何靖(2016)研究发现延付高管薪酬政策显著降低了银行的风险偏好，这体现在银行缩减信贷规模、降低企业和信用贷款占比方面。资本计量方法改革对银行风险的影响主要聚焦于内部评级法对银行风险管理的影响。部分学者研究指出，内部评级法有助于改善银行资产配置，提高风险识别能力，进而降低银行风险承担水平。Jacques(2008)指出，相比于其他管理方法，采用内部评级法的银行在面临资本冲击时会减少银行高风险贷款项目比例。进一步，Cucinelli 等(2018)对比分析了金融危机前后银行的风险管理行为，发现使用内部评级法银行的信用风险更低。还有部分学者认为内部评级法并不能够降低银行风险。Behn 等(2014)研究指出，实施内部评级法的银行会低估贷款违约概率，并且其贷款违约损失率也较其他银行更高。若银行通过内部评级法采取策略性操作行为，那么该方法将导致银行低估信贷风险，削弱资本监管有效性，进而导致银行采取高风险投资策略。刘冲等(2019)以我国商业银行资本管理高级方法为"准实验"，研究发现内部评级法改变了银行风险偏好，降低了银行风险加权资产规模。

2. **宏观审慎监管政策与银行系统性风险**

现有对宏观审慎监管政策的研究主要涉及宏观审慎监管目标以及监管工具有效性两个方面。在宏观审慎监管目标方面，Borio 等(2009)将宏观审慎监管目标直接描述为防范系统性危机，而 Caruana(2010)则认为"通过控制金融机构之间的相关性和顺周期性来降低系统性风险"是宏观审慎监管目标。史建平等(2011)将宏观审慎监管目标定义为"防范系统性风险来规避金融危机对宏观经济造成的影响"。现有文献指出应从时间和空间两个维度构建宏观审慎监管工具。时间维度要建立逆周期资本缓冲制度和前瞻性动态拨备制度，对银行杠杆率和流动性进行监管；空间维度要重点关注金融机构的相关性和风险敞口，对系统重要性金融机构加强监管。

在宏观审慎监管政策有效性研究中，大多数研究集中在分析一种或多种宏观审慎监管政策对金融市场稳定或宏观经济的影响，并主要采用 DSGE 方法调节模型参数来评估政策的有效性(方意，2016)。如马勇等(2013)分析了宏观审慎政策以及货币政策对降低经济波动及防范金融市场风险的有效性，但同时强调要注意政策之间的叠加和冲突问题。王爱俭等(2014)探讨了逆周期资本监管要求对防范金融系统风险的有效性，发现宏观审慎监管政策配合货币政策能够有效防范金融市场波动。在实证研究中，梁琪等(2015)利用我国商业银行面板数据，实证检验了存款准备金和贷款价值比上限两类宏观审慎监管政策在抑制银行信贷规模和杠杆率增长中的有效性，但苏明政等(2017)的研究却指出，存款准备金率是有效的宏观审慎监管政策，但多种工具组合无法有效抑制银行信贷规模的扩张。涉及宏观审慎监管政策防范银行风险的有效性研究较少。刘澜飚等(2019)运用我国2011—2016年119家商业银行数据，通过计算宏观审慎工具年度实施频率并实施标准化处理，实证检验发现宏观审慎监管能够促进银行贷款增长，并且宽松的宏观审慎政策降低了银行风险水平(Z值)。宋科等(2019)采用宏观审慎指数、存款准备金率以及贷款价值比来度量宏观审慎政策，研究发现宏观审慎政策降低了银行风险承担水平(Z值、不良贷款率、不良贷款拨备覆盖率)。

2.4.2 有关表外业务的监管研究

现有的研究对表外业务的风险监管涉及较少。李佳(2012)从银行风险偏好与银行表外业务相关性出发，研究指出表外业务的风险较大，政府应完善宏观审慎监管体系，加强对表外业务风险的监管。鉴于表外业务是商业银行应对利率市场化竞争的转型方向，姚舜达等(2017)以银行经营效率为研究切入点，探讨了商业银行不同经营模式下货币政策与金融监管的协调问题。其研究发现，当商业银行开展表外业务实施创新经营模式时，宽松的货币政策与严格的宏观审慎监管的有效性面临挑战。创新经营模式一方面改变了货币政策传导渠道的稳定性，另一方面又削弱了金融监管的有效性，容易形成监管真空地带，削弱了上述监管配合对银行经营效率的积极影响。考虑到表外业务与影子银行之间的密切关联，朱孟楠等(2012)拓展了最优资本监管模型，研究发现对影子银行的正确引导和规范优于严格监管，并且影子银行监管要与传统银行监管相协调。黄益平(2017)研究指出，影子银行在满足实体经济需求的同时蕴含了巨大的金融风险，货币政策应与宏观审慎监管政策紧密配合，以保障金融稳定。

2.5　文献评述与总结

本章从表外业务对银行风险承担的影响、表外业务对银行系统性风险的影响、表外业务对货币政策传导渠道的影响以及表外业务监管四个方面进行了文献综述，梳理了国内外有关表外业务的研究现状。

1. 现有研究的不足

第一，研究对象聚焦不足，研究结论有待明确。在表外业务对银行风险承担及银行系统性风险的影响研究中，国外学者对表外业务的研究较为深入，但研究结论并未达成一致。同时，国外商业银行表外业务与我国商业银行表外业务构成并不相同，因此难以套用国外表外业务相关研究结论。在国内研究中，受限于我国商业银行表外业务发展历程较短、表外业务概念界定模糊等问题，有关表外业务的研究与非利息收入、影子银行以及银行的影子等研究糅合在一起，使得现有的研究虽然具备一定的借鉴性但是缺乏针对性。例如，以非利息收入来度量表外业务并不准确。任哲等(2012)的研究发现，非利息收入中手续费和佣金收入占比较大，而手续费收入并不能够真正反映银行表外业务的发展。影子银行不但包含表外业务中非保本理财业务部分，还包含表外业务规模之外的内容(详见第 3 章的表外业务复杂性分析)，以影子银行为研究视角并不能够准确反映表外业务对银行风险承担或银行系统性风险的影响。因此，有必要在准确测算表外业务规模的基础上，进一步探讨表外业务对银行风险承担及银行系统风险的影响。

第二，缺乏分析表外业务对我国商业银行风险影响的理论分析框架。银行表外业务是银行金融创新业务模式，大部分有关表外业务的研究从实证角度检验了部分表外业务(如非保本理财产品)对银行风险承担以及对银行系统性风险的影响，但并未建立一个统一的理论分析框架来分析表外业务对银行风险承担或银行系统性风险的影响，因而表外业务的相关研究并不系统。为全面把握表外业务对银行风险的影响，有必要构建统一的理论框架，为后续研究提供指导和参考。

第三，忽略了表外业务对货币政策风险承担渠道的影响以及表外业务影响银行系统性风险的实证研究。现有的研究中，仅有陈雄兵等(2016)研究了信贷承诺类表外业务对货币政策信贷传导渠道的影响，忽略了与银行风险承担密切相关的货币政策风险承担渠道。鉴于表外业务与银行风险偏好之间存在紧密联系，有必要深入分析表外业务对货币政策银行风险承担渠道的作用机理，以明确表外业务是否会通过货币政策银行风险承担渠道影响银行风险承担。已有的研究尚未涉及表外业务对银行系统性风险的影响实证检验，并缺乏分析不同类型表外业务对银行系统性风险的差异影响。考虑到表外业务是银行主动"加杠杆"的重要手段，若不同类型表外业务对银行系统性风险存在差异化影响，则可以通过优化银行表外业务结构来防范表外业务对银行系统性风险的影响，这对优化银行杠杆结构、防范银行系统性风险具有重要意义。因此有必要实证检验表外业务整体以及不同类型表外业务对银行系统性风险的影响差异。

第四，缺乏针对表外业务监管政策有效性的研究。现有研究关注资本充足率等微观审慎监管政策对防范银行风险的有效性，但并未明确探讨微观审慎监管政策在防范表外业务对银行风险影响方面的有效性。与此同时，现有研究仅关注了宏观审慎监管政策对防范银行个体风险的有效性，对宏观审慎监管政策对银行系统性风险的监管有效性关注不足。特别是，考虑到上述宏观审慎监管缺乏对表外业务的关注，现有研究并未探讨宏观审慎监管政策在防范表外业务对银行风险影响方面的有效性。不同类型监管政策有效性评估是监管当局对表外业务实施有效监管的基础，因此准确评估表外业务不同监管政策的有效性是理论和实践中亟待解决的问题。

2. 本书的研究方向

第一，考虑到表外业务与影子银行、同业业务以及表内科目之间复杂的关联性，为准确反映表外业务的风险，先要明确表外业务与影子银行、同业业务以及表内科目之间的区别和联系，并明确本书的研究对象。

本书根据我国商业银行表外业务分类办法，在归纳分析表外业务整体发展现状的基础上，总结表外业务复杂性、市场竞争属性以及监管套利属性。在复杂性分析中着重区分表外业务与影子银行、表外业务与表内科目之间的区别和联系，准确定义并度量银行表外业务规模，有助于提高有关银行表外业务研究的精确性。

第二，构建表外业务影响银行风险的理论框架。本书旨在系统分析表外业务对银行风险承担和银行系统性风险的影响机理，因此本书从银行脆弱性视角出发，结合表外业务特征，通过分析表外业务特征对银行脆弱性的影响，进而得到表外业务对银行风险承担和银行系统性风险影响的统一分析框架。银行脆弱性理论提供了同时分析表外业务对银行个体风险和对银行系统性风险的理论基础，有助于在统一的理论框架下全面认识表外业务对银行风险的影响。

第三，在手动收集整理上市银行年报相关数据基础上，利用上市银行面板数据进行实证检验：第一，从表外业务整体规模视角检验表外业务对银行风险承担的直接影响和间接影响、表外业务对银行系统性风险的影响。第二，从表外业务分类视角检验不同类型表外业务对银行风险承担和银行系统性风险的影响差异，为表外业务差异化监管提供事实基础和依据。

第四，实证检验表外业务不同监管政策的有效性，并探讨表外业务监管中货币政策与宏观审慎监管政策的协调问题。将表外业务监管政策划分为微观审慎监管和宏观审慎监管两类政策，实证检验两类监管政策的有效性。同时考虑到表外业务对货币政策传导渠道的影响，尝试构建恰当的目标监管函数，利用静态比较分析方法得到表外业务监管中货币政策与宏观审慎监管政策的协调搭配策略。

第3章

我国商业银行表外业务发展概况

3.1 我国商业银行表外业务发展现状

3.1.1 表外业务规模扩张迅猛

我国商业银行表外业务起步较晚但发展迅速。自1978年改革开放以来,我国商业银行陆续成立,标志着我国银行为主的金融体系开始逐步建立。中国银行在1979年10月首次开展了租赁和信托业务,开始了商业银行开展表外业务的先河。1985年,中国银行珠海分行发行了国内第一张人民币信用卡——中银卡;1986年,中国银行又发行了第一张可在全国范围使用的信用卡——长城卡,标志着表外业务发展的正式起步。随后,委托贷款业务、债券业务、承兑汇票和委托投资等业务陆续开展,标志着我国商业银行表外业务的全面推进。表外业务全面开展也体现在表外业务法律法规的健全方面。1995年和2001年分别颁布的《中华人民共和国商业银行法》以及《商业银行中间业务暂行规定》为商业银行开展表外业务提供了法律保障,而2003年第一次修正的《中华人民共和国商业银行法》确立了金融分业经营模式,2005年颁布的《金融机构信贷资产证券化试点监督管理办法》和《商业银行设立基金管理公司试点管理办法》则为我国商业银行开展表外业务提供了空间。

随着经济全球化和金融深化进程的加快，金融服务业对外开放程度不断提高，资本市场的快速发展推动了金融服务多元化需求，互联网金融的繁荣加剧了金融市场的竞争，再加上利率市场化进程对银行传统盈利模式的压缩，商业银行迫切需要改变传统经营模式，实施“轻资产”战略转型，以求提高资本利用效率和盈利空间。在此背景下，表外业务成了商业银行业务转型的重要方向，表外业务资产规模不断提高。《中国金融稳定报告 2019》显示，截至 2018 年年末，我国银行业金融机构表外业务资产余额高达 338.42 万亿元（含托管资产表外部分），表外资产规模相当于表内资产规模的 126.16%。其中，担保类 20.66 万亿元，承诺类 24.46 万亿元，金融资产服务类 188.8 万元。图 3－1 反映了我国银行业金融机构 2011—2018 年表外业务余额及其与表内资产比例的历年变化趋势：可以发现，自 2011 年以后①，我国银行业金融机构表外业务余额不断提高，表外业务资产与表内业务规模比例逐年上升。表外业务资产余额从 2011 年的39.16万亿元逐步提高到 2018 年的338.42万亿元，年均复合增长率高达 30.94%；表外业务资产余额与表内资产比例由 35.10%提高至 126.16%，增幅达到 91.06%。

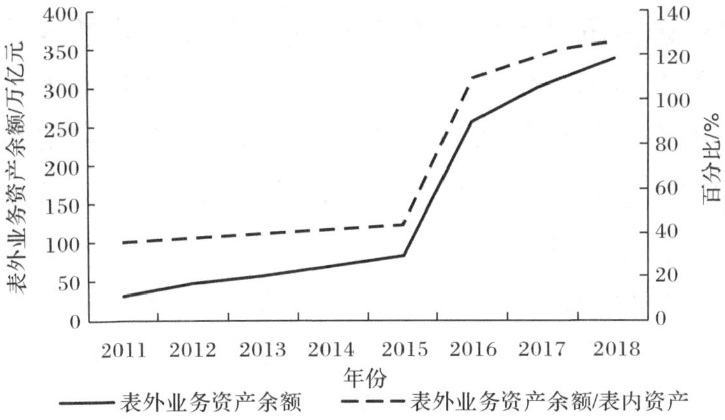

图 3－1　我国银行表外业务整体发展趋势

① 《中国金融稳定报告》从 2011 年开始公布有关银行业表外资产相关数据，并且从 2016 年开始，将托管资产表外业务部分纳入表外业务资产中，因此，表外业务规模及表外资产与表内资产比例在 2016 年有较大幅度的跳跃。

3.1.2 不同类型表外业务发展趋势有明显差异

从表外业务整体规模发展趋势来看，2016 年加入托管资产表外部分后，银行表外资产与表内资产的比例有较大幅度的提升，由 2015 年的 40.23%飙升至 2016 年的 109.15%，这表明上述趋势的重大改变是由于统计范围调整带来的。事实上，由于我国监管当局在 2017 年对银行业务出台了“三三四十”等监管政策，商业银行表外业务规模的扩张得到了有效抑制，但上述整体趋势难以反映出监管政策变动带来的影响，因此我们从银行表外业务分类视角来进一步审视表外业务的发展趋势。

根据《商业银行表外业务风险管理办法》，表外业务分为担保承诺类、代理投融资服务类、中介服务类、其他类等。由于其他类表外业务数据难以获取，且 2012—2019 年的《中国金融稳定报告》中仅给出了担保类和承诺类表外业务规模数据，托管资产表外业务的数据仅有 2016—2018 年三年数据，为保持统计一致性，此处我们仅给出担保承诺类表外业务和代理投融资服务类表外业务的发展趋势。

(1)从担保承诺类表外业务视角来看，担保承诺类表外业务代表了商业银行的“或有”风险。根据 2012—2019 年的《中国金融稳定报告》中公布的相关数据及表外业务分类标准，我们利用银行承兑汇票业务规模来反映担保承诺类表外业务的发展趋势(担保类业务规模仅公布了 2016—2018 年三年数据)。从图 3 - 2 可以发现，不论是从银行承兑汇票规模视角还是从银行承兑汇票加担保类的业务规模视角来看，担保承诺类表外业务规模的变化趋势呈现出单调增长趋势，这说明我国银行业开展担保承诺类表外业务的整体规模不断上升，且该类型表外业务在 2016 年和 2017 年之间的增长速度加快。考虑到 2017 年监管当局对表外业务中非保本理财业务的重点限制，担保承诺类表外业务的快速增长部分反映出担保承诺类表外业务受到监管的限制程度较低，并且存在其他表外业务向担保承诺类表外业务转化的可能。

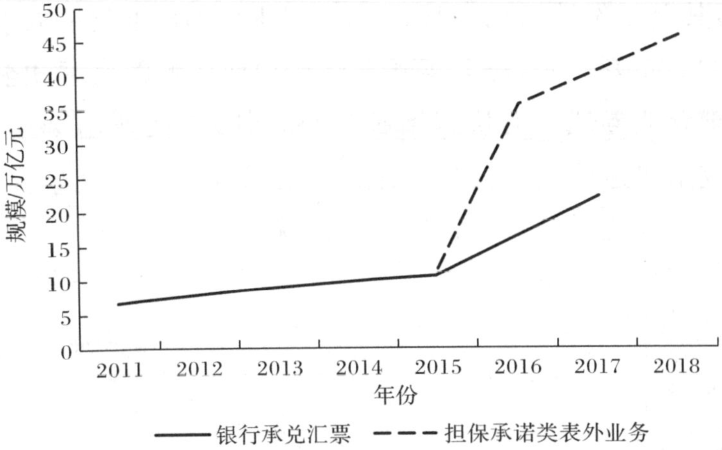

图 3-2　担保承诺类表外业务的发展趋势

(2)从代理投融资服务类表外业务视角来看,银行理财业务的"代客理财"业务属性契合代理投融资服务类表外业务的定义范畴。银行理财业务中,非保本理财业务属于银行表外业务,且是银行开展表外业务竞争的重要手段。鉴于非保本理财业务在统计中具有连续性,且非保本理财产品规模的变动能够较好地反映监管政策带来的影响,因此我们通过测算商业银行非保本理财业务规模,并分析其趋势来进一步观测表外业务的变化趋势。

图 3-3 反映了我国银行业非保本表外理财业务的变动趋势,根据《中国银行业理财市场报告》及 Wind 数据库统计的银行理财产品存续数据,2008—2017 年,我国银行理财产品余额及非保本理财产品余额规模有较大幅度的提升,并且两者增长趋势较为一致。从图 3-3 来看,我国银行业非保本理财产品余额从 2008 年的 0.71 万亿元快速增长至 2017 年的 22.17 万亿元[①],非保本理财产品余额规模除在 2017 年有略

① 《中国银行业理财市场报告》中详细给出了 2013—2017 年银行业非保本理财产品余额、非保本理财产品占全部理财产品的比重等详细信息;2008—2012 年理财产品余额数据来源于 Wind 数据库(经过对比分析发现理财产品余额数据具有一致性)。关于 2008—2012 年银行业非保本理财产品余额的计算方法,借鉴郭晔等(2017)的研究,假设非保本理财产品余额占比为固定值,用 2013 年非保本理财产品占理财产品余额的比重作为权重系数,用历年理财产品余额乘以该权重系数得到 2008—2012 年非保本理财产品余额规模。

微下滑外，其余年份的增长率都在30%以上（2018年仅公布非保本理财产品余额22.04万亿元，与上年基本持平），这从侧面反映出我国商业银行非保本理财业务规模的快速增长趋势，同时也反映出2017年密集出台的监管政策快速抑制了银行非保本理财表外业务的规模扩张，这与我国商业银行表外业务监管现状的事实保持一致。

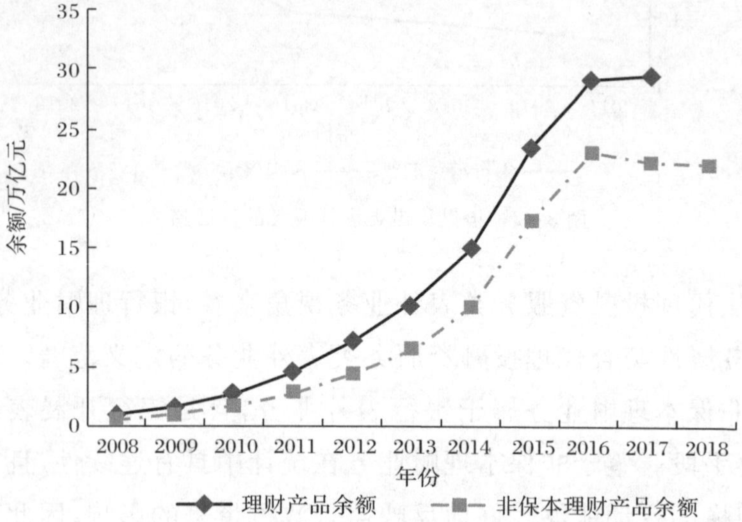

图3－3 我国银行业非保本理财业务的发展趋势

（3）从中介服务类表外业务视角来看，中介服务类业务包括但不限于代理收付、代理代销、财务顾问、资产托管、各类保管业务等，上述业务不占用银行资本且能够为银行带来无风险的非利息收入，有助于多元化银行收入，提高银行经营收益的稳定性。根据商业银行年报中公布的相关数据来看，资产托管业务的数据质量较高，而代理代付以及财务顾问等业务仅体现在非利息收入中，难以从非利息收入中准确剥离出相关业务所产生的非利息收入，因此尝试以资产托管业务规模来反映银行中介服务类表外业务的发展趋势。

根据前文行文逻辑，我们尝试从银行业整体视角来探讨中介服务类表外业务的发展趋势。从2016年开始，《中国金融稳定报告》提供包含资产托管表外部分的表外业务整体规模数据，但缺乏对表外业务结构信息的披露。囿于数据可得性问题，此处我们尝试通过计算 16 家上市商业银行 2008—2018 年的资产托管业务的平均资产规模，从侧面反映中介服务类表外业务的发展趋势。从图 3 - 4 可以发现，2008—2018 年我国商业银行资产托管业务规模有较大幅度的提升，但在 2016 年后增长趋势变缓。与非国有商业银行相比，国有商业银行资产托管规模相对较大。不同类型商业银行在中介服务类表外业务方面的发展差异，为后文探讨银行所有制属性差异提供了事实基础。

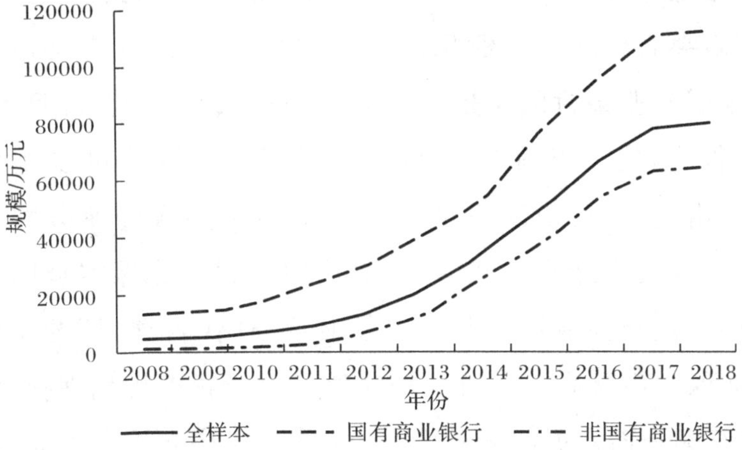

图 3 - 4　我国商业银行中介服务类表外业务发展趋势

3.1.3　不同所有制属性商业银行表外业务发展异同

由于不同银行主体在风险管理及市场竞争能力方面存在明显差异，因此不同类型银行开展表外业务的内在动力可能存在明显差异。下文通过手工收集 16 家上市银行 2008—2018 年年报数据①，对银行表外业务中各类表外业务规模进行测算。

① 16 家上市银行分别为中国工商银行、中国建设银行、中国农业银行、中国银行、交通银行、招商银行、浦发银行、兴业银行、中信银行、民生银行、光大银行、平安银行、华夏银行、宁波银行、南京银行和北京银行。

1. 不同类型表外业务规模的测算方法

一般来说，商业银行表外业务规模测算只需要将不同类型表外业务规模相加即可，但由于我国商业银行表外业务信息披露并不完善，表外业务信息常反映在资产负债表附录中，且表外业务科目划分还因银行个体差异而不同，相关数据缺失较为严重，因此需要仔细甄别表外业务类型，将表外业务划归为相应的表外业务类型中。根据上市银行年报中信息披露情况，从业务规模角度来测算相关业务的规模。①担保承诺类表外业务一般反映在“信贷承诺”科目或“信用承诺”科目下(在中国农业银行的年报中，它反映在“信贷承诺”科目下；而在中国银行年报中，它反映在“信用承诺”科目中)，因此可以用信贷承诺(或信用承诺)业务规模来近似反映担保承诺类表外业务规模。②代理投融资服务类表外业务规模，可以用商业银行非保本理财业务余额来近似反映，这与商业银行非保本理财业务“代客理财”的业务属性相一致，即非保本理财业务本质上是为理财投资者进行代理投资、为资金需求者进行融资而发展的表外业务[①]。③对于中介服务类表外业务，上市银行年报中资产托管业务规模占比最大且数据质量较好，财务顾问、代理代收等业务规模数据缺失严重，并且相关业务收入一般都反映在非利息收入中，因此用资产托管业务规模来反映银行中介服务类表外业务的规模大小。④其他类表外业务包含的种类难以划分，并且规模相对较小，因此可以忽略。

2. 不同类型商业银行表外业务发展特点

根据上述分类测算方法，可以得到商业银行三类表外业务的规模数

① 根据《中国银行业理财市场报告》中对银行理财业务的划分，非保本理财业务为商业银行表外业务，而保本理财业务则不属于银行表外业务。2013 年之后，我国上市商业银行年报中对非保本理财余额进行了公布，而在 2013 年之前则仅公布了理财产品余额。因此 2013 年之前商业银行非保本理财业务余额根据《中国银行业理财市场报告》中给出的 2013 年银行业非保本理财余额占比 63.80%作为固定比例，用之前年份商业银行的理财产品余额乘以上述比例进行测算。

据。通过分析各商业银行表外业务资产余额与表内资产比例可以发现如下特点：

(1)商业银行开展表外业务具有协同性。图 3－5 给出了 2008—2018 年各商业银行表外业务资产余额与表内资产比例的变化趋势。可以发现:整体来看,不论是国有五大商业银行还是非国有的股份制和城市商业银行,其表外业务资产余额与表内资产比例具有相同的变化趋势(宁波银行和交通银行变化更加明显,但趋势整体趋同),这表明商业银行开展表外业务具有协同性,可能的解释是我国商业银行表外业务创新程度较低,商业银行表外业务具有同质性。当首家商业银行推出某种新型表外业务模式或产品并获得较高收益时,由于该业务模式或产品设计创新程度较低,该业务模式或产品设计很容易被其他银行模仿“创新”,这就造成了商业银行在开展表外业务中的协同性。协同性体现了商业银行在表外业务发展中行动的一致性,这在分析表外业务对银行系统性风险的影响中非常重要。

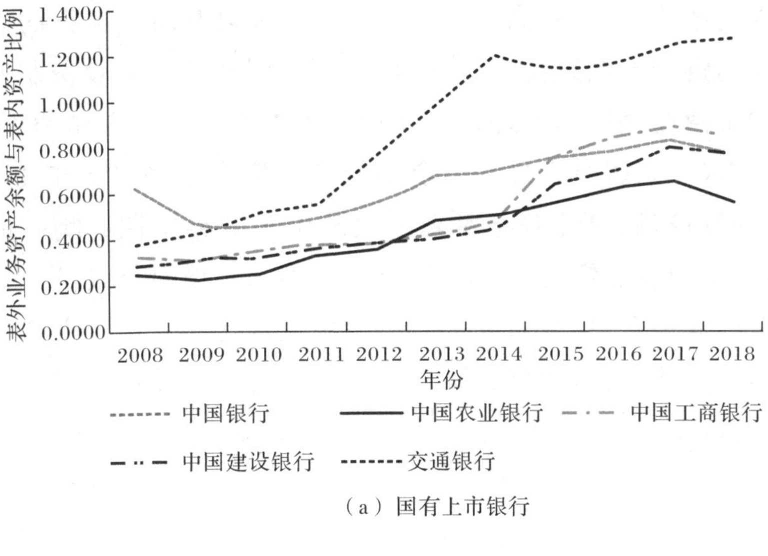

(a) 国有上市银行

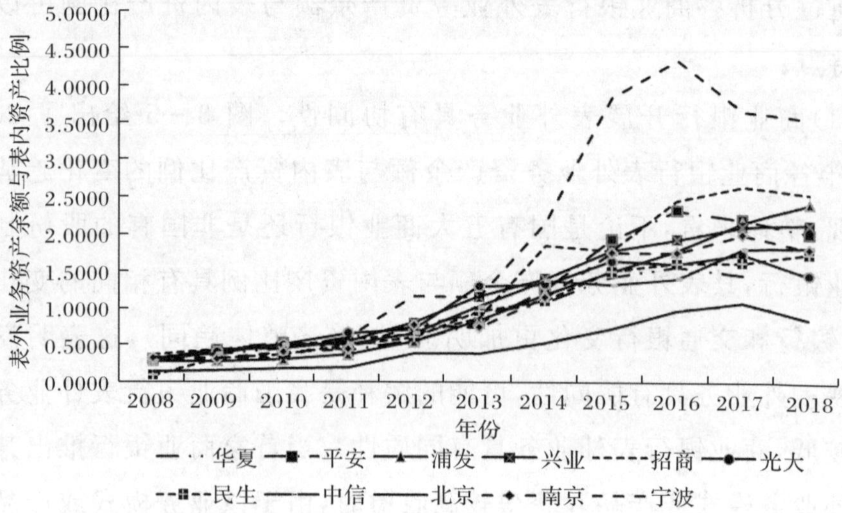

（b）非国有上市银行

图 3-5　我国上市银行表外业务资产余额与表内资产比例的变化趋势

(2)不同类型商业银行表外业务资产余额与表内资产比例存在明显的异质性。从图 3-5 可以发现，国有商业银行，除交通银行表外资产余额与表内资产比例较高（高于 1）外，其余 4 家国有商业银行的表外资产余额与表内资产比例维持在 0.9 以下，而非国有的 8 家股份制商业银行和 3 家城市商业银行的表外资产余额与表内资产比例则在 2018 年维持在 1.5 左右（北京银行表外资产余额与表内资产比例略低于 1），这充分反映了银行所有制属性差异对表外业务带来的异质性影响。进一步将中国银行、中国农业银行、中国工商银行、中国建设银行以及交通银行划分为国有商业银行，将剩余 8 家股份制商业银行和 3 家城市商业银行划分为非国有商业银行，通过分别分析两类银行的表外业务资产余额与表内资产比例，来反映银行所有制属性对表外业务发展带来的差异性影响。观察图 3-6 可以发现，在 2011 年之前，国有商业银行与非国有商业银行的表外业务资产余额与表内资产比例相差不大，但从 2011 年后，非国有商业银行的表外业务资产余额与表内资产比例快速飙升，而国有商业银行表外业务资产余额与表内资产比例则增长缓慢。上述差异为分析表外业务对不同类型商业银行风险影响的差异性提供了事实基础。

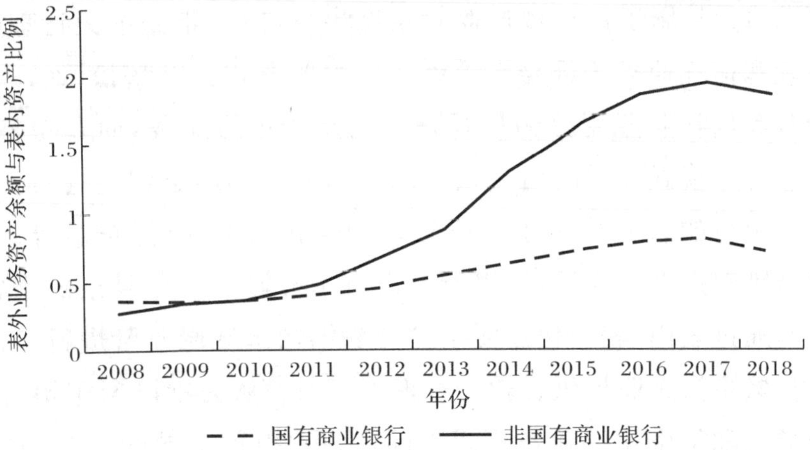

图 3-6　不同所有制属性商业银行表外业务资产余额与表内资产比例的变化趋势

3.2　我国商业银行表外业务特征分析

3.2.1　表外业务的复杂性

1. 表外业务与影子银行"真假难辨"

自保罗·麦卡利(Paul McCulley)于 2007 年在美联储会议上首次提出影子银行的概念以来，有关影子银行的研究层出不穷(Gorton et al., 2010)。Pozsar 等(2010)将影子银行定义为具备信用提供功能但不受央行流动性担保的信用中介。欧盟委员会从机构实体和业务活动两个维度进一步明确了影子银行的定义，形成了现有研究比较通用的影子银行概念，即游离于银行监管体系之外，可能引发系统性风险和监管套利等问题的信用中介。

为明确我国表外业务与影子银行之间的关联，需要回顾国内学者对影子银行的界定。李向前等(2013)研究指出，所有参与到金融中介链中任意一个环节上的全部金融机构、活动和工具都是影子银行的构成要求，我国影子银行体系主要包含银行开展的影子银行业务、政府部门批准的准金融机构、银行业监管部门批准的非银行金融机构和民间金融等。李俊霞等(2014)从影子银行规避监管角度出发,指出非保本银行理财产品、委托贷款和信托业务等都是影子银行的主要形式。巴曙松(2013)将银行理财业务和信托业务划分为口径最窄的影子银行业务,而非银行金融及银行同业合作模式和民间借贷则被划分为广义的影子银行业务。更多的有关影子银行的研究聚焦于信托融资和信托投资、委托贷款等。孙国峰等(2015)研究指出,中国影子银行并没有国外影子银行复杂的金融结构,实际上是通过表内、表外构建复杂的交易结构来规避监管进行运作的,其实质上仍然是为企业提供贷款。廖理等(2014)认为中国影子银行与国外高度证券化和衍生化的业务模式不同,它是"银行主导的,实质是变相放贷和银行的影子,是金融机构创新、逐利和规避监管交错共生的产物"。

根据《国务院办公厅关于加强影子银行监管有关问题的通知》,我国影子银行主要包括三类:一是不持有金融牌照、完全无监督的信用中介机构,包括新型网络金融公司、第三方理财机构等。二是不持有金融牌照,存在监管不足的信用中介机构,包括融资性担保公司、小额贷款公司等。三是机构持有金融牌照,但存在监管不足或规避监管的业务,包括货币市场基金、资产证券化、部分理财业务等。

根据国内影子银行相关研究以及影子银行的界定,可以发现,表外业务与影子银行既有交叉重叠,又有明显的不同。表外业务中的非保本理财业务同属于影子银行的一部分,但表外业务同时又包含了担保承诺以及中介服务等表外业务。表外业务与影子银行业务之间的"部分重叠"与差异,反映出表外业务的复杂性。

2. 表外业务产品结构设计复杂,信息披露程度较低

2008 年以后,我国商业银行资产结构变化明显,以表外业务中占比较高的表外理财业务为例,理财业务规模的增长速度十分迅猛,从 2008 年的 1.7 万亿元增长至 2017 年的 29.54 万亿元,规模扩张了 16.37 倍。与此同时,我国商业银行表外业务结构复杂,表外业务资金来源和资金投向披露程度较低。商业银行通过"发起-理财""发起-委托投资"等多种方式,使得表内资产表外化,同时未披露基础资产的信息,使得市场参与者难以准确识别风险。在实践中，以非保本理财业务为代表的资产管理业务，普遍存在刚性兑付的问题。理财产品采取预期收益率模式，但即使收益率出现浮动，投资者风险名义上由投资者承担，但考虑到声誉损失对后续业务开展带来的不利影响，银行通常采用各种方式保障投资收益。刚性兑付加剧了道德风险，诱导投资者不再关注表外业务产品结构中可能存在的风险，形成追逐高收益的投机心理，弱化了市场机制的约束效果。与此同时，表外业务结构化产品多层嵌套，导致底层资产不清，难以判断最终投资标的是否符合监管要求以及投资者所能承受的风险。复杂的产品设计和较低的信息披露程度，掩盖了表外业务复杂"外衣"下的潜在风险，容易引发银行风险。

3. 表外业务"表内转换"特征显著

纵观我国商业银行表外业务发展历程，以表外理财业务为代表的表外业务是商业银行业务转型重点方向。商业银行通过发行理财产品募集资金，并将资金通过通道业务转移至表外，实现监管套利。2013年，《中国银监会关于规范商业银行理财业务投资运作有关问题的通知》发布，限制了理财资金投资非标准化债权资产的上限，使银行表外信贷类理财产品规模急剧萎缩，银行将表内同业业务和自营科目转为通道业务，通过表内科目"腾挪"的方式来规避监管，表外业务"表内转换"的特征愈发明显。

1)表外业务与同业业务

吴军等(2015)指出广义的银行同业业务是商业银行与其他金融机构之间的业务合作，包括银银合作、银信合作、银保合作、银证合作等。广义的银行同业业务按照其与商业银行资产负债表的关系可以划分为三类：第一类是商业银行表内同业业务，如同业拆借、同业存放、买入返售、同业借款、同业投资等；第二类是商业银行表外同业业务，如对金融同业提供的信用承诺、担保业务等，在银行资产负债表的"或有事项"栏目列示；第三类是未纳入商业银行财务报表的同业业务，如商业银行以发行投资产品的方式募集资金，投资于信托计划、资产管理计划等特定目的载体，收取管理费而不承担资产实质风险的同业合作业务，此类业务因其完全不在商业银行财务报表的表内或表外体现，在业内俗称"表表外"业务。

2008年金融危机以后至2013年期间，中国商业银行同业业务的发展呈现出两大特点。一是同业业务规模快速扩张，同业资产规模增速达到总资产增速和贷款增速的2倍，同业负债规模的增速也达到总负债增速和各项存款增速的1.5倍。同业业务已经由单纯的流动性管理工具发展成为商业银行融通资金、管理资产负债、创新产品和拓展利润增长点的重要渠道。二是同业业务创新模式不断涌现，如信贷资产转让、银信合作理财、票据买断、同业代付、各类金融资产收益权买入返售等，成为这一阶段中国商业银行最主要的创新发展领域之一。

商业银行同业业务是银行在金融管制约束下改变原有的经营模式和资产结构的重要业务模式。在利润最大化目标下，商业银行经常通过金融创新来规避监管。在资本充足率要求、信贷投向调控等监管限制下，商业银行信贷资产配置受到监管约束的程度提高。为规避监管约束，商业银行将资产配置为同业资产，同业业务成为该时期商业银行规避监管的主要模式。在同业资产方面，以买入返售金融资产为例，买入返售金融资产是利用会计科目进行包装，将信贷资产转变为同业资产，规避存贷比和风险计提等监管要求，降低监管成本，实现将资金投向非标产品。买入返售资产包含证券、票据、信托收益权、信贷资产和应收租赁款等，其中票据和信托收益权是买入返售业务的重要组成部分。买入返售具体运作模式有抽屉协议暗保模式、两方协议模式、三方协议模式、假两方三方模式、配资模式和存单质押三方模式等六种形式(翟光宇 等,2015)。

图3-7反映了银行通过买入返售金融资产逃避监管的运作模式。A银行通过发行理财产品筹集资金，并借助银信合作通道，买入信托受益权，将资金借助信托机构投向非标准化债权类资产（以下简称非标资产）。为了将非标资产出表，A银行与B银行签订买入返售协议，将信托

受益权卖给 B 银行，同时双方签订该信托受益权的远期回购协议(抽屉协议)。借助上述操作，A 银行成功实现将非标资产出表，而 B 银行则将该信托受益权计入买入返售科目，规避了存贷比监管。同时 B 银行在面临监管时出具远期回购协议，证明风险承担主体为 A 银行，也可规避风险计提监管。可以发现，反映在资产负债表内的买入返售业务，实质上是银行为了实现逃避监管并且影响银行当期收益的业务，因此可以称为广义上的表外业务。

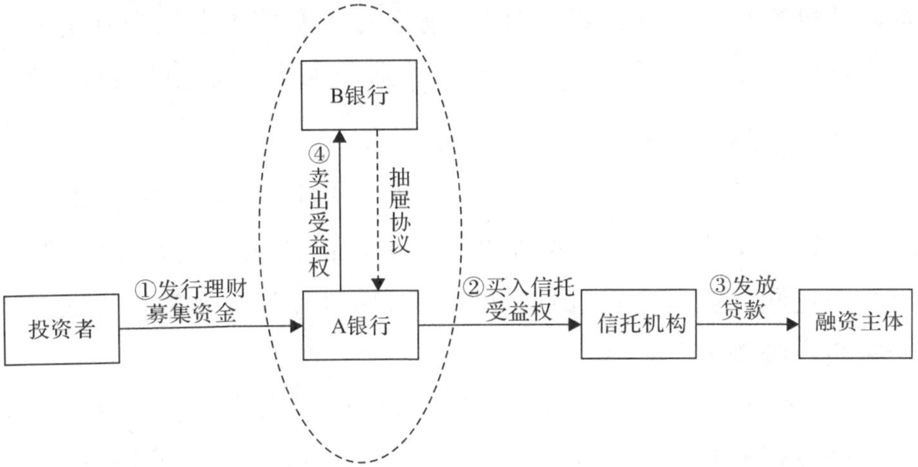

图 3-7　两方协议模式下的信托受益权买入返售金融资产

在同业负债研究中，黄小英等(2016)指出商业银行同业负债作为批发资金来源，能有效摆脱“负债脱媒”带来的资金压力。同业资产资本金要求低且能够过金融机构通道“出表”，逃避监管机构的监管，故商业银行资产负债表结构调整中，同业资产占总资产的比重、同业负债占总负债的比重越来越高。孙勇(2014)针对同业创新进行功能疏解，发现同业代付、同业偿付、返售与回购等业务具有信用创造功能，能够帮助商业银行规避存贷比、信贷规模等监管要求。同业业务发展不规范、规避监管、期限错配增大和信息不透明等问题，在一定程度上削弱了宏观调控和金融监管效果，存在风险隐患。一是由于同业业务具有不缴存存款准备金、不受存贷比约束等特点，部分银行机构通过同业业务规避宏观调控和监管要求。二是不少金融机构通过较低成本借入短期同业资金，再投资于期限长、收益高的资产来获取超额收益，同业业务导致的期限错配程度上升可能导致流动性风险。三是部分同业业务透明度低，会计核算不规范，加大了风险监测和监管难度。四是金融机构间资金联动性增强，部分同业业务通过多层"通道"包装，产品设计结构复杂，造成金融机构整体资产规模虚增，一旦某个环节发生风险，极易引发交叉性风险传染。

综合上述分析可以发现，商业银行开展同业业务能够规避存贷比、风险资本计提等监管指标约束，进而提高银行盈利能力。同业业务规避监管且影响银行收益特征表明，可以将同业业务视作广义上的表外业务。

2)应收款项类投资

2014 年 5 月发布的《关于规范金融机构同业业务的通知》(银发〔2014〕127 号)，叫停了信托收益权等非标产品的买入返售模式，"堵死"了银行通过同业业务绕道"出表"的渠道，随后应收款项类投资成为银行资产端科目腾挪的新模式。

图 3 - 8 反映了我国 16 家主要上市银行买入返售金融资产以及应收款项类投资资产的平均规模在 127 号文出台后的变化趋势，可以发现，从 2014 年第二季开始，买入返售金融资产规模迅速回落，而应收款项类投资规模迅速攀升。上述变化表明，在监管政策"围堵"下，我国商业银行表外业务开始转向应收款项类投资科目。

根据上市银行年报中的应收款项类投资明细，应收款项类投资主要包含标准债券、非标准债权和理财产品三类，其中标准债券包括政府债券、金融机构债券和公司债券。商业银行通过应收款项类投资将非标资产转移至自营投资项目下，能够降低监管压力，降低资金使用成本。一方面，应收款项类投资受到的监管成本相对较低。根据《商业银行资本管理办法》规定，商业银行根据相应的监管指标划分为三档，不同档级商业银行的风险权重规定存在差异。以第一档商业银行为例，中央政府和中国人民银行债权的风险权重为 0，对境内外其他商业银行风险暴露(不含次级债权)的风险权重为 30%～150%，对境内外其他金融机构风

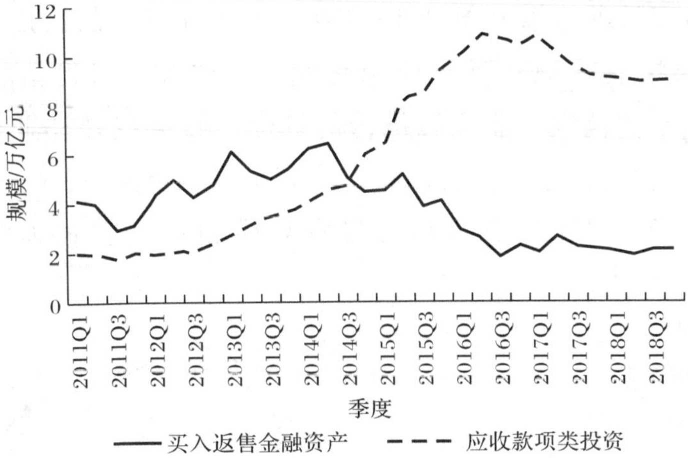

图3-8 16家上市银行买入返售和应收款项类投资平均资产规模变化

(数据来源:Wind数据库)

险暴露(不含次级债权)的风险权重为100%。商业银行通过将非标资产包装在风险权重更低的科目下,能够减少风险资本计提,降低资金使用成本。另一方面,应收款项类投资可以利用组合评估方法来计提减值损失,降低资金使用成本。在实际操作中,利用应收款项类投资科目对非标资产投资的减值拨备覆盖率要比通过信贷方式投资的拨备覆盖率低,因此,表外业务向应收款项类投资科目的转移,本质上是商业银行为规避监管限制,通过会计项目包装,将非标资产腾挪至表内科目的手段。

以XY银行应收款项类投资为例,XY银行将理财和信托及其他受益权科目计入应收款项类投资科目。XY银行2017年年报的信息显示,纳入应收款项类投资科目中的信托及其他受益权(主要投资方向为信托公司、证券公司或资产管理公司,作为资金受托管理人运作的信托贷款或资产管理计划等)已达到1.34万亿元,理财产品规模为851.73亿元。上述两项子科目占应收款项类投资科目资金的75.13%。图3-9反映了2011—2018年XY银行应收款项类投资占总资产的比重,可以发现,在《关于规范金融机构同业业务的通知》发布之后,其占比从2014年第二季度的8.7%迅速攀升至2016年第二季度的37.6%，应收款项类投资规模从3440亿元飙升至2.15万亿元。2016年4月发布的《中国银监会办公厅关于规范银行业金融机构信贷资产收益权转让业务的通知》，针对结构化转移降低风险拨备和占有资本金标准进行了严格控制，故2016年第二季度后，应收款项类投资规模和占比有较为明显的下降趋势。

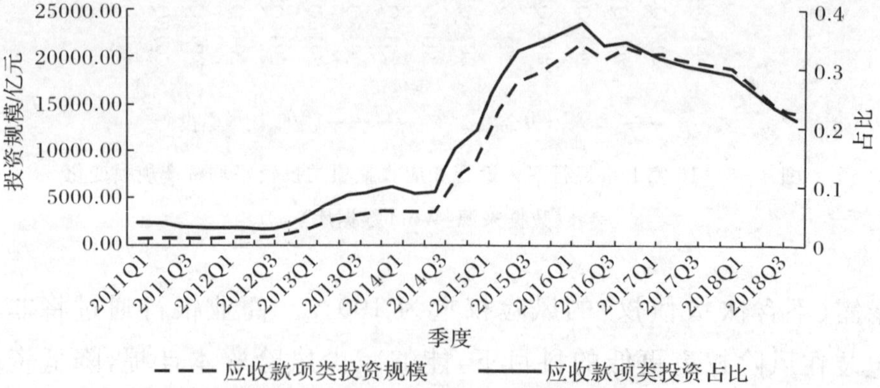

图3-9 XY银行应收款项类投资变化趋势

总结上述事实可以发现，商业银行利用应收款项类投资进行非标资产投资可以在一定程度上规避监管，因此表内应收款项类投资科目中部分业务可以归为广义的表外业务。

3)应付债券

根据我国上市商业银行的年报资料，应付债券科目主要包括长期次级债、金融债券、二级资本债、同业存单、存款证和资产支持证券等。XY银行2017年年报数据显示，应付债券科目中同业存单的比重最大，占比约为71.1%。商业银行开展同业存单业务主要是由于其具有的监管优势：一方面，同业存单不纳入同业负债，故同业存单发行规模不受同业负债不超过银行负债总额三分之一的限制，因此发行同业存单导致的负债规模上升不受限制；另一方面，2016年央行推行的宏观审慎监管体系(MPA)中，“同业负债”在“资产负债情况”项考核下占25分，但同业存单不纳入同业负债，故宏观审慎监管带来的考核压力较小。由于上述监管优势，商业银行在面临利率市场化的激烈竞争中，通过发行同业存单获得资金就显得尤为重要。

商业银行通过发行同业存单获得同业资金，然后将资金作为自营资金进行投资，实现和应收款项类投资科目的对接，也可实现对非标资产投资的出表过程。其具体运作模式一般如图 3－10 所示。

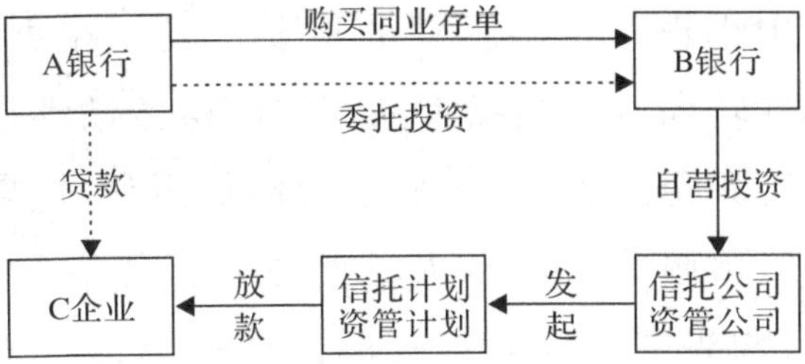

图 3－10　同业存单表外信贷的运作模式

图 3－10 反映了 A 银行通过同业存单业务，实现对 C 企业进行表外信贷投资的运作流程。首先，A 银行购买 B 银行的同业存单，并与 B 银行签订抽屉协议，质押同业存单提取权，委托 B 银行将资金通过信托计划和资管计划投向 C 企业。在上述模式中，A 银行名义上将资金以同业拆借形式借给了 B 银行，同时将委托 B 银行投资的指令作为抽屉文件，因此不需要计提资本金，无须占用拨备；B 银行则将 A 银行的委托投资视为存单质押下的通道业务，规避了存贷比和风险计提等监管指标的限制，从而同业存单业务借助上述模式完成了对表外信贷资产的投资目的。

通过发行同业存单、扩大应付债券规模而将资金投向于非标资产的套利模式在不同性质商业银行间存在较大的差异。通过对 2011—2018 年不同类型商业银行应付债券规模的统计(见图 3－11)，可以发现：①2011年第一季度至 2014 年第一季度，商业银行的应付债券规模增长趋势较为平缓，股份制商业银行和城市商业银行的应付债券规模远低于国有商业银行的应付债券规模，并且增长趋势也更为平缓。②股份制商业银行和城市商业银行的应付债券规模从 2014 年第一季度开始快速攀升，而国有商业银行的应付债券规模增长趋势相对十分缓慢。股份制商业银行的应付债券规模在 2015 年第三季度左右超越国有商业银行，说明股份制商业银行通过发行存单获取资金的规模增幅最大，是市场资金的净流入方。城市商业银行的应付债券规模增速亦大于国有商业银行，说明城市商业银行也依赖发行同业存单筹集资金。不同类型商业银行应付债券规模的变化趋势表明了市场资金的流向，同时也说明不同类型商业银行的套利模式不同。根据任泽平等相关研究，同业存单从 2013 年推出以后便成为中小银行主动负债的重要工具。在央行以传统外汇占款投放货币流动性转向以合格抵押品获取资金流动性后（主要表现在以非常规货币政策工具释放流动性，如常规借贷便利、短期借贷便利、中期借贷便利等新型货币政策工具），大型商业银行凭借其抵押品优势从央行获取资金，然后购买中小商业银行的同业存单进行空转套利；中小商业银行通过发行同业存单获取资金，而后通过购买收益更高的同业存单和同业理财进行空转套利。通过发行同业存单获取资金，并委托券商、基金和私募等代为管理，从而实现表内资产向表外的转移，是中小银行套利的主要模式。

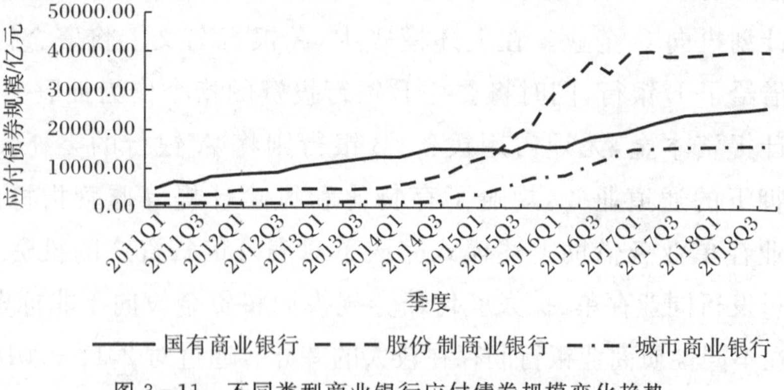

图 3-11 不同类型商业银行应付债券规模变化趋势

3.2.2 表外业务监管套利属性明显

现有的研究指出，监管套利是表外业务快速发展的动因之一。Pennacchi(1988)研究认为，由于存款准备金制度的存在，商业银行开展表外业务有利于其以更低的成本获得资金。商业银行上缴至中央银行的存款准备金，缩减了商业银行贷款供给规模，提高了商业银行的机会成本。随着利率市场化初步完成，银行存贷利差缩小，利率波动幅度加大，存款出现脱媒化倾向，银行净利润增速放缓。在资本充足率、存贷比、行业投向限制等监管约束下，银行为规避监管将表内业务转移至表外的动机十分强烈。与此同时，随着我国改革开放程度的加深，金融业管制逐步放松，民营商业银行和外资银行发展速度加快，逐步打破了银行业的垄断经营格局，加大了银行之间的竞争压力，倒逼银行开展表外业务。

要准确理解我国商业银行开展表外业务的监管套利动机，有必要回顾我国商业银行所受的监管限制。在资本充足率和流动性等指标的监管中，1995 年发布的《中华人民共和国商业银行法》第三十九条要求，商业银行资本充足率不得低于 8%，流动性资产余额与流动性负债余额的比例不得低于 25%。在金融危机后，为了提高银行经营稳定性以及抗风险能力，2010 年 12 月巴塞尔委员会发布了《巴塞尔协议Ⅲ》，进一步强化了对银行核心资本充足率和流动性的监管。《巴塞尔协议Ⅲ》明确要求提高银行资本充足率，核心一级资本充足率由 2%提高到4.5%，并增设不低于总资产 2.5%的资金作为“资本防护缓冲资金”；同时引入流动性覆盖率和净稳定资产比率来降低银行流动性风险。在存贷比指标限制方面，贷款余额与存款余额的比例不得超过 75%，对同一借款人的贷款余额与商业银行资本余额的比例不得超过 10%。为了提升金融机构对小微企业、“三农”等领域的支持力度，有针对性地缓解融资成本高的问题，国务院强调完善差异化信贷政策，增加存贷比指标弹性，促使商业银行存贷比限制指标放松。2015 年《中华人民共和国商业银行法》修正时，删除了“贷款余额与存款余额的比例不得超出 75%”的规定。《巴塞尔协议Ⅲ》还增加了对逆周期资本缓冲以及杠杆率指标的限制，提升了银行资金使用成本，导致银行净资产收益率下降。上述监管严格约束着商业银行，在逐利动机下寻求外部通道突破这些限制成为商业银行开展表外业务的重要原因。部分银行表外理财业务违规投向监管限制行业和领域，特别是对“两高一剩”行业的资金投放，具有明显的监管套利特征。

鉴于表外业务监管套利弱化了监管政策的有效性，商业银行开展表外业务进行监管套利的内在动力更加强烈。根据前文对表外业务与表内科目的转换分析，商业银行开展表外理财产品、信托计划、证券公司资产管理计划、基金子公司资产管理计划等通道业务，规避了信贷规模限制，降低了资本监管和拨备监管压力。表外业务发展过程中，通过投资非标资产，导致非标资产规模扩张迅速。表外业务资金投资于非标资产，使得非标融资成为部分企业的融资方式。银行开展的资产管理产品虽然能够在一定程度上缓解企业融资难题，但在实践中，资产管理产品投资非标资产成为“类信贷业务”，规避了宏观调控政策和资本监管约束，将资金投向了房地产、地方融资平台以及“两高一剩”等限制行业，严重削弱了监管的有效性，并加剧了宏观经济波动对银行风险的传导。

表外业务对监管有效性的弱化影响如图 3-12 所示。

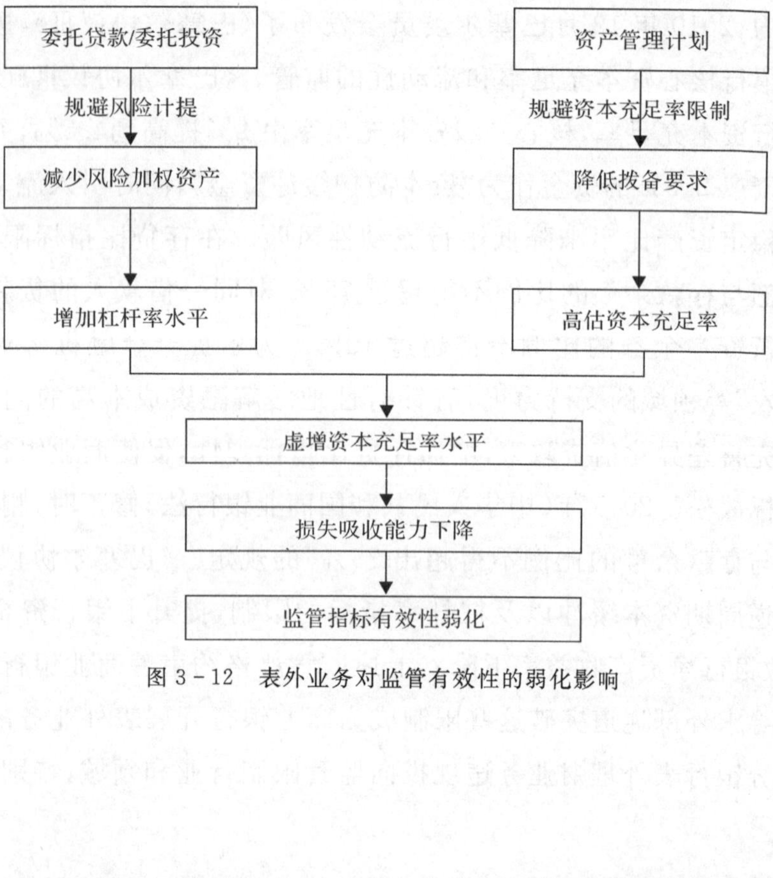

图 3-12 表外业务对监管有效性的弱化影响

3.2.3　表外业务市场竞争属性突出

表外业务作为银行创新业务，其快速发展不仅是商业银行被动适应市场竞争的产物，而且反映了商业银行主动参与市场竞争的意愿。

(1)从商业银行被动参与市场竞争视角来看，随着经济全球化和一体化的快速发展，金融自由化进程不断加快，银行业准入限制不断降低，使得银行与银行之间、银行与非银行金融机构之间的竞争愈发激烈。以银行业金融机构之间的竞争为例，我国上市商业银行数量不断增多，城市商业银行和股份制商业银行数量不断上升，银行间争夺存款压力不断上升，存贷利差被严重挤压，迫使银行开展表外业务创新寻找新的利润增长点。在与银行业金融机构的竞争中，非银行金融机构结合自身监管优势特点，不断创新业务模式，推出多种金融创新产品，争夺银行客户资源(邓伟 等，2014)。互联网金融的繁荣更是加快了金融脱媒，导致表外业务的快速扩张。中国农业银行财务会计部课题组等(2015)的研究显示，伴随着金融产品竞争进入大资产管理时代，余额宝、第三方支付平台等网络金融产品的创新加剧了传统银行业与非银行金融机构的竞争，商业银行不得不开展表外业务等创新业务应对激烈的市场竞争。互联网金融的兴起为居民提供了投资门槛更低、风险适中且收益率更高的金融产品，加速了存款脱媒(曹凤岐，2015)。以"余额宝"为例，由于余额宝的预期收益率远高于同期商业银行存款基准利率，并且其产品风险较低，因此不少居民选择将银行活期存款转入余额宝中，使得余额宝规模快速扩张，对商业银行活期存款造成了巨大的冲击。为应对互联网金融发展带来的竞争压力，商业银行通过发行表外理财产品应对市场竞争也成为必然选择。

商业银行开展表外业务应对市场竞争可能还受到了利率市场化的影响。利率市场化旨在缓解并消除利率管制，逐步实现以市场供求为基础来决定和调节利率水平。2007 年推出的上海银行间同业拆放利率(Shibor)是利率市场化改革的重要突破，而在 2008 年金融危机后两年，我国利率市场化基本停滞，处于徘徊期；2011年发布的国家"十二五"规划指出要稳步推进利率市场化改革，我国确立了"先贷款利率市场化、后存款利率市场化"的市场化改革次序，标志着利率市场化进程进入了加速期。根据黄晓薇等(2016)的研究，利率市场化使得价格竞争成为银行之间的主要竞争方式。银行业负债端呈现出"一般存款同业化、同业存款市场化、储蓄存款理财化"现象，而资产端"金融脱媒"压力的不断增大，导致银行业在资产端和负债端市场份额的激励竞争。负债端激烈竞争使得银行转向以发行理财产品和同业存单为主的主动负债模式；资产端的竞争则迫使银行不断开展表外业务创新提高收益，以弥补负债端资金成本上升带来的影响。因此，利率市场化进一步提高了银行间激烈的市场竞争程度，推动了银行表外业务的发展。

(2)从商业银行主动开展表外业务应对市场竞争视角来看，银行开展表外业务不仅是"部分"解决社会融资难题的途径，同时也完美地契合了银行追逐收益的动机，因此，在外部需求和内在驱动的双重动机下，商业银行具有主动开展表外业务参与市场竞争的意愿。

从外部需求视角来看，长期存在的社会融资规模缺口激发了银行开展表外业务进行市场竞争的内在动力。黄益平等(2012)的研究指出，我国长期存在的利率双轨制导致我国社会融资需求难以被满足，长期的金融抑制促使银行通过开展表内、表外科目转换来填补社会融资缺口。我国金融市场中长期存在着基于所有制属性的信贷歧视现象：国企及地方政府能够从银行获得大量低成本贷款，而融资需求强烈的民营中小企业却难以获取银行信贷资金，导致信贷资金配置效率低下，且造成了巨大的社会融资需求缺口。按照"融资缺口＝社会融资规模－新增人民币贷款－新增外币贷款－企业债券融资－非金融企业境内股票融资"的计算方法，图3-13给出了2009—2018年我国社会融资规模缺口变化趋势。社会融资规模缺口在2009—2012年间不断扩大而后逐渐缩小，在2016年达到最低值1.08万亿元(这与2014年和2015年股市融资规模变化有关)。从整体来看，2009—2018年社会融资规模缺口的年平均值在

3.31万亿元以上。在正常融资渠道难以满足社会融资需求时，商业银行通过发行理财产品获取资金，借助表外业务模式或表内科目转换等方式将资金转移至表外，为企业提供信贷资金，部分地缓解了企业融资难题。根据 Wind 数据库统计数据显示，2013—2018 年，我国非保本浮动收益类理财产品规模从 6.53 万亿元增长至 22.04 万亿元，这从侧面说明了社会融资需求对商业银行开展表外业务的推动作用。

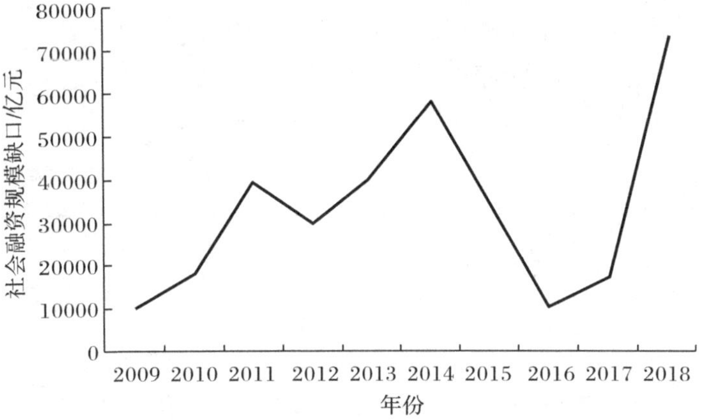

图 3－13　社会融资规模缺口变化趋势

从内在逐利驱动视角来看，商业银行开展表外业务能够获取更高的收益，并且表外业务为银行提供了“主动负债”渠道（商业银行可以通过发行理财产品获得资金来提高银行杠杆水平），银行可将资金通过多种渠道配置到受到监管限制的行业中获取超额收益，因此商业银行具有主动开展表外业务的内在动力。商业银行主动开展表外业务竞争的一个重要事实是，银行表外理财产品收益率远高于同期存款收益率。根据图 3－14可知，银行理财产品的预期收益率一直高于同期贷款利率（考虑到非保本理财产品的占比较高及非保本理财产品收益率高于保本理财产品，用整体理财产品收益率来替代银行表外理财业务收益水平），因此商业银行发行理财产品能够给客户提供更高的投资收益率。《中国银行业理财市场报告（2017 年）》数据显示，发行理财产品的商业银行数目从 2013 年的 427 家增长至 2017 年的 591 家，理财产品发行数量由 2013 年的14.4万只增长至2017年的25.77万只。在理性经济人假设下，商业银行开展理财业务的成本不可能高于其业务收益，因此商业银行通过提高理财产品收益率的方式来吸收资金，体现了商业银行主动开展表外业务进行市场竞争的内在属性。

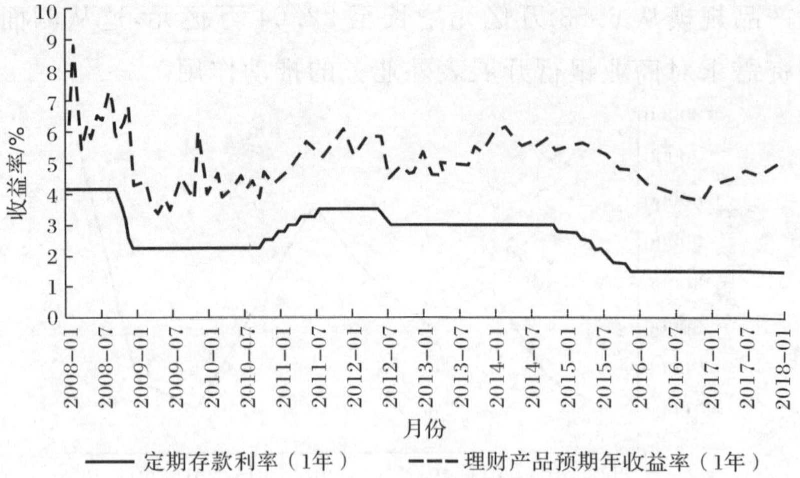

图3-14 理财产品收益率与定期存款利率对比

3.2.4 表外业务的协同性与异质性

根据前文对上市银行表外业务规模的测算，表外业务的协同性体现在商业银行开展表外业务行动的一致性，这可由不同银行表外业务资产余额与表内资产比例变化趋势的整体一致性体现(详见3.1.3小节)；表外业务的异质性则体现在不同类型商业银行表外业务资产余额与表内资产比例存在明显差异，根据3.1.3小节中的测算结果，与非国有商业银行相比，我国国有商业银行表外业务资产余额与表内资产比例明显偏低，体现出不同所有制属性下商业银行开展表外业务的偏好差异。上述特征是分析表外业务对银行风险影响的异质性的事实基础。

3.3　表外业务的监管现状

3.3.1　现有针对表外业务的监管政策

1. 限制表外项目风险资产规模的资本充足率监管政策

从微观审慎监管视角出发，银行资本充足率监管是银行审慎经营的重要手段。根据资本充足率的定义，资本充足率=(总资本－对应资本扣除项)/风险加权资产×100%。资本充足率监管对表外业务的影响体现在，表外业务项目的风险资产也包含在风险加权资产中，因此若银行表外项目风险资产上升，那么在资本规模不变的情形下，银行资本充足率水平下降，触发资本充足率监管限制。

从历史进程来看，2004 年、2007 年、2012 年和 2023 年的资本充足率监管政策都对银行表外项目风险资产测算进行了详细的说明，对比分析历次监管要求，能够从侧面反映对表外业务的监管变化。

2004 年，《商业银行资本充足率管理办法》发布，规定商业银行应对表外业务的信用风险计提资本。商业银行应将表外项目的名义本金额乘以信用转换系数，获得等同于表内项目的风险资产，然后根据交易对象的属性确定风险权重，计算表外项目相应的风险加权资产。《商业银行资本充足率管理办法》附件 3 给出了表外项目的定义及信用转换系数。①等同于贷款的授信业务，包括一般负债担保、远期票据承兑和具有承兑性质的背书，信用转换系数为 100%。②与某些交易相关的或有负债，包括投标保函、履约保函、预付保函、预留金保函等，信用转换系数为 50%。③与贸易相关的短期或有负债，主要指有优先索偿权的装运货物作抵押的跟单信用证，信用转换系数为 20%。④承诺中原始期限不足 1 年或原始期限超过 1 年但可随时无条件撤销的承诺，包括商业银行的授信意向，信用转换系数为 0%；其他承诺的信用转换系数为 50%。⑤信用风险仍在银行的资产销售与购买协议，包括资产回购协议和有追索权的资产销售，信用转换系数为 100%。

在上述办法中，中国银监会根据资本充足率将银行划分为三类。一是资本充足的商业银行：资本充足率不低于8%，核心资本充足率不低于4%；二是资本不足的商业银行：资本充足率不足8%，或核心资本充足率不足4%；三是资本严重不足的商业银行：资本充足率不足4%，或核心资本充足率不足2%。不同资本充足率银行面临的监管压力不同，因此通过将表外项目风险资产转换为表内计算，是监管当局通过资本充足率监管限制银行表外项目风险的重要措施。

随着银行业务多元化发展，2007年，中国银监会发布了《中国银行业监督管理委员会关于修改〈商业银行资本充足率管理办法〉的决定》，首先强调了核心资本充足率监管的重要作用，体现在总则中第三条增加一款："商业银行的核心资本充足率，是指商业银行持有的符合本办法规定的核心资本与商业银行风险加权资产之间的比率。"这表明监管当局开始重视核心资本充足率监管。上述监管调整突出了银行资本（资本＝核心资本＋附属资本）中核心资本的重要地位，表明资本充足率监管政策精细化的监管转型方向。与此同时，该决定还将混合资本债券纳入银行附属资本中，并指出"应将计入资本公积的可供出售债券的公允价值从核心资本中转入附属资本"，进一步明确和修订了核心资本和附属资本的内容，在表外业务项目信用转换系数不变的情形下，上述修订提高了核心资本充足率监管和资本充足率监管的有效性。

2008年之后，随着金融创新不断加快，银行表外业务也得到了快速发展，原有的监管政策难以覆盖新型表外业务项目，导致风险加权资产规模测算并不准确，削弱了资本充足率监管政策的有效性。考虑到上述情况，中国银监会在2012年出台的《商业银行资本管理办法（试行）》（2013年1月1日起施行）中，进一步扩大了资本充足率计算范围，细化了资本充足率监管要求，并补充完善了表外项目类型及信用转换系数。

在资本充足率计算方面，除原有计算范围外，还增加了"其他证据表明商业银行实际控制被投资金融机构的情况"；在资本充足率监管要求方面，包括最低资本要求、储备资本和逆周期资本要求、系统重要性银行附加资本要求以及第二支柱资本要求。在资本充足率监管指标中，除保留资本充足率指标外，重新定义了一级资本充足率和核心一级资本充足率。商业银行各级资本充足率不得低于如下最低要求：核心一级资本充足率不得低于 5%；一级资本充足率不得低于 6%；资本充足率不得低于 8%。

根据该办法，商业银行可以采用权重法或者内部评级法来确定银行表外项目风险资产。

在权重法下，商业银行各类表外项目的信用转换系数分别如下：

(1)等同于贷款的授信业务的信用转换系数为 100%。

(2)原始期限不超过 1 年和 1 年以上的贷款承诺的信用转换系数分别为 20% 和 50%；可随时无条件撤销的贷款承诺的信用转换系数为 0%。

(3)未使用的信用卡授信额度的信用转换系数为 50%，但同时符合条件的未使用的信用卡授信额度的信用转换系数为 20%。

(4)票据发行便利和循环认购便利的信用转换系数为 50%。

(5)银行借出的证券或用作抵押物的证券，包括回购交易中的证券借贷，信用转换系数为 100%。

(6)与贸易直接相关的短期或有项目，信用转换系数为 20%。

(7)与交易直接相关的或有项目，信用转换系数为 50%。

(8)信用风险仍在银行的资产销售与购买协议，信用转换系数为 100%。

(9)远期资产购买、远期定期存款、部分交款的股票及证券，信用转换系数为 100%。

(10)其他表外项目的信用转换系数均为 100%。

2013 年后，商业银行通过发展表外业务等多种业务创新规避监管。2023 年 10 月 26 日，国家金融监督管理总局发布《商业银行资本管理办法》，再一次对商业银行资本监管指标进行了补充和完善。新的监管办法采用差异化的资本监管要求，将商业银行根据并表口径调整后的表内外资产余额以及境外债权债务余额规模分为第一档、第二档和第三档，以更好地对商业银行风险进行差异化监管防范。

在新的监管办法中，商业银行不仅需要满足资本充足率监管，还需满足杠杆率监管要求。其中，杠杆率是指商业银行持有的、符合该办法规定的一级资本净额与调整后表内外资产余额之间的比率。其中，调整后表内外资产余额＝调整后表内资产余额（不包括表内衍生工具和证券融资交易）＋衍生工具资产余额＋证券融资交易资产余额＋调整后表外项目余额－一级资本扣除项。调整后的表外项目余额则需要按照信用转换系数计算，并扣减针对其计提的减值准备。

在权重法下，商业银行各类表外项目的信用转换系数具体如下：

（1）等同于贷款的授信业务的信用转换系数为100％。

（2）贷款承诺的信用转换系数为40％，其中可随时无条件撤销的贷款承诺的信用转换系数为10％（其中特定条件的可随时无条件撤销的贷款承诺可豁免计量信用风险加权资产）。

（3）未使用的信用卡授信额度的信用转换系数为40％，但符合条件的未使用的信用卡授信额度的信用转换系数为20％。

（4）票据发行便利和循环认购便利的信用转换系数为50％。

（5）银行借出的证券或用作抵押物的证券，信用转换系数为100％。

（6）与贸易直接相关的短期或有项目，信用转换系数为20％，其中基于服务贸易的国内信用证的信用转换系数为50％。

（7）与交易直接相关的或有项目，信用转换系数为50％。

（8）信用风险仍在银行的资产销售与购买协议，信用转换系数为100％。

（9）远期资产购买、远期定期存款、部分交款的股票及证券，信用转换系数为100％。

（10）其他表外项目的信用转换系数均为100％。

根据历次监管政策变化可以发现，商业银行资本监管政策不断强化，这体现在：第一，资本充足率计算方法不断改进，从原有的两类资本划分为三类资本，明确了核心资本的扣除规定，提高了资本工具吸收损失的能力。二是扩大表外项目风险资产覆盖范围，优化了风险加权资产的计算方法。表外项目风险资产类别从 2004 年的五种类别扩充至 2012 年的十种类别，表外项目风险资产的计量方法也从单一的权重法转变为内部评级法和权重法并行的可选度量方式。三是增加了杠杆率监管来对风险监管进行补充，同时调整后表内外资产余额规模也逐步成为资本监管的重要参考指标。上述变化体现出监管当局希望通过资本监管防范表外项目风险的根本目的。

2. 防范表外项目风险、“围堵”表外业务类型创新的监管政策

我国商业银行表外业务的监管始终伴随着“套利—监管—再套利—再监管”的主线，并且在不同时期，表外业务规避监管的模式不同。在外部融资需求旺盛背景下，商业银行通过发行理财产品筹集货币资金，并通过购买信托计划向房地产和地方政府融资平台“输血”，银信合作成为此阶段表外业务的主要创新形式。银信合作严重削弱了监管当局对房地产等行业的调控效果，并提高了宏观经济波动对银行风险的冲击作用。2010 年 8 月发布的《中国银监会关于规范银信理财合作业务有关事项的通知》（银监发〔2010〕72 号），明确规定银行理财资金不能委托给信托公司，并对融资类业务的余额比例做出要求，明确银信合作风险计提以及将银信理财合作业务表外资产转入表内的要求，严厉打击了银行通过银信理财合作业务规避监管的行为。

为了规避银监发〔2010〕72 号文关于银行理财资金不能委托给信托公司的要求，以及 2011 年中国银监会禁止银行理财产品投向委托贷款、信托转让等限制，银行同业业务创新应运而生。同业业务模式下的信托受益权三方转让模式、自营资金投资信托受益权模式、代销模式等创新能够规避存贷比和信贷约束额限制，降低资本计提和拨备计提对银行资金成本的影响，成为商业银行表外业务创新的新模式。2013 年，由于商

业银行将理财资金投资非标准化债权资产的规模不断扩大,表外信贷类理财产品急剧扩张,监管当局出台《中国银监会关于规范商业银行理财业务投资运作有关问题的通知》规范理财业务的发展。2014—2015年,由于流动性宽松,中小银行通过发行同业存单主动负债,并形成了“货币基金—同业存单—同业理财—委外”的套利链条。理财资金池本身资产中的非标资产期限较长、流动性较差,容易引发期限错配导致的流动性危机。因此,监管当局对银行理财产品业务投资做出限制,并将同业业务及表外理财纳入流动性监管中。

在表外业务投资受到严厉监管后,商业银行开始实施表外资产向表内转移策略,《关于规范金融机构同业业务的通知》的出台迫使非标准信贷资产转移到表内应收款项类投资科目下,但本质依然是利用相关科目在监管中的相对优势,进行监管套利,只不过表外业务资金在转移至表内的过程中,计提了部分资本及拨备。为进一步强化对表外业务风险防范,2017年实施的“三三四十”检查旨在消除监管套利,防范商业银行表外业务风险。2016年底的中央经济工作会议强调要将防控金融风险放到更加重要的位置。2017年召开的全国金融工作会议提出“服务实体经济、防控金融风险、深化金融改革”三项任务,加强金融监管协调、补齐监管短板。从2017年起,表外理财业务纳入宏观审慎评估体系。《中国银监会关于进一步深化整治银行业市场乱象的通知》进一步限制了商业银行发展表外业务进行监管套利的空间。与此同时,《中国银监会关于印发衍生工具交易对手违约风险资产计量规则的通知》则进一步防范表外衍生品交易业务带来的风险。2018年,监管当局进一步加大对表外业务的处置力度,通过分类监管和表外业务风险隔离来进一步防范表外业务风险冲击。伴随着2018年12月《商业银行理财子公司管理办法》的正式实施,我国商业银行表外业务风险管理基本趋于完善。表外业务的风险与表内业务风险逐步隔离,表外业务风险向表内传导的风险基本得到控制。为了进一步规范表外业务发展,监管当局进一步对表外业务的风险管理进行规范,2023年更新的《商业银行资本管理办法》进一步完善监管指标，将表外业务纳入资本充足率监管当中。近年来监管当局对表外业务创新的监管政策见表 3-1。

表 3-1　近年来针对表外业务的监管政策汇总

发布时间	文件或政策	监管规定
2010 年 8 月	《中国银监会关于规范银信理财合作业务有关事项的通知》	规定银行理财资金不能委托给信托公司，并对融资类业务的余额比例做出要求，明确银信合作风险计提以及将银信理财合作业务表外资产转入表内的要求
2013 年 3 月	《中国银监会关于规范商业银行理财业务投资运作有关问题的通知》	通过确定理财资金投资非标准化债权资产的上限，遏制表外信贷类理财产品急剧扩张
2014 年 1 月	《商业银行流动性风险管理办法(试行)》	同业业务及表外理财纳入监管
2014 年 5 月	《关于规范金融机构同业业务的通知》	根据标的资产的性质计提相应资本与拨备；严禁卖出回购方将业务项下的金融资产从资产负债表中转出，迫使非标信贷资产向表内转移(转移到应收款项投资项目下)
2016 年 4 月	《中国银监会办公厅关于规范银行业金融机构信贷资产收益权转让业务的通知》	强化对银行将非标信贷资产转移至表外行为的监管，并鼓励银行将信贷资产受益权转让到银监会辖下的银行业信贷资产登记流转中心进行登记交易，避免结构化转移降低风险拨备和占有资本金标准
2016 年 12 月	中国人民银行表示 2017 年起将表外理财纳入宏观审慎评估体系考核	约束非标产品扩张，引导金融机构调整表外理财投资产品结构
2017 年 3 月	《关于开展银行业“违法、违规、违章”行为专项治理工作的通知》	堵住银行业金融机构制度漏洞，打击有章不循、违规操作等问题

续表

发布时间	文件	监管规定
2017年3月	《关于开展银行业"监管套利、空转套利、关联套利"专项治理的通知》	解决银行业同业跨市场、跨行业交叉性金融业务中存在的杠杆高和套利多等问题
2017年4月	《中国银监会关于银行业风险防控工作的指导意见》	整治同业业务,加强交叉金融业务管控,将同业业务纳入流动性风险监测范围,新开展同业投资业务不得进行多层嵌套,要根据基础资产性质准确计量风险,足额计提资本和拨备
2017年12月	《中国银监会关于规范银信类业务的通知》	强化银信类业务风险监管,按照穿透式监管准确计提资本和拨备,防止利用信托通道将表内资产虚假出表
2018年1月	《中国银监会关于进一步深化整治银行业市场乱象的通知》	严查银行违规开展表外业务,明确表内表外业务统一标准,不得违规开展跨业通道业务以及实质上承担表外业务风险,严格隔离表外业务风险并避免资产非洁净出表。同时把握好节奏和力度,防范"处置风险的风险"
2018年1月	《中国银监会关于印发衍生工具交易对手违约风险资产计量规则的通知》	提高商业银行衍生工具风险计量和管理水平,促进衍生工具业务稳健发展
2018年4月	《人民银行 银保监会 证监会 外汇局关于规范金融机构资产管理业务的指导意见》	统一同类资产管理产品监管标准;明确资产管理业务不得承诺保本收益,打破刚性兑付;严格非标准化债权类资产投资要求,禁止资金池,防范流动性风险;消除多层嵌套,抑制通道业务;加强监管协调,强化宏观审慎管理和功能监管
2018年7月	《关于进一步明确规范金融机构资产管理业务指导意见有关事项的通知》	明确产品投资范围,设置过渡期内产品估值方法,并明确过渡期的宏观审慎评估政策安排

续表

发布时间	文件	监管规定
2018 年 9 月	《商业银行理财业务监督管理办法》	针对表外理财业务建立分类管理原则，设立理财子公司独立开展理财业务，严格隔离表外业务风险
2018 年 12 月	《商业银行理财子公司管理办法》	明确理财子公司设立、变更及终止规定，明确业务规则、风险管理制度以及监督管理办法
2019 年 11 月	《商业银行理财子公司净资本管理办法（试行）》	明确理财子公司净资本监管标准及监督管理办法
2021 年 10 月	《全球系统重要性银行总损失吸收能力管理办法》	确保全球系统重要性银行进入处置阶段时具备充足的损失吸收和资本重组能力，设置外部总损失吸收能力比率监管指标
2022 年 11 月	《商业银行表外业务风险管理办法》	建立健全表外业务管理治理架构和风险管理体系，加强流程管理，实现整体核算、统一授信，创建策略合理、管理规范、风险可控的表外业务发展环境，推动表外业务规范发展
2023 年 10 月	《商业银行资本管理办法》	完善商业银行资本监管规则，推动银行强化风险管理水平，提升服务实体经济质效，首次提出杠杆率监管中性指标

注：作者整理。

3.4.2 表外业务监管存在的问题

1. 表外业务监管存在滞后性，并且针对表外业务的功能监管缺失

表外业务创新总能够通过多种手段，不断突破现有的监管限制进行监管套利，使得监管当局不得不对表外业务创新进行事后“补丁式”监管，以期消除监管套利空间。事实上，我国表外业务创新主要体现在“通

道"业务创新，旨在规避监管中对投资方向限制以及资本计提等的要求。商业银行表外业务借助银银、银信、银证等多种"通道"业务进行监管套利，或将表外业务腾挪至表内监管相对较弱的应收款项类投资等科目下，本质上仍是监管套利。监管当局无法事前预判银行表外业务创新方向，银行金融创新与监管当局之间形成的"管制—创新(规避监管)—放松管制或再管制—再创新"动态博弈，反映出金融监管的滞后性。纵然监管当局针对表外业务风险提出了全面区别的风险管理，但从整体来看，对表外业务风险的监管体现在"总量控制"而非"结构优化"中。针对不同类型表外业务风险研究不足，导致对表外业务实施功能监管在实践中还存在较大的难度。由于表外业务信息披露不足以及表外业务划分标准出台较晚，不同类型表外业务对银行系统性风险的影响并没有得到细致和全面的研究，而不同类型表外业务对银行系统性风险的影响效果差异是监管当局实施功能监管的基础，因此监管当局对表外业务的功能监管相对薄弱。

2. 表外业务监管忽略了宏观审慎监管政策与货币政策的协调问题

从理论上看，在传统的微观审慎监管框架下，针对银行表外业务风险的微观审慎监管指标旨在提高单个银行经营的稳定性，忽略了表外业务对银行系统性风险带来的影响。从表外业务特征及表外业务风险来看，表外业务产品的多层嵌套及规避监管的"影子银行"属性，增大了表外业务对银行系统性风险的潜在威胁。因此，针对表外业务的风险监管，必须要纳入宏观审慎监管框架下，从宏观审慎视角来寻找抑制表外业务风险的监管工具。与此同时，由于商业银行表外业务的资金成本和投资收益还受到货币政策的影响，因此需要考虑货币政策环境对表外业务风险的影响，并避免货币政策工具削弱宏观审慎监管效果。在实践中，表外业务风险监管还需考虑实际经济环境及市场承受能力，通过货币政策与宏观审慎监管政策配合来避免"处置风险的风险"。特别是表外业务部分解决了实体经济中的信贷需求难以满足的难题，不考虑货币政策协调而对表外业务进行强监管可能会导致社会融资规模下降，实体经济承压加剧。相关统计数据显示，从2018年初对表外业务采取强监管措施以后，2018年8月，我国社会融资规模增量仅为1.52万亿元，比上年同期减少376亿元。如何避免在表外业务监管过程中产生“处置风险的风险”成为监管当局制定政策的重要出发点。2018年7月出台的《关于进一步明确规范金融机构资产管理业务指导意见有关事项的通知》，本质上是对前期监管政策的修正。随后发布的《2018年第二季度中国货币政策执行报告》以及国务院金融稳定发展委员会召开第二次会议，都强调了在金融去杠杆过程中疏通货币政策传导渠道的重要性，这表明在防范和化解金融风险中货币政策和宏观审慎监管的重要性。因此，综合来看，若货币政策不能够适当缓解表外业务强监管对信贷供给的冲击，那么旨在防范银行系统性风险的宏观审慎监管政策可能导致“处置风险的风险”，防范表外业务风险也需考虑货币政策与宏观审慎监管政策的协调问题。

3.4 本章小结

本章首先介绍了我国商业银行表外业务的总体规模及发展趋势，并从表外业务分类视角审视了表外业务发展趋势之间的差异。总的来看，表外业务规模的快速扩张以及表外业务资产与表内资产比例的上升使得监管当局不得不重视表外业务对银行风险的潜在影响。其次，总结了我国商业银行表外业务复杂性、监管套利属性、市场竞争属性以及表外业务协同性和异质性等特征。在分析表外业务复杂性中，重点区分了表外业务与影子银行及表内科目之间的区别和联系，在准确阐明表外业务复杂性基础上，为本书后续研究与现有研究厘清了界限。表外业务监管套利属性不仅表明表外业务是规避监管政策进行套利的手段，而且为理解表外业务向表内腾挪提供了思路。表外业务的市场竞争属性特征，不仅是理解银行开展表外业务发展动因的关键，而且是分析表外业务对银行风险承担影响的基础。表外业务复杂性和协同性是分析表外业务对银行系统性风险影响的基础，而表外业务异质性则为本书的分类讨论提供了必要性支撑。最后，总结了有关表外业务的监管政策，并指出了监管政策滞后性、功能监管不足以及监管中可能存在的政策协调问题，这为本书进一步探讨表外业务的有效监管提供了基础和思路。

第4章

表外业务影响银行风险的理论分析框架

通过前文文献分析，商业银行表外业务不仅可能会影响单个银行风险承担，而且可能威胁银行系统性安全。因此，为全面分析表外业务对银行风险的影响，就需要从理论上挖掘表外业务对个体银行风险承担以及对银行系统性风险的影响机理。鉴于银行脆弱性理论在分析银行个体风险以及系统性风险中的优势，本章将以银行脆弱性理论为基础，在归纳总结银行脆弱性理论来源的基础上，结合表外业务特征，通过分析表外业务对金融脆弱性来源的影响来反映表外业务对银行风险的影响机理。

4.1 银行风险来源理论及风险转换分析

4.1.1 基于银行脆弱性理论视角的银行风险来源分析

银行脆弱性理论起源于20世纪70年代，其产生的根源在于传统经济学理论难以解释金融危机发生的原因，因此从金融制度自身这个内因角度的解释应运而生。银行脆弱性理论建立在信息经济学和制度经济学等一系列经济学理论前沿上。Minsky(1982)首次系统地阐述了银行脆弱性理论，认为银行脆弱性是指银行部门高负债经营特点容易导致其经营失败，银行信贷资金使用与偿还上的时间分离是银行脆弱性产生的根源。Kregel(1997)认为,银行利润最大化目标导致其系统内部增加了风险性业务和活动,导致系统的内在不稳定性。

1. 信息不对称与银行脆弱性

从银行微观行为视角来看,信息不对称导致了贷款市场的逆向选择和道德风险问题,并且由于存款者在信息不对称条件下,容易引发挤兑行为而导致银行危机,因此银行金融结构的脆弱性是内生的。Mishkin(1996)研究指出,信息不对称是银行危机产生的微观根源。

信息不对称理论是指市场中存在的信息是不完全的,总存在一方比另一方拥有更多信息的情况,交易双方所获得的信息是异质的,因此市场不一定能够达到均衡状态。信息不对称将产生逆向选择与道德风险,同时也会恶化委托-代理问题。

逆向选择问题是交易发生前的信息不对称问题,即潜在的不良贷款风险往往来自最希望获得贷款的人。道德风险则是交易后的信息不对称问题,指的是借款人在获得贷款后从事那些贷款人并不期望进行的活动,而这些活动可能使贷款难以回收。Stiglitz(1981)指出,信贷市场中存在的逆向选择问题是金融机构脆弱性的主要因素。逆向选择问题旨在强调当信息不对称时,银行难以准确衡量项目的风险收益水平。当银行确定的贷款利率较低时,高风险借款人积极接受信贷条件,而低风险借款人则因成本过高退出借贷市场,导致银行整体借贷风险水平上升;而当银行提高贷款利率时,则风险较低的借款人进一步退出,高风险信贷项目比例将大幅上升,故而提高银行信贷风险。上述过程类似于Akerlof(1970)提出的“柠檬问题”,导致银行信贷风险提高,系统性风险不断累积。道德风险强调了银行发放贷款后,银行因监管成本及监督效率等问题无法对信贷项目实施完全的信贷监管,使得借款人采取隐瞒信息改变贷款使用用途、提高投资风险或隐瞒投资收益、拖延债务偿还等行为对银行部门造成资产损失。因此,银行与借款人之间的信息不对称,将提高银行风险水平,从而提高了银行内在脆弱性。

信息不对称导致委托-代理问题亦是银行脆弱性的重要原因之一。

银行机构的所有权和经营权分离导致委托-代理问题的存在。在信息不对称条件下，若委托人和代理人目标存在一定偏差，并且这种偏差不能够通过最优合约进行解决，那么委托人不能对代理进行有效的监督，则代理人将为实现自身利益最大化而做出有损委托人利益的行为，如银行经营者为粉饰财务报表或自身利益，依然向存在破产风险的借款人发放贷款以偿还到期贷款，提高了银行脆弱性。当然，银行作为金融中介，与存款人和借款人分别构成委托-代理关系。由于银行仅对存款人负有有限责任，因此存款人和银行之间的委托-代理问题时刻存在。存款人缺乏足够的时间和手段对银行资金使用情况进行监督，因此银行对资金的使用会结合自身利益进行调整。在利润最大化原则驱使下，银行可能会将资金投向高风险投资项目，损害存款人利益。银行和借款人之间的委托-代理问题则体现在，银行无法对所有投资项目进行监管，借款人可能有意隐藏关键信息，提高了银行对信贷项目的监督成本和难度。信息不对称问题的存在，导致上述委托-代理问题难以消除，导致银行自身脆弱性水平不断上升。在表外业务中，表外理财业务发展中构建的“资金池”模式，对资金进行结构化包装，借助通道业务将资金贷给实体经济或进入金融市场，不仅加剧了借款人与金融机构之间的信息不对称问题，同时也导致了存款人与金融机构之间的信息不对称问题。借款人与金融机构之间的信息不对称可导致资金被投入较高风险和收益不稳定的项目上，提高了银行隐性担保理财业务带来的风险；存款人与金融机构的信息不对称则加剧了公众预期的不确定性，容易导致银行挤兑风险。存款人无法了解银行资产质量时，面对银行流动性负向消息冲击，则容易对银行进行挤兑，造成银行的经营失败。因此表外业务强化了信息不对称问题带来的风险。

2. **市场竞争与银行脆弱性**

商业银行开展表外业务是应对市场竞争的重要渠道。Keeley (1990)研究发现，竞争的加剧会导致银行的风险承担水平上升，提高银行脆弱性。Cordella 等(2002)利用银行水平分布模型表明竞争会降低银行产品差异化水平和经营利润，进而激励银行经营者选择风险更高的信贷项目，导致银行风险水平上升。从利率自由化而导致的市场竞争加剧视角出发，Hellmann 等(1998)研究认为，利率自由化导致的银行风险偏好上升及银行特许权价值下降，导致了银行脆弱性的增加。在信息不对称条件下，利率自由化会加剧逆向选择行为(Stiglitz et al.,1981)。这是因为利率自由化放开了利率管制，利率水平的上升将导致银行将贷款更多地投向风险偏好借款人，而稳健借款人也被迫选择高风险投资项目来对冲实际利率上升导致的融资成本增加。在利率上限取消和经营特许权价值削弱的情形下，银行利率敏感性资产与负债之间的匹配难题将考验银行的风险管理能力。若在利率自由化的同时不能提升银行的风险管理能力，则利率自由化将提升银行体系的脆弱性。

3. **监管套利与银行脆弱性**

Kane(1984)研究认为，金融创新是金融机构应对金融管制的结果，其本质为对各种金融控制和管理的规避行为。多种形式的政府管制和控制事实上等于隐性的税收，金融机构的经营效率和盈利能力会因政府管制而削弱，故而金融机构在资本逐利动机下会寻求各种突破监管限制的金融创新模式，追逐更高的收益。金融创新活动监管的缺失容易导致系统性风险，因此监管当局就需要不断地对金融创新活动进行监管，不断地将金融机构的创新活动纳入监管范围，从而形成了“创新—监管—再创新—再监管”的动态博弈过程，形成了黑格尔式的辩证过程。

从我国表外业务的监管现状来看，表外业务在寻求监管套利过程中同样经历了“创新—监管—再创新—再监管”的过程，因此，表外业务的监管套利属性本质上也体现出了表外业务的金融创新属性。熊彼特在《经济发展理论》中将金融创新从宏观、中观、微观三个层面进行了界定。宏观层面的金融创新不仅涵盖金融产品、服务、金融机构等创新，还包括货币结算、支付、制度的变革，金融创新推动了金融发展；中观层面的金融创新主要是指银行功能的变革，包括金融制度、机构、工具等方面的创新；微观层面的金融创新也是狭义的金融创新，主要指金融工具的创新。

Bodie(1995)指出金融创新能够使得银行突破所受到的各种限制和监管。随着金融脱媒的发展和金融深化程度的提高，一方面，商业银行所面临的外部环境发生改变，银行业与非银行业之间的市场竞争不断加剧，并且利率市场化压缩了银行传统存贷业务的利差空间，使得商业银行必须进行金融创新以保持在市场中的竞争力；另一方面，随着经济结构转变，融资主体所需的金融服务趋于多元化，传统的金融中介功能已经不能满足社会融资需求，商业银行通过开展金融创新，有助于提高资本利用效率，提升盈利能力。

表外业务通过复杂的结构设计和产品创新，使得传统监管手段难以准确评估金融创新带来的风险，提高了银行体系的脆弱性。Carter(1989)研究指出，金融创新增加了对未来现金流不确定项目的投机行为，提高了金融脆弱性。Minsky(1982)则认为，金融创新工具的增加从本质上反映了金融脆弱性风险水平的提高。金融创新带来的金融工具创新和业务模式创新，使得虚拟经济发展与实体经济发展脱节。银行通过开展金融衍生品等多种金融工具创新，使得银行资产呈现出“倒金字塔”结构，当顶层的金融衍生品发展过于迅速时，金字塔容易出现头重脚轻现象，极易引发银行危机。针对我国商业银行的表外业务而言，其通过金融创新手段，借助理财产品工具创新，增加了银行潜在风险。表外业务通过发行理财产品，借助通道业务将资金投向高风险、高收益投资项目，一方面反映了企业巨大的融资需求难以通过正规融资渠道得到满足，代际遗忘和竞争压力解释了企业的融资动机(Minsky，1982)；另一方面，银行表外业务并没有将风险完全转移至表外，银行的安全边界不断受到表外业务的侵蚀(Kregel，1997)，因此表外业务发展必然导致金融脆弱性。金融创新掩盖了日益增长的金融脆弱性，金融创新激励了基于难以实现的未来现金率和资产价格预期的投机性融资，因此增加了金融体系的脆弱性。

4. 银行一致行动导致银行脆弱性

银行一致行动对银行体系脆弱性冲击主要体现在金融体系存在“合成谬误”，即从微观层面看，单个银行机构的某种行为是合理审慎的，但当该行为成为全体银行的一致行动时,则会在宏观层面对金融稳定造成冲击(李文泓,2009)。以影子银行业务为例,单个银行开展影子银行业务有利于规避监管,提升银行盈利能力。但由于影子银行业务增加了经济金融之间的关联性,容易放大单个银行违约风险或宏观经济负向冲击对整个银行系统稳定的冲击,导致银行系统性风险上升。以 2013 年"钱荒"事件为例,由于银行协同开展同业创新业务,银行之间的关联性上升,极易放大单个银行机构经营失败的负外部性(廖岷 等,2017)。起始于某商业银行的资金违约事件,最终导致银行同业市场流动性的枯竭。因此,银行的一致行动可能会导致银行脆弱性水平上升。

4.1.2 银行个体风险向银行系统性风险的转换分析

银行个体风险的传染和溢出是银行系统性风险的根源,银行间业务关联导致的银行间关联网络是风险传染和溢出的关键。从关联网络视角出发,银行通过同业业务等多种业务建立银行间资产负债直接关联网络,或者通过共同持有某类资产而形成间接关联网络,导致单个银行风险因银行间关联性而对银行系统性风险产生影响,因此,银行间关联性而导致的单个银行风险向银行系统的风险溢出,是银行个体风险向银行系统性风险转换的关键。

从直接关联视角出发,若单个银行破产且负债难以清偿,导致关联银行发生损失或倒闭,进而损失通过银行间关联网络扩散至整个银行系统,从而造成单个银行风险向银行系统性风险转换。Acharya 等(2017)认为银行本身高负债的资产负债结构就决定了其本身的脆弱性,一旦出现流动性风险,其造成贷款逾期就会对银行的运转产生很大的冲击。由于银行间存在的资产负债直接关联网络,单个银行遭受的资产损失可以通过多种渠道传导到整个银行体系而产生系统性风险。以 2013 年"钱荒"事件为例,银行同业业务的快速发展使得银行对银行间批发融资市场的依赖性增强,单个银行经营遭受的负面冲击直接导致银行间批发融资市场流动性枯竭,威胁银行系统流动性安全(张晓玫 等,2013)。

从间接关联视角出发，银行共同持有的资产容易形成间接关联网络，因此当单个银行持有的共同资产价格遭受负向冲击时，银行为维持合意的杠杆率水平（监管要求），会降价抛售所持有的资产，导致银行体系持有的共同资产价格下跌引发银行系统性风险。上述传染渠道被称作降价抛售渠道。Cifuentes 等（2005）将资产分为流动性资产和非流动性资产，研究发现非流动性资产价格下跌容易对银行系统性风险产生冲击；Greenwood 等（2015）将银行持有的非流动性资产类型由一种扩展至多种，进一步考察了资产价格降价抛售对银行系统性风险的影响。间接关联网络模型建立了分析银行系统性风险与宏观经济波动的桥梁。鉴于我国银行业贷款中房地产贷款比例较高，方意等（2016）利用持有共同资产的间接网络模型，刻画了多轮传染情形下房地产价格下跌对银行系统性风险的影响。葛鹏飞等（2019）进一步细化了银行共同持有资产，实证检验了银行持有个人住房贷款、权益工具类业务等多种共同资产价格冲击对银行系统性风险的影响。

可以发现，不论是间接关联视角还是直接关联视角，银行间关联性是银行个体风险向系统性风险转换的关键。结合本书的研究对象，银行间相互持有非保本理财表外业务提高了银行间直接关联程度，而银行共同持有的资产证券化等产品则强化了银行间的间接关联程度，因此表外业务对单个银行风险的影响还可能通过关联网络影响银行系统性风险。由于单个银行风险存在向银行系统性风险转换的可能，在明确表外业务对银行个体风险影响的基础上，探讨表外业务对银行系统性风险的影响不仅是必要的，同时在理论分析中也是连贯的。

4.2 表外业务影响银行风险承担的理论分析

4.2.1 表外业务复杂性与银行风险承担

廖岷等（2017）指出，银行业务的复杂度是导致银行风险的根源。2008 年以后，我国商业银行资产结构变化明显，以表外业务中占比较高的表外理财业务为例，理财业务规模的增长速度十分迅猛，理财业务规模从 2008 年的 1.7 万亿元增长至 2017 年的 29.54 万亿元，扩张了 16.38倍。与此同时，我国商业银行表外业务结构复杂，表外业务资金来源和资金投向披露程度较低。商业银行通过“发起-理财”“发起-委托投资”等多种方式，使得表内资产表外化，同时未披露基础资产的信息，使得市场参与者难以准确识别风险。在实践中，非保本理财业务普遍存在刚性兑付的问题。理财产品采取预期收益率模式，但即使收益率出现浮动，投资者风险名义上由投资者承担，但考虑到声誉损失对后续业务展开带来的不利影响，银行通常采用各种方式保障投资收益。刚性兑付加剧了道德风险，诱导投资者漠视风险，形成追逐高收益的投机心理，弱化了市场机制的约束效果。与此同时，表外业务结构化产品多层嵌套，导致底层资产不清，难以判断最终投资标的是否符合监管要求以及投资者所能承受的风险。表外业务复杂的结构设计以及较低的信息披露程度，加剧了存款者与银行之间、银行与监管机构之间的信息不对称程度，使得表外业务风险管理难度提升，也提高了银行的道德风险。因此，表外业务复杂性导致的信息不对称将导致银行风险承担水平上升。

4.2.2 表外业务市场竞争属性与银行风险承担

银行表外业务竞争主要体现在银行通过发行理财产品进行存款竞争，银行通过资产管理计划或银信合作等方式将表外理财业务资金投向信托产品等，反映了银行表外业务的“类贷款”业务属性，因此分析表外业务市场竞争属性对银行风险承担的影响，本质上是分析银行表外业务市场竞争属性对银行贷款风险的影响。Rothschild 等(1970)的研究显示，在不完全信息条件下，银行风险承担水平取决于存款人的可获信息与银行特许权价值。当银行能够决定其风险水平时，若风险水平对于存款人来说是可以观测的，则银行特许权价值的存在会使银行最小化风险承担水平；而当风险水平不能被存款人观测到时，除非银行特许权价值足够大，否则银行将提高其风险承担水平。银行特许权价值来源于准入壁垒和利率限制。银行开展表外理财业务竞争对银行风险承担的影响体现在:表外业务复杂性增加了存款人对银行风险相关信息的获取难度,导致银行风险水平难以被存款人识别;与此同时,银行开展表外业务竞争提高了银行存款利率水平,压缩了银行传统信贷业务的信贷利差,降低了银行特许权价值,因此表外业务市场竞争通过降低银行特许权价值也提高了银行风险承担水平。

根据 4.2.1 小节和 4.2.2 小节的理论分析可知,表外业务对银行风险承担的直接影响体现在如下两个方面:一是表外业务复杂性导致的信息不对称将导致银行风险承担水平上升;二是银行通过开展表外理财业务参与市场竞争,提高了存款资金成本,压缩了存款利差,降低了银行特许权价值,导致银行更加偏好高风险信贷项目,银行风险承担水平上升。事实上,表外业务不纳入资产负债表,以及现有会计准则和核算方法不完善导致的表外业务信息披露程度较低,已经严重影响到投资者和监管当局对银行风险承担水平的判断,加剧了信息不对称导致的道德风险。曾雪云等(2017)等研究指出,银行表外承诺项目的风险内涵大于收益内涵,投资者应将表外项目作为风险因子。当商业银行利用表外业务收入来“粉饰”财务报表时,隐藏在表外业务后的风险难以得到有效评估,因此银行通过发展表外业务提高经营收益,选择性忽视潜在风险,最终提高银行风险承担水平。

基于上述分析,本书提出如下研究假设:

H_1(直接效应):表外业务提高了银行风险承担水平。

4.2.3　表外业务监管套利属性与银行风险承担

表外业务由于具有业务复杂程度较高、信息透明度较低的特征,其风险难以被市场参与者准确识别。在存款保险制度和有限责任制等制度环境下,表外业务的监管套利属性能够突破现有监管限制,为银行提供了追逐收益的有力工具。特别是在信息不对称条件下,银行能够通过发展表外业务将资金投向监管限制的高风险高收益投资项目,对银行风险偏好产生影响，从而可能对货币政策银行风险承担渠道产生强化作用。

一般来说，货币政策银行风险承担渠道的传导机理可以分为三大类：估值、收入和现金流效应（Adrian et al.，2009），利益搜寻效应（项后军，2016），以及央行沟通和反应函数效应（格林斯潘卖权）。表外业务对货币政策银行风险承担渠道传导机理的影响可能体现在如下两个方面。

1. 表外业务对利益搜寻效应的强化影响

货币政策银行风险承担渠道的利益搜寻效应是指货币政策无风险利率降低导致银行贷款利率下降，导致与其有黏性的回报率目标形成冲突，从而迫使商业银行提高风险容忍度，提高银行对高风险高收益投资项目的信贷比例，导致银行风险承担水平上升（Rajan，2005）。表外业务对利益搜寻效应的影响体现在以下两方面：

一方面，表外业务作为商业银行参与市场竞争的创新业务，能够凭借其高复杂度的产品设计及对杠杆率和股权投资限制等监管政策的规避，使商业银行能够选择收益率更高的风险投资项目，因此强化了利益搜寻效应。以银行表外理财业务为例，商业银行通过发行理财产品吸纳资金，并通过各类通道业务将资金“委外”投资，不但规避了资本充足率、杠杆率以及贷款损失准备等监管指标的限制，而且表外业务不受信贷投资监管的约束，可以将资金更多投向高风险高回报投资项目，因此商业银行表外业务发展强化了银行风险承担渠道中的利益搜寻效应。

另一方面，表外业务对利益搜寻效应的强化作用可能还体现在，宽松的货币政策通过扩大资金供给降低存款利率，银行存款对居民的吸引力下降，提高了银行吸收存款的压力。为应对存款利率下降带来的存款压力，银行竞相开展表外理财业务吸收资金，表外理财业务规模迅速扩张。因此，在宽松货币政策下，银行通过开展表外理财业务进行竞争的意愿更强。与此同时，宽松的货币政策使得商业银行表外理财业务成本更低，表外理财产品规模的扩张速度更快。快速扩张表外理财业务规模能够规避监管限制，将资金投向高风险高收益投资项目，利益搜寻动机更加强烈。因此，在宽松的货币政策环境下，收益相对更高的表外理财业务强化了利益搜寻效应。

2. **表外业务对央行沟通和反应函数的影响**

央行沟通和反应函数对银行风险承担的影响主要是指央行政策的透明度和可信度能够改变商业银行预期。若商业银行预期中央银行在经济下行或不利冲击威胁银行系统稳定时会采取挽救措施，则商业银行提高风险承担水平，追逐高收益投资项目（江曙霞 等，2012）；反之，商业银行则降低其风险承担水平。表外业务对央行沟通和反应函数的影响，可以从表外业务改变对央行政策预期及改变商业银行自身反应函数两个方面进行分析。一方面，表外业务加强了单个银行在银行系统中的重要性。表外业务通过多种创新，包括业务创新、渠道创新和产品创新等，增强了银行间市场连接的紧密性和关联性，单个银行经营失败产生的负外部效应不断增大。因此，在强调防范系统性金融风险目标下，银行发展表外业务带来的潜在风险增加了央行对单个银行经营失败进行救助的概率，上述预期效应的改变使得银行承担风险的意愿上升。另一方面，表外业务高复杂性加剧了信息不对称问题，而表外业务不计入资产负债表导致的隐性加杠杆效应更直接加剧了委托-代理问题的严重性。表外业务造成的银行与储蓄者之间的信息不对称问题，使得储蓄者作为委托人无法知晓银行对资金的使用及安全情况，降低了投资者监管的有效性；表外业务使得银行在符合资本监管和杠杆率监管规定下，隐性地提高了真实杠杆率水平（项后军，2016）。根据委托代理理论，当银行的自有资本比例较低时，银行不能够完全内部化贷款违约的损失，但是能够享受高风险投资项目带来的高收益，有限的损失与较高的风险投资收益强化了委托-代理导致的逆向选择问题，即杠杆率较高的银行更加倾向于批准更多的贷款给高风险的投资项目。因此表外业务严重加剧了银行与储蓄者之间的委托-代理问题，导致银行风险承担意愿上升。

综合表外业务对货币政策银行风险承担渠道传导机理的影响分析，表外业务通过强化银行利益搜寻效应和影响央行沟通和反应函数两个

渠道,改变了银行风险承担意愿,使得银行风险承担水平不断上升。因此,提出如下假设:

H_2(间接效应):表外业务通过强化货币政策银行风险承担渠道,间接提高了银行的风险承担水平。

4.3 表外业务影响银行系统性风险的理论分析

4.3.1 表外业务复杂性与银行系统性风险

银行系统性风险的重要特征之一是为风险的传染性,单个银行机构风险因机构之间的紧密关联性而传导到整个银行体系,这体现了关联性在风险传导中的重要作用(Cai et al.,2009)。

从现有的研究来看,系统性风险的传染性特征主要体现在金融市场传染以及银行资产负债表传染两种。不同的传染视角分别对应了度量银行系统性风险的方法。从关联性视角出发,表外业务对银行系统性风险的影响主要体现在表外业务能够通过提高银行之间的关联性,放大单个银行风险或负向冲击对整体银行系统的冲击,进而导致银行系统性风险(Gai et al.,2011)。因此分析表外业务对银行系统性风险的影响应重点考察表外业务对银行关联性的影响作用。

根据现有研究分类,银行之间的关联性包括直接关联和间接关联两类。银行间直接关联体现在资产业务的直接联系,如银行间同业拆借等同业业务(方意,2016);间接关联则是由于银行持有相同或相近的资产(如对同一行业的贷款)导致的关联性。

表外业务对银行之间的关联性的影响作用体现在两个方面:一方面,表外业务通过银行与银行之间合作等多种通道业务将银行表内业务表外化,银行理财产品之间的相互持有增强了银行之间的直接关联性。另一方面,银行表外业务通过复杂的结构设计,将资金投向房地产等监管限制行业,银行由于持有相同的房地产贷款业务而产生间接关联性。事实上,我国当前表外业务对银行系统性风险的影响已得到部分学者的关注。魏伟等(2018)研究指出,表外业务通过同业和委外等业务创新,不仅会提高银行杠杆率水平,也导致表外业务风险向银行表内传递,过高的杠杆率容易导致局部流动性紧缩,从而引发银行系统性风险。以银行发行的非保本理财产品业务为例,非保本理财产品的发行提高了银行主动负债的能力,但同时增加了银行对同业拆借市场的依赖。银行非保本理财产品内在的期限错配结构使得银行需要从同业拆借市场获取流动性资金,因此当单个银行因遭受挤兑等冲击而发生流动性短缺时,同业拆借市场整体流动性水平因供给减少和需求的增加而发生流动性紧缩,导致流动性危机在银行系统中蔓延,如2013年和2016年的"钱荒"在一定程度上暴露了表外理财业务的短期流动性问题。表外业务资金依然投向与实体经济相关的信贷等基础资产。实体经济的波动冲击将直接影响表外业务信贷资产质量,增加信贷资产的违约风险。银行共同持有资产的违约风险将通过间接关联效应而在整体银行系统中蔓延,从而导致银行系统性风险。方意等(2018)从金融市场对银行系统性风险的溢出效应出发,研究指出应切断非保本理财、委托贷款和投资等表外业务与房地产和股票市场的关联,有利于防范银行的过度风险承担行为,降低系统性风险。因此,表外业务复杂性提高了银行间的直接关联性和间接关联性,而关联性提高强化了单个银行风险对银行系统的风险传染。表外业务对银行系统性风险作用机理分析如图4-1所示。

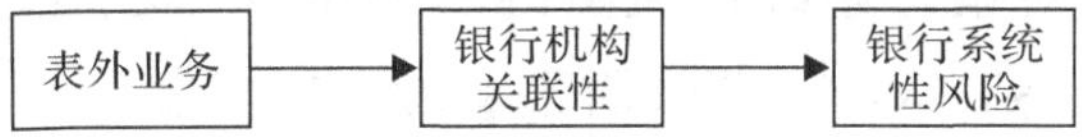

图4-1　表外业务对银行系统性风险作用机理分析

4.3.2　表外业务协同性与银行系统性风险

银行间网络关联性是导致银行系统性风险传染的重要原因,但从银行系统性风险的表现形式来看,银行系统性风险一般都先体现为银行体系流动性冲击,继而导致银行系统的整体违约。事实上,现有学者根据不同关联网络模型将银行系统性风险传导渠道划分为:通过构建传统银行间资产负债表直接关联网络模型反映的银行间负债流动性挤兑渠道（如银行同业拆借市场传染渠道、银行间支付结算系统传染渠道等），以及持有共同资产构建的银行间接网络模型反映的降价抛售渠道。方意（2016）将降价抛售渠道划分成为满足监管要求的主动卖出资产的降价抛售渠道以及主动卖出资产遭受的降价抛售渠道两类。但不论何种渠道，流动性传染都是银行系统性风险传染的重要一环。Diamond 等（2005）指出单个银行挤兑对银行流动性冲击会通过提高实际利率、降低资产价格而传导至整个银行系统，使得更多的银行发生挤兑，从而造成银行系统性风险（见图 4－2）。

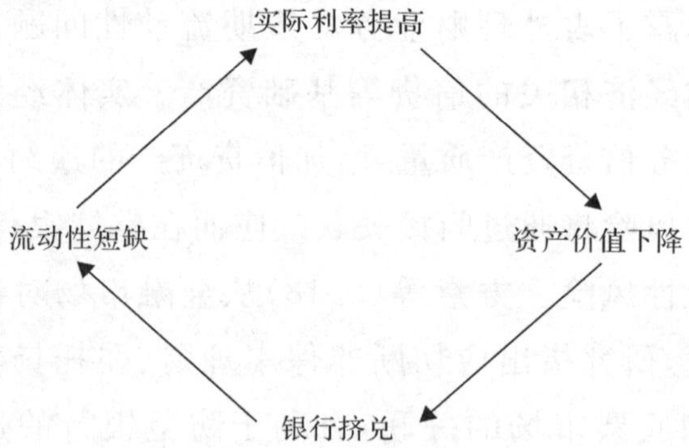

图 4－2 流动性与银行系统性风险

可以发现，流动性短缺是银行系统性风险形成的关键一环。为进一步厘清表外业务对银行系统性风险的影响机制，本小节尝试从表外业务协同性特征出发，构建银行博弈均衡模型，通过探讨表外业务对博弈均衡变动的影响，分析表外业务对银行间批发融资市场的流动性冲击，以说明表外业务对银行系统性风险的影响机理，为后文的实证研究提供理论支持。

1. 基础模型构建

1）模型假设

借鉴 Agur（2014）的研究，假设银行是同质、风险中性的连续统 $i\in[0,1]$，其初始资产仅包括信贷项目。设信贷项目成功时的收益是

$R(R>1)$，投资项目的成功依赖于前期的启动资金及企业家的付出。假设企业家初始所需资金最低为 1，若银行不能提供贷款，则项目无法进行，企业家只能将自有资金投入无风险债券，其收益为 0。银行面临企业家卷逃贷款而不是投资于项目的风险，为此，银行要付出监督成本 $cq_i^2 \geqslant 0$，其中，$q_i \in [0,1]$ 是银行对信贷项目的监督力度，c 为银行信贷资金的单位监督成本。我们假设银行监督力度与项目成功实施的概率是成比例的，即监督力度越大，则项目成功的概率越大。因此，q_i 可视为信贷项目成功的概率（即投资项目是稳健项目的概率），$1-q_i$ 是监督失败、企业家逃债、投资项目失败（非稳健项目）的概率。表 4－1 为关于项目收益率的列表。

表 4－1　项目收益率

条件	非稳健项目	稳健项目
初始资金<1	0	1
初始资金＝1	0	R

我们将银行分为两类：拥有稳健投资项目的银行称为稳健银行，没有稳健项目且将资金投资到风险项目的银行称为投机银行。由表 4－1 可知，尽管投机银行的投资项目并没有价值，但投机银行仍会选择在融资市场上获得资金来参与博弈，因为投资项目一旦成功就能获得重建资金，而项目一旦失败，因为银行仅负有有限责任，投机银行的损失有限。两类银行博弈顺序如表 4－2 所示。

表 4－2　博弈顺序

顺序	博弈内容
1	银行设置监督水平
2	稳健投资项目识别
3	银行决定是否参加博弈
4	银行进入批发融资市场融资
5	获得信贷项目收益及博弈收益

考虑到银行在对信贷项目进行投资前，必须先进入银行间批发融资市场进行融资（初始资金不足，即银行自有资本 $e<1$），因此银行从融资市场获取资金的利率高低反映了银行投资项目风险的高低。不失一般性，我们设无风险利率为 0。令 d 为银行的融资需求，并且信贷项目的收益率为 R。假设如下约束成立：$x>R/d$，表明若投机银行博弈成功，则投机银行的投资回报率 x 足够大。在这种情形下，投机银行总会参与博弈，利用逆向归纳法，银行在第一步的最优选择如下。

引理 1：银行的最优监督水平为

$$E[\pi_i]=\begin{cases} q_i(R-rd)+(1-q_i)\rho d(x-r)-cq_i^2 \\ \qquad\qquad \text{当 } R-rd\geqslant e+\max\{0,\rho d(x-r)\} \text{ 时} \\ q_i(e)-cq_i^2 \qquad \text{其他情形} \end{cases} \tag{4-1}$$

式中，π_i 为银行开展信贷项目获得的净收益。

这里，条件

$$R-rd\geqslant e+\max\{0,\rho d(x-r)\} \tag{4-2}$$

称为融资市场运行条件。因为当此条件不满足时，资金供给者会发现他们面对的都是参与博弈的投机银行，因此不会提供任何资金，融资市场就会发生流动性困难，造成银行间市场流动性枯竭，威胁银行系统性安全。在这种情形下，银行自身的最优选择为最大化 $q_i(e)-cq_i^2$，即仅需考虑最优的项目监督水平使得信贷项目投入资金损失最小。

定义 1：融资市场发生流动性困难是指银行不能通过提高存款利率而在融资市场中获得资金。

设融资市场是良好运行的，则银行在融资市场获取资金的融资利率为

$$r=\frac{1}{q^*+(1-q^*)\rho} \tag{4-3}$$

式中，q^* 为均衡时银行业整体最优的监督水平，因为在均衡处，资金提供者有 q^* 的概率得到收益，同时有 $(1-q^*)$ 概率面对一个参与博弈的投机银行，并且回收其资金的概率为 ρ。

引理 2：设融资利率由式(4－3)给出，那么融资市场不发生流动性困难的前提是

$$q^{*} > \hat{q} = \max\left\{\frac{1-\rho x}{x(1-\rho)};\frac{d}{R-1+d(1-\rho x)}-\frac{\rho}{1-\rho}\right\} \in (0,1) \tag{4-4}$$

由式(4－4)可知，要使得融资市场运行，银行的最优监督水平必须高于某个临界值。如果监督水平过低，那么逆向选择问题就会导致融资市场失灵。监督水平临界值的决定因素的经济学直觉也非常明显，当项目收益率 R 上升或融资需求 d 下降时，融资市场运行条件的临界值降低，因为此时稳健的项目收益相比于参与博弈更有吸引力，同时由于银行自有资本占比更高，参与博弈的投机银行数量也会有所降低。

若式(4－2)成立，即资金市场运行良好，单个银行的最优监督水平为

$$\max_{q_i}\{q_i(R-rd)+(1-q_i)\rho d(x-r)-cq_i^2\} \tag{4-5}$$

通过对式(4－5)求一阶偏导，可以得到

$$q_i^{*} = \frac{R-d[r(1-\rho)+\rho x]}{2c} \tag{4-6}$$

将式(4－3)代入其中，得到

$$q_i^{*} = \frac{1}{2c}\left[R-d\left(\frac{1-\rho}{(1-\rho)q^{*}+\rho}+\rho x\right)\right] \tag{4-7}$$

式(4－7)给出了当银行业整体监督水平给定时，单个银行选择自身最优监督水平的标准，因此式(4－7)也称为单个银行的最优监督反应函数。当资产收益 R 上升时，项目收益更多，监督力度会提升。当项目监督成本 c 上升时，银行监督水平随之降低。参与博弈的投机银行的成功概率 ρ 对最优监督反应函数的影响不明确。

2）博弈均衡

博弈均衡是指所有参与者在均衡处达到了最优，博弈的参与者都不能通过改变当前策略而获利，因此能够维持当前的均衡状态。所以，博

弈均衡处应是当银行业整体监督水平 q^* 给定时，单个银行保持相同的监督水平。

2. 表外业务对博弈均衡的影响

商业银行发展表外业务，旨在利用表外业务规避资本充足率监管要求，降低资金成本，并用来投资高风险高收益投资项目，以提高银行的盈利能力。商业银行通过发行理财产品筹集资金，并通过通道业务将资金投向于高收益行业以获取高额回报，有效地规避了信贷监管政策对资金投放的约束。随着利率市场化及互联网金融的发展，银行盈利空间遭受挤压。银行以发行理财产品等业务模式推高了商业银行的融资成本，因此在利益搜寻机制下，商业银行开展表外业务表现出高风险、高收益特征。事实上，表外业务追逐高收益投资项目体现在表外业务借助各类信托计划、资管计划和委托贷款等渠道，将资金投资于收益更高的行业，并且得益于表外业务不受资本监管等监管要求限制，发展表外业务能够隐性提高银行杠杆率水平，从而提高资金的投资回报率。为探讨表外业务对博弈均衡的影响，我们将表外业务作为外生变量纳入模型中，并提出以下假设：

(1)银行信贷项目成功率 q 是表外业务(OBS)的函数，且投资回报率和监督成本都与表外业务有关。假设 $x(\mathrm{OBS})>0$，$c(\mathrm{OBS})>0$，这里初始假设大于 0 是指银行要求的表外业务收益及银行表外业务的成本都不可能为负数。事实上，表外业务对银行投资回报率的影响体现在两个方面：一方面，表外业务借助信贷计划等通道，可以将资金投资于收益率更高的限制行业，故而提高了信贷资金的投资回报率；另一方面，表外业务不纳入资产负债表，银行通过开展表外理财业务“主动”负债，提高了银行的信贷供给能力。在保持自有资本规模不变的前提下，信贷供给能力提升扩大了银行信贷项目可选择范围，从而进一步提高了银行投资回报率。

(2)投资回报率是表外业务的单调递增的凹函数，即满足 $x'(\mathrm{OBS})>0$，$x''(\mathrm{OBS})<0$。其假设背后的经济学解释是，商业银行通过发展表外业务

将资金投资于受监管限制的信贷项目，在信贷项目收益率不变的前提下，表外业务不纳入资产负债表隐性提高了银行杠杆率水平，而提高杠杆率水平能够提高银行的投资回报率的要求，故投资回报率是表外业务的增函数。二阶导数小于 0 则是考虑到商业银行竞相发展表外业务会导致信贷项目收益率下降，因此表外业务对投资回报率的边际效用随着表外业务规模的增大而减小。

(3)单位监督成本随着表外业务规模的提高而降低，且满足 $c'(\mathrm{OBS})<0$，$c''(\mathrm{OBS})>0$。表外业务的扩张增强了银行信贷供给能力，因此信贷资金的单位监督成本随着表外业务的扩张而降低，同时表外业务对降低单位监督成本的边际效用随着表外业务规模的扩大而降低。

命题一：单个银行的最优监督反应函数是表外业务的凹函数。

证明：由于 $q_i^*=\dfrac{R-d[r(1-\rho)+\rho x]}{2c}$，对表外业务求一阶导数和二阶导数可得

$$\frac{\partial q_i^*}{\partial(\mathrm{OBS})}=\frac{\rho(x'c-c'x)}{2c^2}>0 \tag{4-8}$$

$$\frac{\partial^2 q_i^*}{\partial(\mathrm{OBS})^2}=\frac{\rho(x''c-c''x)}{c^2}-\frac{\rho(x'c-c'x)c'}{c^3}<0 \tag{4-9}$$

由式(4-8)可知，一阶导数大于 0，表明单个银行对信贷项目的最优监督水平随着表外业务规模的扩大而提高，这是因为表外业务提高了银行投资的回报率，因而极大地提高了银行的内在监管动力。二阶导数小于 0，表明随着表外业务规模的扩大，表外业务成本上升并且投资项目收益率由于激烈的竞争而下降，故表外业务对银行最优监督水平的边际效用降低。

命题二：表外业务改变了均衡变动对项目收益率的敏感程度。

由假设可知，投资回报率 x 是表外业务的函数。由于表外业务改变了银行对信贷资金的投资回报率要求，而投资回报率与企业项目的收益率息息相关，因此考虑表外业务后，博弈均衡变动对企业项目的收益率 R 的敏感性增强。假设存在三个项目收益率，分别是 R'_{H}、R'_{M}和 R'_{L}，满足条件：$R'_{\mathrm{H}}>R'_{\mathrm{M}}>2c+d[1+\rho(x-1)]>R'_{\mathrm{L}}$，此时 $R'_{\mathrm{M}}>R_{\mathrm{M}}$；其中，$R_{\mathrm{H}}$、

R_M 和 R_L 为不考虑表外业务时的信贷项目收益率，R'_H、R'_M和 R'_L是考虑表外业务时的信贷项目收益率。

对比图 4-3 中博弈均衡点的变化可知：在考虑表外业务影响后，银行博弈均衡水平与企业项目收益率之间的联系发生了改变。单个银行监督水平与所有银行监督水平博弈均衡位置有三处：一是单个银行信贷监督水平等于银行整体监督水平，即均衡点位于 45°虚线上；二是所有银行均选择最高的信贷监督努力水平，此时均衡点位于图 4-3 中的上横线灰色部分；三是所有银行均放弃对信贷项目的监督，此时均衡点位于下横线灰色部分。当信贷项目收益率小幅度降低为 R'_M时，此时整体的监督水平上升，且上升幅度要大于不考虑表外业务时的情形，即 $R'_H - R'_M > R_H - R_M$。当项目收益率降低到 R'_L时，银行的最优选择为放弃对信贷项目的监督，项目收益率的继续下降导致监督水平的非对称性变化。背后的经济学逻辑是：当项目收益率低于临界值时（项目收益=监督成本），银行的最优选择是放弃对信贷项目的监督，节约监督成本。非对称性变化体现在项目收益率的降低幅度与监督水平的变化幅度之间的差异性。

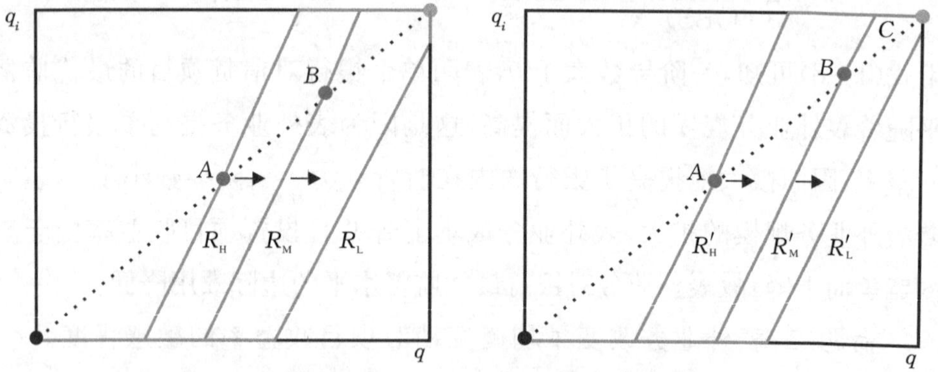

图 4-3　博弈均衡水平和信贷项目收益率之间的联系

总结上述研究可以发现，表外业务提高了信贷项目收益率对均衡变动的敏感度。表外业务不纳入资产负债表的优势使得银行能够以更高的杠杆率水平参与到融资市场博弈中，因此杠杆率水平的改变导致银行对信贷项目的监督努力程度对银行信贷项目收益率更加敏感。信贷项目收益率的微弱变动可能导致信贷项目监督水平的大幅变化，进而导致银行博弈均衡的变动。

3. 不同经济形势下的均衡变动分析——数值模拟

为了更加直观地理解表外业务对博弈均衡的影响，我们运用数值模拟技术，分析表外业务在不同条件下对博弈均衡变动的作用机理。首先，考虑忽略表外业务影响下的博弈均衡。借鉴 Agur(2014)的做法，首先假设稳健银行的信贷项目收益率为 10%，并且参与博弈的投机银行的占比为 20%，即 $\rho x=0.2$。令 $d=0.45$，选取投资回报率的最低值 $x=R/d$，并将监督成本赋值为 $c=0.3$。

图 4-4 描述了在不考虑表外业务影响时，稳健银行信贷项目收益率变化对博弈均衡变动的影响。横坐标 q 表示银行业整体的最优监督水平，纵坐标 q_i 是单个银行的最优监督水平。垂直的虚线代表融资市场运行必须满足的最小临界值，在项目收益率为 10% 的情形下，保证融资市场运行要求的最低项目成功率取值约为 0.88，其计算方法由式(4-4)给出。单个银行的最优反应函数曲线由图中两条曲线给出，而 45°虚线表明单个银行最优监督水平与行业整体监督水平相等。当最优反应函数曲线与 45°虚线相交时，表明博弈均衡点的存在性。可以发现：当项目收益率为 10% 时，最优反应函数曲线与 45°线相交，反映在图 4-4 中即为较粗的曲线与 45°虚线的相交。这表明在信贷项目收益率为 10% 前提下，单个银行最优反应函数为对信贷项目进行监管，并且在此监督努力程度下能够使信贷项目整体成功率到达约 94% 的水平，此时博弈均衡点的存在表明批发融资市场的流动性较好，不会出现流动性危机而带来银行系统性风险。当信贷项目的收益率降低为 8% 时，此时单个银行的最优反应函数曲线向右下方移动，与 45°虚线无交点，表明此时银行对信贷项目的监督努力程度为 0，即当信贷项目收益率下降时，所有银行放弃对信贷项目的监督，此时博弈均衡点消失表明银行间批发融资市场的流动性枯竭，银行体系的系统性风险上升。

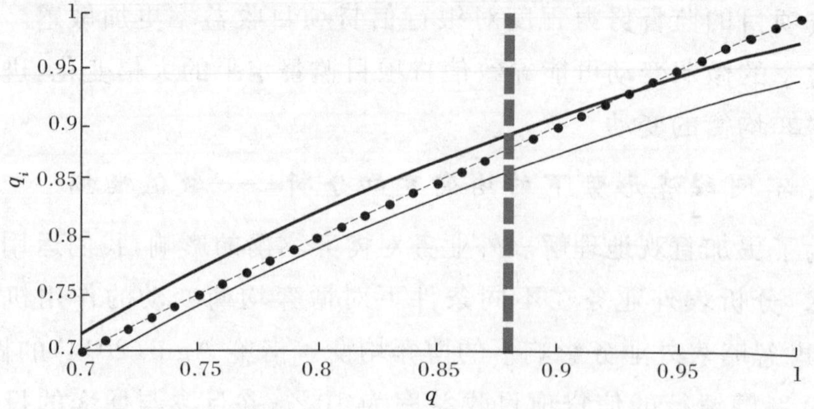

图 4-4　不考虑表外业务时，项目收益率变化对博弈均衡变动的影响

其次，我们分析纳入表外业务对博弈均衡的影响。结合实体经济运行情况，银行信贷项目的收益率受到宏观经济形势的影响：当经济形势不景气时，银行信贷项目的收益率往往降低；而当经济形势较好时，银行信贷项目的收益率相对较高，因此我们分别探讨在不同项目收益率水平情形下，表外业务对博弈均衡的影响，进而说明在不同经济形势下表外业务对银行系统性风险的影响差异。

情形一：经济形势较好（信贷项目收益率较高）时的影响分析。

根据前文的分析，表外业务能够通过复杂的产品设计来隐性提高银行的杠杆率水平，因此当信贷项目收益率水平不变时，表外业务提高了银行的投资回报率。图 4-5 反映了当银行信贷项目收益率 $R=1.1$ 时，商业银行通过开展表外业务提高资金投资回报率（投资回报率从 2.4 上升到 2.8）对博弈均衡的影响分析。可以发现，表外业务对投资回报率的提高将导致原有博弈均衡的消失。直观来看，当银行要求的投资回报率上升时，单个银行的最优反应函数曲线向右下方移动，从较细的曲线向下移动至较粗的曲线，最优反应函数与 45°虚线的相交点消失，表明原有的博弈均衡被打破，此时单个银行最优反应函数为放弃对信贷项目的监督，银行信贷项目成功率下降。根据前文的理论分析可知，为保证融资市场的运行，银行信贷项目成功率必须在一个临界值以上，当银行竞相开展表外业务导致整体信贷项目监督水平降低时，融资市场运行条件不再满足，此时融资市场发生流动性危机的可能性增大。博弈均衡的消失表明表外业务会对融资市场的流动性造成冲击，导致系统性流动性风险。2013年6月我国银行间拆借市场的流动性危机事件表明，表外理财业务发展对银行间同业市场流动性的潜在威胁不可忽视（杨光 等，2015）。表外理财业务加强了商业银行对银行间市场流动性的依赖性，“钱荒”事件侧面反映了表外业务对市场流动性冲击的影响。

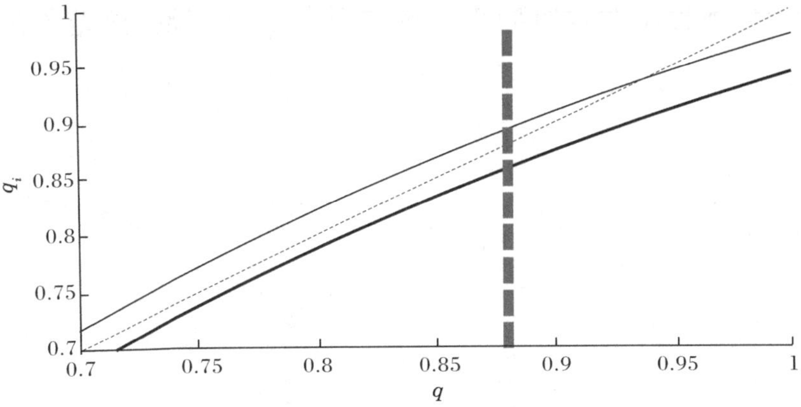

图4-5　表外业务对博弈均衡变动的影响

情形二：经济不景气（项目收益率较低）时的影响分析。

图4-6描述了项目收益率较低时（$R=1.08$），商业银行开展表外理财业务对博弈均衡的影响。银行通过开展表外业务提高投资回报率，使得投资回报率由2.4提升到2.8。此时，单个银行的最优监督反应函数曲线向右下方移动，即由较细曲线向下移动为较粗的曲线。可以发现，当信贷项目收益率较低时，表外业务并不能改善银行对信贷项目的监督水平，单个银行对信贷项目的监督水平并不随着银行投资回报率的提高而提高，此时银行间批发融资市场的流动性短缺问题依然存在。这表明：在经济不景气时，银行通过开展表外业务并不能提高银行信贷项目的成功率，不能改善银行融资市场流动性进而降低银行系统性风险。银行开展表外业务虽增强了银行投资回报率，但上述资金并不会进入实体

经济而提高银行信贷项目成功率。上述理论分析与我国现实经济环境状况相一致：自2014年以来，我国经济增速进入换挡期，实体经济收益下降，商业银行通过表外业务获取的资金大量聚集于金融系统内部，导致资金空转，实体经济融资难、融资贵等问题难以解决（汤铎铎 等，2017）。与此同时，我国商业银行表外理财业务发展迅速，银银合作、银信合作、银证合作等多通道合作业务为银行进行监管套利提供了可能。大量表外业务规避监管，违规投向限制行业，表外业务风险不断暴露，使得监管当局不得不对银行间市场乱象进行监管整治，防范系统性金融风险。

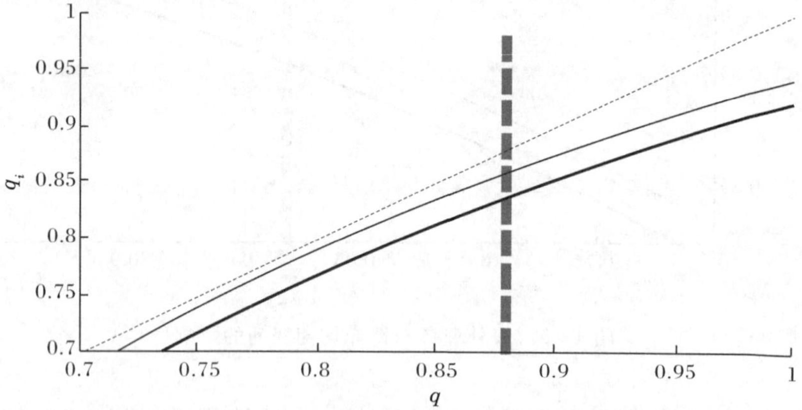

图 4-6 表外业务对博弈均衡变动的影响

综合数值模拟结果可以发现：不论宏观经济环境形势好坏，商业银行发展表外业务都不能够有效地改善银行对信贷项目的监督努力程度，因此不能提高银行信贷项目成功率进而改善银行融资市场流动性而降低银行的风险承担水平。与此相反，商业银行发展表外业务还会改变银行原有的博弈均衡水平，容易引发银行融资市场流动性危机，从而威胁银行系统性安全。表外业务，特别是表外理财业务增强了银行信贷供给能力，但并不能真正地发挥金融服务实体经济的功能。相反，由于表外业务能够规避监管限制而提高银行投资回报率，商业银行协同开展表外业务最终导致资金在金融系统中空转，并对银行融资市场流动性带来负向冲击，容易引发银行系统性风险。因此，商业银行开展表外业务对银行融资市场流动性的冲击，是表外业务影响银行系统性风险的重要特征和明显体现。

综合前文的理论分析可知，表外业务通过增强银行间关联性而提高了银行系统性风险，并且从银行系统性风险的一般表现形式，即银行系统流动性风险视角来看，表外业务还通过改变银行博弈均衡，引发银行融资市场流动性困难而影响银行系统性风险，故提出如下研究假设：

H_3：表外业务提高了银行系统性风险。

H_4：表外业务通过提高银行对融资市场的依赖性而影响银行系统性风险。

4.4　本章小结

表外业务对银行风险的影响，不但包括对单个银行个体风险的影响，还包含对银行系统性风险的影响。银行脆弱性理论提供了分析银行风险的理论基础，并且单个银行风险向银行系统性风险的转换阐明了个体风险与系统风险之间的内在联系。通过分析不同表外业务特征对银行脆弱性的作用影响，本章着重分析了表外业务对银行个体风险以及银行系统性风险的影响机理。在表外业务对单个银行风险承担的影响分析中，表外业务复杂性、市场竞争属性以及监管套利属性容易导致信息不对称、银行特许权价值下降以及利益追逐动机导致的风险偏好上升，最终提高了银行个体风险承担水平。在银行系统性风险层面，银行脆弱性对银行系统性风险的影响的本质在于银行间关联性上升放大了单个银行风险对银行系统的风险传染和溢出效应，而银行系统性风险发生的重要一环则为银行体系流动性冲击，故本章在分析表外业务对银行系统性风险的作用机理中，首先分析了表外业务复杂性对银行之间关联性的影响，进而分析表外业务通过提高银行间关联性而对银行系统性风险的作用机理。其次，鉴于银行系统性风险一般都体现在对银行体系流动性的冲击，因此本章通过构建银行博弈均衡模型，探讨银行一致开展表外业务对博弈均衡的影响，通过分析博弈均衡变动对银行融资市场的流动性冲击，进而反映表外业务对银行系统性风险的传导机理。理论分析表明，商业银行发展表外业务会改变银行原有的博弈均衡水平，容易引发银行融资市场流动性危机，从而威胁银行系统性安全。表外业务，特别是表外理财业务增强了银行信贷供给能力，但并不能真正地发挥金融服务实体经济的功能。相反，由于表外业务能够规避监管限制而提高银行投资回报率，商业银行协同开展表外业务最终导致资金在金融系统中空转，并对银行融资市场流动性带来负向冲击，容易引发银行系统性风险。

第5章

表外业务对银行风险承担影响的实证研究

2008年金融危机的爆发使得学术界开始重新审视以资产证券化为代表的表外业务对银行风险和金融稳定的影响。早在1997年，Angbazo(1997)探讨了表外业务与银行违约风险、流动性风险以及利率风险之间的联系，研究发现表外业务发展提高了银行风险水平。Théoret(2009)研究指出表外业务带来的非利息收入提高了银行经营收入的波动性，从而导致银行的风险承担水平上升。Nie(2014)研究了表外业务与银行流动性风险之间的联系，发现表外业务与银行流动性风险存在倒U形关系。在国内的研究中，由于我国商业银行表外业务起步较晚、数据获取难度较大，聚焦于我国表外业务的研究较少。鉴于表外业务与同业业务以及影子银行业务等界限划分并不明确，因此研究学者探讨了不同表外相关业务对银行风险承担的影响。高海红等(2014)以银证合作业务为研究视角，指出银证合作业务透明度低、杠杆率高、期限错配、难以监管等特点容易导致信用风险和流动性风险。高蓓等(2016)指出商业银行开展表外理财等业务降低了资本比率和资产收益率，削弱了商业银行经营的稳定性。何德旭等(2009)研究指出，影子银行杠杆操作、业务界限突破、过度金融创新、信息披露不完整以及规避金融监管等特性给金融体系带来了信贷的风险，对金融稳定造成冲击。林晶等(2013)研究指出影子银行高杠杆率、期限错配、信息不透明等特点愈加凸显，使得社会中的流动性被大量释放，房地产业、金融业被推向高潮，给整个金融体系带来了严重的系统性风险。

现有的研究不仅关注表外业务与银行风险之间的紧密联系，并且研究了表外业务对货币政策传导渠道的影响。Perera 等(2014)利用南亚国家 114 家商业银行面板数据，研究发现表外业务发展降低了货币政策信贷传导渠道的有效性。表外业务对货币政策传导具有缓冲效应，即表外业务使商业银行的信贷供给免受货币政策造成的冲击，并且这种效应在小规模、高流动性、资本充足率较高的银行更加明显。Scopelliti(2013)利用 39 家美国商业银行 1998—2008 年的季度数据，使用面板固定效应方法和面板 VAR 分析方法，研究发现表外业务潜在或已经发生的损失降低了银行的信贷增长率。表外业务对银行信贷的影响还因贷款期限的长短而不同：表外业务与长期贷款规模负相关，与短期贷款规模正向关。国内学者研究中，仅有陈雄兵等(2016)利用 2002—2014 年我国 24 家商业银行的面板数据研究了表外业务对货币政策信贷传导渠道的影响，研究发现表外业务通过银行信贷传导渠道强化了货币政策的传导效果，并且这种强化作用在小规模、低资本和低流动性的银行中表现得更为明显。其余学者则研究了与表外业务密切相关的业务对货币政策传导或调整的影响。肖崎等(2014)研究指出银行同业业务在给微观主体带来利润和效率的同时，也给货币政策调控带来了新的挑战。邵汉华等(2015)借鉴银行信贷渠道理论，实证分析了同业业务在货币政策银行信贷渠道传导中的作用，研究发现，银行同业业务扩张显著地弱化了银行信贷渠道的传导效果。黄小英等(2016)基于银行微观数据实证研究发现，同业业务扩充了银行资金来源，提高了资产运用效率，但弱化了中央银行货币政策的信贷传导渠道效果，导致社会资金“脱实向虚”。

除货币政策信贷传导渠道外，金融危机后有关货币政策银行风险承担渠道的研究则建立了货币政策与银行风险承担之间的直接联系。Borio 等(2012)研究指出，货币政策能够改变银行对风险的容忍度和风险偏好，从而影响银行的风险承担水平。国内外学者已验证了货币政策银行风险承担渠道的存在性，并且李佳(2012)研究指出商业银行开展表外业务与银行风险偏好息息相关，但并未实证检验表外业务对银行风险承担的影响。表外业务与银行风险偏好之间的相互作用体现在以下方面：一方面，银行风险偏好的转变导致银行业务转型，商业银行对风险容忍度的提升将推动其开展高风险高收益的表外业务；另一方面，商业银行通过开展表外业务适应利率市场化竞争，将进一步改变商业银行的风险容忍度，改变银行风险承担意愿。在宽松的货币政策环境下，银行开展表外业务的资金成本相对更低，表外业务监管套利属性使得表外业务能够获取更高收益，从而使得银行风险承担意愿上升。因此，表外业务可能会对货币政策的银行风险承担渠道造成影响。考虑现有的研究还未明确探讨我国商业银行表外业务对货币政策银行风险承担渠道的影响，本章将从表外业务对银行风险的直接影响以及表外业务通过加强或弱化货币政策银行风险承担渠道间接影响银行风险承担两个视角来探讨表外业务对银行风险承担的综合影响，并进一步探讨银行所有制属性以及不同类型表外业务对银行风险承担的影响差异。

5.1　研究设计与数据来源

5.1.1　模型设定

为了检验表外业务对银行风险承担的直接影响(研究假设 H_1)，参考郭晔等(2017)的研究，设计如下回归模型：

$$\text{Risk}_{i,t} = \alpha + \alpha_1 \text{Risk}_{i,t-1} + \beta_1 \text{OBS}_{i,t} + \gamma' \text{Controls}_{i,t} + \lambda_i + \varepsilon_{i,t} \tag{5-1}$$

式中，被解释变量为银行风险承担水平 Risk，加入其滞后一期项来反映银行风险承担的连续性。核心解释变量为银行表外业务(OBS)，此处用表外业务资产占银行总资产的比例来反映。Controls 为一组控制变量，包括银行层面的控制变量：银行资产规模(Size)、资本充足率水平(Caprate)、流动性比例(Liq)、净息差(NIM)、存贷比(Loanration)以及用 Lerner(勒纳)指数反映的银行业市场竞争程度;宏观层面的控制变量包括:用社会融资规模缺口的对数(Sfgap)和理财产品预期收益率与定期存款利率的差值(Rategap)反映金融市场宏观层面特征变量对银行风险承担的影响,用GDP(国内生产总值)增速来反映经济环境对银行风险承担的影响。λ_i 为银行的个体效应,用来刻画未能控制的银行特征层面变量的影响。$\varepsilon_{i,t}$ 为随机扰动项。根据本书的理论分析,若表外业务的回归系数 $\beta_1>0$,则表明表外业务发展提高了银行风险承担水平;反之则降低了银行风险承担水平。

为检验表外业务是否强化了货币政策银行风险承担渠道而对银行风险承担产生间接强化效应(研究假设 H_2),参考陈雄兵等(2016)的做法,首先需要在式(5-1)中加入货币政策变量(MP),并且考虑货币政策与表外业务交叉项(MP×OBS)对银行风险承担的影响,若表外业务强化了货币政策银行风险承担渠道,那么货币政策变量(MP)和货币政策与表外业务交叉项(MP×OBS)两者的回归系数应同时显著并且回归系数正负号保持一致。设计如下回归模型:

$$\begin{aligned}\text{Risk}_{i,t} = {} & \alpha + \alpha_1 \text{Risk}_{i,t-1} + \beta_1 \text{OBS}_{i,t-1} + \beta_2 \text{MP}_{t-1} + \\ & \beta_3 \text{MP}_{t-1} \times \text{OBS}_{i,t-1} + \gamma' \text{Controls}_{i,t-1} + \lambda_i + \varepsilon_{i,t}\end{aligned} \tag{5-2}$$

在上述模型中,被解释变量(银行风险承担水平)与核心解释变量(表外业务)可能同时受到控制变量的影响而产生内生性问题。为解决上述问题,我们借鉴 Paligorova 等(2017)的研究方法,分两步来验证表外业务是否强化了货币政策银行风险承担渠道。

第一步,我们将表外业务作为被解释变量,利用货币政策和控制变量对其进行回归,设计如下计量模型:

$$\text{OBS}_{i,t} = \alpha \text{MP}_{t-1} + \eta Z_{i,t-1} + \xi M_{i,t-1} + \lambda_i + \varepsilon_{i,t} \tag{5-3}$$

式中,$\text{OBS}_{i,t}$表示样本银行 i 在 t 时刻的表外业务规模;MP_{t-1}表示上一期的货币政策变量;$Z_{i,t-1}$表示银行层面的控制变量组;$M_{i,t-1}$代表宏观层面的控制变量组,控制变量的选择同上;λ_i 为固定效应;$\varepsilon_{i,t}$为误差项。为了避免表外业务与控制变量间可能存在的内生性问题,我们将式(5－3)回归方程得到的误差项记为$(OBS_{i,t})_{RES}$(Gourieroux et al.，1987)，并将它作为检验表外业务对货币政策银行风险承担渠道影响的解释变量。可以发现，此时表外业务不再受到货币政策与其他经济变量的影响，因此避免了变量之间的内生性问题。

第二步：利用$(OBS_{i,t})_{RES}$作为解释变量，检验表外业务对货币政策银行风险承担渠道的影响，即用$(OBS_{i,t-1})_{RES}$替换式(5－2)中的$OBS_{i,t-1}$，得到回归模型如下：

$$\begin{aligned}Risk_{i,t} = {} & \alpha + \alpha_1 Risk_{i,t-1} + \beta_1 (OBS_{i,t-1})_{RES} + \beta_2 MP_{t-1} + \\ & \beta_3 MP_{t-1} \times (OBS_{i,t-1})_{RES} + \gamma' Controls_{i,t-1} + \lambda_i + \varepsilon_{i,t}\end{aligned} \tag{5-4}$$

式中，我们重点关注系数β_2与β_3的正负号是否相同，同时关注表外业务的回归系数β_1。根据本书的理论分析，若表外业务强化了货币政策的银行风险承担渠道，则β_2与β_3的符号应保持相同。表外业务对银行风险承担的直接影响由β_1反映，若$\beta_1>0$则说明表外业务发展提高了银行风险承担水平，反之则降低了银行风险承担水平。货币政策银行风险承担渠道的存在性则由回归系数β_2是否显著决定。

5.1.2 变量设计

1. 被解释变量：商业银行风险承担水平(Risk)

现有文献提出的商业银行风险承担的代理变量主要有预期违约频率(EDF)(Altunbas et al.，2010)、Z值(Laeven et al.，2009)、风险加权资产比例(De Nicolo et al.，2010)和不良贷款率(Delis et al.，2011)。EDF是商业银行风险承担的最优代理变量，但国内信用评级相对落后，数据难以获取。Z值主要反映了商业银行的破产风险，不能准确度量商业银行的风险承担水平。考虑到风险加权资产比例是风险加权资产与总资产的比例($Risk_{RW}$)，能够反映商业银行的风险承担意愿及商业银行风险承担水平(Delis et al.，2011)，因此我们首先利用风险加权资产比例($Risk_{RW}$)作为银行风险承担的代理变量，同时考虑到表外业务可能带来的资产损失风险，采用银行资产减值损失与总资产的比例（$Risk_{Loss}$）作为稳健性检验的代理变量。考虑到银行风险的连续性，本书引入银行风险承担的滞后一期作为解释变量。

2. **核心解释变量**

(1)表外业务(OBS)：Perera 等(2014)采用表外业务资产规模和表外业务资产占总资产的比例作为表外业务的代理变量，发现两者回归结果并无显著差异。本书将按照表外业务分类标准，结合第 3 章中表外业务测算方法分别测算担保承诺类、代理投融资服务类及中介服务类表外业务资产规模，通过对三类表外业务加总获得表外业务资产规模，并首先利用表外业务资产占总资产的比例度量表外业务；在稳健性检验中，用表外业务规模的对数作为表外业务代理变量。

(2)货币政策(MP)：货币政策对银行风险承担的影响已得到广泛的研究和关注。Delis 等(2011)利用三个月期的商业银行间利率作为货币政策的代理变量，De Nicolo 等(2010)则利用实际联邦基金利率作为货币政策代理变量。借鉴已有的研究（陈浪南 等，2014），选择存款基准利率(RD)和法定存款准备金率(RR)作为货币政策的代理变量。选择一年期存款基准利率作为价格型货币政策工具[①]，以法定存款准备金率作为数量型货币政策工具（徐明东 等，2012）。同时，在稳健性检验中，我们以上海银行业间同业拆放利率一年期利率作为市场化利率(RM)指标，以更好地探讨利率市场化对货币政策商业银行风险承担的影响。

(3)货币政策与表外业务交叉项(MP×OBS)：货币政策与表外业务交叉项反映了货币政策与表外业务对商业银行风险承担的共同作用影响。当交叉项与货币政策回归系数符号相同时，则说明表外业务发展强化了货币政策的商业银行风险承担渠道，反之则削弱了货币政策的商业银行风险承担渠道。

---

① 本书的存款基准利率与法定存款基准利率均通过时间加权得到。由于中国人民银行从 2008 年 10 月 15 日，开始对大型金融机构和中小金融机构实施差别化准备金率政策，因此在法定存款准备金率的计算中，区别对待中国工商银行、中国农业银行、中国银行、中国建设银行、交通银行五大国有商业银行。

3. 控制变量

银行层面的控制变量包括以下几个。

(1)银行资产规模(Size)。银行资产规模以总资产规模的对数表示。现有的研究表明,资产规模对银行风险承担的影响具有两面性:一方面,资产规模较大的商业银行风险管理能力更强,故而能够降低银行风险承担水平;另一方面,根据“大而不倒”理论,资产规模越大的商业银行,央行在危机时救助的可能性越高,故而规模越大的银行,其风险承担意愿更高,风险承担水平相对更高。

(2)资本充足率水平(Caprate)。商业银行资本充足率水平能够影响商业银行的风险承担水平。根据委托代理理论,当商业银行资本充足率水平较高时,商业银行风险承担意愿降低,故其在发展表外业务时,更加注重表外业务带来的风险,避免表外业务对商业银行风险承担水平的负面影响;当资本充足率较低时,商业银行为博取高额收益,会提高其风险承担意愿,更加倾向于发展表外业务,投资于高风险高收益的信贷项目,进而提高商业银行风险承担水平。

(3)流动性比例(Liq)。流动性比例是商业银行流动性资产与存款和短期借款等流动性负债之比。商业银行的流动性比例越高,则其应对流动性危机的能力越强。表外业务带来的风险之一为期限错配导致的流动性风险。因此当商业银行流动性较好时,其受到流动性冲击而被迫采用表外业务进行融资的概率越低,风险承担水平相应较低。但考虑到表外业务既能够补充银行流动性,又会对流动性造成冲击,因此流动性比例对银行风险承担的影响还需进一步实证检验。

(4)净息差(NIM)反映了银行通过信用获取收益的能力。根据已有研究结论,银行净息差的下降将降低银行收益的稳定性,从而影响银行的风险承担水平。

(5)存贷比(Loanration)反映了银行资金使用的质量状况。一方面存贷比越高,则银行能够通过贷款获取的收益更大,能够抑制银行发展高风险高收益表外业务的意愿,降低银行风险承担水平;但另一方面,存贷比过高面临的存贷比监管指标约束越强，银行为规避监管而开展高风险表外业务动机增强，提高了银行风险承担水平。故两者之间的关系不能确定。

(6)市场竞争程度。我们利用非结构法计算 Lerner 指数来度量市场竞争程度。参考 Fungáčová 等(2013)的研究，Lerner 指数定义为

$$\text{Lerner}_{i,t} = \frac{P_{i,t} - \text{MC}_{i,t}}{P_{i,t}} \tag{5-5}$$

式中，$P_{i,t}$ 为第 i 家银行在第 t 期的产出价格，用总收入与总资产的比值来确定。$\text{MC}_{i,t}$ 为第 i 家银行在第 t 期的边际成本。鉴于边际成本不能直接观测得到，参考 Berger 等(2008)的研究，构建两投入、单产出的超越对数成本函数：

$$\ln\text{TC}_{i,t} = \alpha_0 + \alpha_1 \ln Q_{i,t} + \frac{\alpha_2}{2}(\ln Q_{i,t})^2 + \sum_{j=1}^{2}\beta_j \ln w_{i,t}^j + \frac{1}{2}\sum_{j=1}^{2}\sum_{k=1}^{2}\rho_{j,k}\ln w_{i,t}^j \ln w_{i,t}^k + \sum_{j=1}^{2}\gamma_j \ln w_{i,t}^j \ln Q_{i,t} + \mu_{i,t} + \nu_{i,t} \tag{5-6}$$

式中，$\text{TC}_{i,t}$ 为第 i 家银行在第 t 期的总成本；$Q_{i,t}$ 为第 i 家银行在第 t 期的总产出，用银行总资产表示；$w_{i,t}^j$ 表示第 i 家银行在第 t 期投入价格，分别用利息支出除以总存款($w_{i,t}^1$)、用非利息支出除以总资产($w_{i,t}^2$)来表示利息业务和非利息业务上的投入价格；μ_i 为银行个体固定效应；$\nu_{i,t}$ 为随机误差项。对 Q 求导可得到边际成本为

$$\text{MC}_{i,t} = \frac{\partial \text{TC}_{i,t}}{\partial Q_{i,t}} = \frac{\text{TC}_{i,t}}{Q_{i,t}}\left(\alpha_1 + \alpha_2 \ln Q_{i,t} + \sum_{j=1}^{2}\gamma_j\right) \tag{5-7}$$

在计算获得边际成本后，可计算每家银行在不同时期的 Lerner 指数。当市场完全竞争时，$P = \text{MC}$，$\text{Lerner} = 0$；当市场完全垄断时，$\text{Lerner} \approx 1$。因此，Lerner 指数与市场竞争程度负相关，指数越大，则市场竞争程度越小。根据郭晔等(2017)的研究，市场竞争加剧迫使银行选择高风险高收益投资项目来实现经营收益目标，导致银行风险承担水平的上升。

在宏观层面的控制变量中，结合本书对表外业务发展动因的研究，采用社会融资规模缺口的对数[①](Sfgap)和理财产品预期收益率与定期存款利率的差值(Rategap)反映金融市场宏观层面特征变量对银行风险承担的影响，用 GDP 增速来反映经济环境对银行风险承担的影响。

各变量的具体定义和计算方式如表 5-1 所示。

表 5-1　变量定义与设计

变量名称	变量符号	变量设计
风险加权资产比例	$Risk_{RW}$	风险加权资产与总资产的比例
资产减值损失比例	$Risk_{Loss}$	资产减值损失与总资产的比例
表外业务	OBS	表外业务资产占总资产的比例
货币政策	MP	详见变量定义
银行资产规模	Size	银行总资产规模的对数
资本充足率水平	Caprate	商业银行资本充足率水平
流动性比例	Liq	流动性资产与流动性负债的比例
净息差	NIM	净利息收入与全部生息资产的比例
存贷比	Loanration	贷款/存款
市场竞争程度	Lerner	计算方法见变量定义
经济增速	GDP	实际 GDP 增长速度
社会融资规模缺口	Sfgap	社会融资规模缺口的对数
收益率差值	Rategap	理财产品预期收益率与定期存款利率的差值

5.1.3　数据来源与描述性统计

根据我国商业银行表外业务数据的可得性，结合我国商业银行表外业务发展现状，本书所选择的样本区间为 2008—2018 年[②]。实证分析所

① 社会融资规模缺口的计算方法参考黄益平等(2012)的研究，按照“融资缺口＝社会融资规模－新增人民币贷款－新增外币贷款－企业债券融资－非金融企业境内股票融资”的计算方法获得。

② 参考郭晔等(2017)的研究将 2008 年作为样本时间的起点。选择 2018 年作为样本区间终点是因为，2018 年 12 月颁布的《商业银行理财子公司管理办法》将商业银行表外理财业务风险以成立子公司方法进行隔离，后续表外理财业务风险不再对银行风险产生影响。

需的数据中，有关银行相关的财务指标来自 Wind 数据库以及商业银行年报，不同类型表外业务规模数据由银行上市年报中相关数据手工整理而得；市场竞争程度指标和社会融资规模缺口由笔者计算得出；GDP 增速和理财产品预期收益率等宏观数据来源于 Wind 数据库。笔者对样本做了如下筛选：①剔除表外业务缺失的银行；②剔除财务数据缺失的样本；③剔除数据不足 5 年的银行。最终，获得 5 家国有商业银行、8 家股份制商业银行、3 家城市商业银行的平衡面板数据，共 176 个观测值。

表 5-2 为各变量的描述性统计结果，反映了变量的均值、标准方差、最小值、最大值和中位数等信息。在被解释变量中，表 5-2 给出了风险加权资产比例和资产减值损失比例度量的银行风险承担水平。风险加权资产比例的均值为 0.609，中位数为 0.609，表明一半以上的商业银行的风险加权资产比例超过 60.9%；最大值为 0.760，最小值为 0.451，表明不同银行风险资产比重差异较大。在货币政策变量选择中，通过时间加权获得价格型与数量型货币政策变量，即存款基准利率和存款准备金率。存款基准利率的时间加权均值为 2.712，中位数为 2.964；存款准备金率的加权均值为 17.025，中位数为 17.45，表明 2008—2018 年，有一半以上的年份，存款准备金率大于 17.45。值得注意的是，在回归模型中，笔者对五大行采用大型金融机构存款准备金率，对股份制及城市商业银行采用中小金融机构存款准备金率进行回归分析。市场化利率的均值为 3.791，最小值为 2.05，最大值为 4.96。

表 5-2 变量的描述性统计结果

指标	均值	标准方差	最小值	最大值	中位数
$Risk_{RW}$	0.609	0.063	0.451	0.760	0.609
$Risk_{Loss}$	0.035	0.024	0.009	0.102	0.032
OBS	0.839	0.646	0.088	3.631	0.596
RD	2.712	0.548	1.25	3.83	2.964
RR	17.025	1.741	13.50	20.50	17.45

续表

指标	均值	标准方差	最小值	最大值	中位数
RM	3.791	1.061	2.05	4.96	4.43
Lerner	0.610	0.053	0.501	0.724	0.615
Size	4.482	0.542	2.963	5.416	4.503
Caprate	12.555	1.867	8.580	24.120	12.36
Liq	42.919	10.842	25.49	63.18	44.02
NIM	2.488	0.387	1.500	3.480	2.49
Loanration	70.354	9.148	47.43	105.16	71.15
Sfgap	4.398	0.243	3.996	4.764	4.478
Rategap	2.397	0.335	2.018	3.065	2.325
GDP	7.927	1.161	6.6	10.3	7.7

5.2　实证结果分析

5.2.1　表外业务影响银行风险承担的直接效应

为防止虚假回归，本书对银行层面特征变量进行平稳性检验。面板单位根检验和面板协整检验结果表明，运用原始序列回归不会出现虚假回归。一般来看，面板数据通常采用混合效应、固定效应和随机效应模型进行回归，并利用不同方法来比较选择合适的回归模型。在混合效应模型和固定效应模型选择中，F 检验统计量（$P=0.000$）显示拒绝混合效应模型，而选择固定效应模型；利用 Hausman 检验比较固定效应模型和随机效应模型，统计量在 1%的显著水平下强烈拒绝解释变量与随机扰动项不相关的原假设，表明应采用固定效应模型。

表 5-3 给出了表外业务对银行风险承担的直接影响回归结果。可以发现:银行风险承担滞后一期 $Risk_{t-1}$ 的回归系数为正,且都在 1%水平下显著,说明银行风险承担具有连续性。表外业务 OBS 回归系数在上述三个模型回归结果中的系数为正,并且至少在 5%水平下显著,特别是在固定效应模型中的回归系数达到 0.017,且在 5%水平下显著,表明表外业务确实提高了银行的风险承担水平,本书的理论假设 H_1 得到验证。在银行特征层面的回归结果中,银行规模的回归系数为正,表明银行规模越大,其风险承担水平越高,符合“大而不倒”的理论:规模越大银行发生危机得到救助的可能性越大,故而资产规模越大的银行风险承担意愿高,导致其风险承担水平上升。资本充足率水平的回归系数为负,表明资本充足率越高的银行,其风险承担水平越低。在固定效应模型中,存贷比的回归系数为 0.008,且在 1%水平下显著,表明存贷比提高 1 个单位,其风险承担水平上升 0.8 个百分点。一个合理的解释是,贷存比越高的银行,其面临监管约束越大。当银行无法继续通过贷款业务获取收益时,其发展高风险表外业务提高了银行风险承担水平,因此贷存比与银行风险承担水平之间存在正相关关系。净息差和流动性比例指标的回归系数不显著,表明二者与银行风险承担之间的联系并不紧密。反映市场竞争程度的 Lerner 指数的回归系数为负数,表明随着银行竞争程度的上升(指数数值的减小),银行风险承担水平逐步上升。一般来讲,商业银行开展多元化表外业务、进行差异化竞争能够降低银行风险承担水平,但由于我国商业银行表外业务竞争的同质性竞争严重,表外业务竞争并没有降低银行风险,反而提高了银行的风险承担水平。在宏观层面的回归结果中,社会融资规模缺口和收益率差值的回归系数显著为正,表明社会融资缺口规模扩大和收益率差值水平扩大会导致银行风险承担水平上升。经济增速的回归系数为负数且在 1%水平下显著,表明宏观经济环境改善能够降低银行风险承担水平(方意 等,2012)。

表 5-3　表外业务对银行风险承担的直接效应检验

指标	混合效应模型 (1)	随机效应模型 (2)	固定效应模型 (3)
$Risk_{t-1}$	0.763***	0.852***	0.636***
	(7.22)	(8.47)	(7.53)
OBS	0.023***	0.019**	0.017**
	(3.31)	(2.28)	(2.13)
Size	0.054***	0.054***	0.064**
	(2.91)	(2.85)	(2.09)
Caprate	−0.013*	−0.013*	−0.018**
	(−1.88)	(−1.85)	(−2.18)
Loanration	0.005*	0.005**	0.008***
	(1.78)	(2.31)	(2.72)
NIM	0.079	0.079	0.033
	(1.54)	(1.47)	(0.49)
Liq	−0.000	−0.000	−0.000
	(−0.09)	(−0.08)	(−0.33)
Lerner	−0.601**	−0.523**	−0.516**
	(−2.33)	(−2.24)	(−2.26)
Rategap	0.427***	0.427***	0.385***
	(3.94)	(4.82)	(4.51)
Sfgap	0.403***	0.403***	0.293**
	(3.05)	(2.73)	(2.05)
GDP	−0.059***	−0.059***	−0.061***
	(−3.29)	(−3.15)	(−3.26)
N	160	160	160
R^2	0.910	0.897	0.893

说明：*、**、*** 分别表示在 10%、5%、1% 的显著水平下显著，括号内为 t 值。回归结果省略了常数项，下同。

5.2.2　表外业务影响银行风险承担的间接效应

为了检验假设 H_2，考察表外业务是否还通过强化货币政策银行风险承担渠道而影响银行风险承担水平，引入货币政策与表外业务交叉项并采用固定效应进行回归分析，表 5-4 给出了相关估计结果。

表 5-4　表外业务对货币政策银行风险渠道的强化效应

指标	RD (1)	RR (2)	RD (3)	RR (4)	RD (5)	RR (6)
$Risk_{t-1}$	0.595***	0.575***	0.676***	0.673***	0.693***	0.712***
	(14.67)	(11.36)	(14.99)	(16.60)	(17.69)	(17.82)
MP	−0.077**	−0.021**	−0.075**	−0.025**	−0.091**	−0.016*
	(−2.43)	(−2.31)	(−2.16)	(−2.15)	(−2.51)	(−1.65)
OBS			0.042***	0.044***	0.041***	0.087***
			(4.14)	(4.20)	(3.66)	(5.21)
MP×OBS					−0.004**	−0.003**
					(−2.31)	(−2.25)
Size	0.040***	0.056***	0.084***	0.105***	0.061***	0.100***
	(2.89)	(2.98)	(4.24)	(4.39)	(4.62)	(4.94)
Caprate	−0.028**	−0.033**	−0.017*	−0.020**	−0.010	0.001
	(−2.13)	(2.15)	(−1.81)	(−2.17)	(−0.97)	(0.09)
Loanration	0.010***	0.012***	0.010**	0.010**	0.005**	0.006**
	(2.69)	(3.27)	(2.49)	(2.31)	(2.22)	(2.41)
NIM	−0.049	−0.072	−0.008	−0.021	−0.004	−0.011
	(−1.05)	(−1.05)	(−0.13)	(−0.33)	(−0.03)	(−0.18)
Liq	−0.011	−0.009	−0.005	−0.003	−0.002	−0.005
	(−0.44)	(−0.35)	(−0.26)	(−0.12)	(−0.22)	(−0.18)
Lerner	−0.006**	−0.007**	−0.009**	−0.009**	−0.008***	−0.010***
	(−1.91)	(−2.58)	(−2.09)	(−2.25)	(−2.67)	(−2.86)
Rategap	0.405***	0.414***	0.324***	0.442***	0.442***	0.382***
	(3.09)	(4.42)	(4.41)	(3.53)	(4.68)	(4.01)
Sfgap	0.414***	0.452***	0.447**	0.415***	0.352***	0.315***
	(3.24)	(2.79)	(2.13)	(3.83)	(4.78)	(4.24)
GDP	−0.055**	−0.055**	−0.073***	−0.073***	−0.090***	−0.131***
	(−2.42)	(−2.33)	(−4.39)	(−4.29)	(−5.59)	(−7.02)
N	160	160	160	160	160	160
R^2	0.871	0.868	0.895	0.895	0.893	0.839

表5-4中列(1)和列(2)的回归结果表明，我国货币政策银行风险承担渠道是存在的，这与张强等(2013)的研究结果一致，反映在回归结果中，即货币政策(MP)的回归系数为负数且至少在5%水平下显著。列(1)反映了价格型货币政策银行风险承担渠道的存在性，回归系数为-0.077且在5%水平下显著，表明当存款基准利率降低1个单位时，银行风险承担水平会提高7.7个百分点；列(2)是数量型货币政策(法定存款准备金率)的回归结果，法定存款准备金率下降，表明货币政策较为宽松，其回归系数为负数且在5%水平下显著，再次证明了我国货币政策银行风险承担渠道的存在性。

列(3)和列(4)是在模型中加入了表外业务项后的实证结果。从回归结果中可以发现，货币政策(MP)的回归系数显著且为负数，说明银行风险承担渠道是存在的。表外业务(OBS)的回归系数显著为正，说明银行表外业务发展提高了银行的风险承担水平，这与前文的理论分析保持一致，再次证明了研究假设 H_1 的合理性。

列(5)和列(6)是加入货币政策与表外业务交叉项的实证结果。可以发现，货币政策(MP)的回归系数和货币政策与表外业务交叉项(MP×OBS)的回归系数同为负数且在5%水平下显著，表明表外业务能够通过强化货币政策银行风险承担渠道，间接提高银行风险承担水平。当货币政策宽松时，商业银行对投资项目的风险容忍度提高，风险承担意愿加强。表外业务对银行风险承担渠道的强化作用体现在：一方面表外业务强化了利益搜寻效应，促使商业银行通过发展表外业务追逐高风险高收益投资项目，提升了银行的风险承担水平；另一方面，表外业务高复杂性增加了单个银行在银行网络的关联度，提高了单个银行违约风险对系统风险的影响程度，因而商业银行发展表外业务改变了央行的救助预期，提升了自身风险承担意愿，改变了自身反应函数。在宽松的货币政策环境下，商业银行预期央行会使用货币政策刺激经济增长，故银行的最优反应为放松信贷标准，扩大信贷规模；而在央行救助预期下，单个银行的最优反应依然为追求高风险高收益投资项目，最终导致银行风险承担水平上升。因此，表外业务对银行风险承担具有双重效应，即表外业务规模的扩大会直接提高银行的风险承担水平，同时还可以通过强化货币政策银行风险承担渠道间接提高银行风险承担水平。表外业务对货币政策银行风险承担渠道的强化影响，使得央行在对表外业务风险监管中，不仅要考虑表外业务自身的风险溢出，还需注意表外业务对货币政策传导渠道的影响。

在银行特征变量的回归结果中，银行资产规模的回归系数为正数且在1%显著水平下，说明银行存在因“大而不倒”现象而导致的道德风险问题，即资本规模越大的银行，得到央行救助的可能性越大，导致风险承担水平更高。资本充足率水平回归系数在列(1)至列(4)中显著为负，但在列(5)和列(6)中的系数不显著，表明在考虑表外业务间接影响渠道下，资本充足率与银行风险承担之间无显著联系，这从侧面反映出表外业务对银行风险承担的双重效应削弱了资本充足率监管指标的有效性。Lerner 指数的回归系数显著为负，存贷比回归系数显著为正，而净息差和流动性比例的回归系数不显著。宏观层面变量的回归结果并未出现明显变化，与前文分析保持一致。

5.2.3 表外业务影响银行风险承担的异质性

表外业务对货币政策银行风险承担传导渠道的强化作用可能还与银行的所有制属性有关。一方面，根据马草原等(2013)的研究，国有商业银行资产规模相对更大，其国有控股的产权性质决定其并不以利润最大化为单一目标，同时还需承担维护金融系统安全的重要任务，国有商业银行受到的监管更加严格、经营策略更加审慎稳健。另一方面，相比于非国有商业银行(股份制商业银行和城市商业银行)，国有商业银行能够以更低的成本从中央银行获取资金，并且在多元化经营目标下将资金优先投向国有企业，因此能够获得稳定的收益，故不会过度地依赖表外业务发展来追逐高风险高收益的投资项目。因此,从理论分析来看,相比于股份制商业银行和城市商业银行,表外业务对国有商业银行的风险承担水平的影响要弱。为检验表外业务对银行风险承担影响是否还因银行所有制属性不同而存在异质性,我们通过分样本回归进行分析。

表5-5报告了相关回归结果。可以发现,表外业务对不同类型银行风险承担的影响具有异质性:相比于非国有商业银行,国有商业银行对表外业务的响应更加审慎。这主要体现在:①与非国有商业银行相比,表外业务对国有商业银行风险承担水平的回归系数较小,且显著性水平较低。比较列(1)和列(3)可以发现,表外业务对国有商业银行的回归系数为0.035且在5%水平下显著,而表外业务对非国有商业银行回归系数为0.052且在1%水平显著,这表明表外业务对国有商业银行风险承担的影响程度较弱。②交叉项MP×OBS的回归系数在不同样本下表现出明显的差异:对国有商业银行进行估计的交叉项回归系数为负数,并且都不显著;而对非国有商业银行,交叉项的回归系数在1%水平下显著为负且系数绝对值相对更大。这表明表外业务对货币政策银行风险承担渠道的强化作用有明显的异质性。国有商业银行由于其资产规模庞大、产权性质国有、监管压力更大等因素的影响,开展表外业务的动机较弱,因此削弱了表外业务通过强化货币政策银行风险承担渠道而对其风险承担水平产生的间接影响。非国有商业银行在面临存款成本上升、竞争压力加大时,开展表外业务的动机更加强烈,特别是当宽松的货币政策导致其贷款收益下降时,非国有商业银行更具有开展表外业务的内在动力,故而表外业务对银行风险承担的间接效应在非国有商业银行中更为显著。

表 5-5 异质性检验的回归结果

指标	国有商业银行		非国有商业银行	
	RD	RR	RD	RR
	(1)	(2)	(3)	(4)
$Risk_{t-1}$	0.520***	0.516***	0.657***	0.659***
	(5.73)	(5.52)	(5.21)	(4.68)
OBS	0.035**	0.094**	0.052***	0.107***
	(2.33)	(2.26)	(4.35)	(4.43)
MP	−0.178**	−0.039*	−0.072**	−0.026*
	(−2.39)	(−1.93)	(−2.35)	(−1.98)
MP×OBS	−0.002	−0.005	−0.007***	−0.006***
	(−0.28)	(−1.19)	(−2.75)	(−3.69)
Size	0.039	0.043**	0.052**	0.058**
	(0.58)	(2.45)	(2.07)	(2.27)
Caprate	−0.096*	−0.033	−0.005	−0.001
	(−1.81)	(−1.98)	(−0.37)	(−0.09)
Loanration	−0.005	−0.016	0.008***	0.009***
	(−0.79)	(−0.87)	(2.62)	(2.86)
NIM	−0.005	−0.045*	−0.014	−0.015
	(−0.98)	(−1.86)	(−0.68)	(−0.67)
Liq	−0.003	−0.004	−0.007	−0.008
	(−1.08)	(−0.84)	(−1.05)	(−0.86)
Lerner	−0.017*	−0.113*	−0.005**	−0.006*
	(−1.76)	(−1.96)	(−2.31)	(−1.93)
Rategap	0.402**	0.341**	0.524***	0.483***
	(2.18)	(2.02)	(4.82)	(4.58)
Sfgap	0.128*	0.135*	0.561***	0.583***
	(1.68)	(1.87)	(6.47)	(5.34)
GDP	−0.058***	−0.067***	−0.058***	−0.062***
	(−3.46)	(−4.04)	(−5.42)	(−7.19)
N	50	50	110	110
R^2	0.881	0.884	0.923	0.922

5.3　稳健性检验

5.3.1　改变变量度量方式及采用工具变量法进行稳健性检验

1. 研究假设 H_1 的稳健性检验

本书的稳健性检验从以下两个方面进行：一是改变变量的度量方式进行稳健性检验，如用资产减值损失比例来度量银行风险承担水平，用表外业务资产规模的对数来度量表外业务；二是采用工具变量法进一步规避变量之间的内生性问题。借鉴 Fisman 等（2005）的研究，我们采用具有相同所有制属性的其他商业银行表外业务规模的平均值作为工具变量。考虑到表外业务发展的协同性特征，采用其他银行表外业务规模均值与单个银行表外业务规模之间存在紧密的相关性，但与单个银行不可观测的特征无关，因此该变量符合工具变量相关性和外生性要求。

从表 5－6 可以发现，在替换了被解释变量以及采用工具变量法后，回归模型结果依然支持表外业务提高银行风险承担水平的结论，这可以由表外业务回归系数在 5％水平下显著为正来反映。银行风险承担滞后一期系数在 1％水平下显著，且系数为正数，表明银行风险承担具有连续性。其余控制变量的回归结果与前文并无显著差异，稳健性检验结果再次表明研究假设 H_1 是合理的。

表 5－6　研究假设 H_1 的稳健性检验结果

指标	改变变量度量方式			工具变量法		
	(1)	(2)	(3)	(4)	(5)	(6)
$Risk_{t-1}$	0.869***	0.772***	0.752***	0.723***	0.642***	0.638***
	(15.59)	(12.40)	(11.77)	(8.68)	(7.46)	(7.21)
OBS	0.024**	0.016**	0.016**	0.021**	0.018**	0.027**
	(2.24)	(2.33)	(2.27)	(2.29)	(2.37)	(2.41)

续表

指标	改变变量度量方式			工具变量法		
	(1)	(2)	(3)	(4)	(5)	(6)
银行层面控制变量	否	是	是	否	是	是
宏观层面控制变量	否	否	是	否	否	是
N	160	160	160	160	160	160
R^2	0.693	0.836	0.887	0.573	0.676	0.721

2. 研究假设 H_2 的稳健性检验

研究假设 H_2 表明表外业务会通过影响货币政策银行风险承担渠道而对银行风险承担产生影响。因此，稳健性检验不仅要检验货币政策银行风险承担渠道的存在性，还需要检验表外业务对货币政策银行风险承担渠道的影响。此处我们利用市场化利率作为货币政策替代变量，同时利用工具变量法进行稳健性检验。表 5－7 给出了稳健性检验的回归结果。

表 5－7 研究假设 H_2 的稳健性检验结果

指标	改变变量度量方式			工具变量法		
	(1)	(2)	(3)	(4)	(5)	(6)
$Risk_{t-1}$	0.598***	0.614***	0.610***	0.612***	0.521***	0.507***
	(12.53)	(14.48)	(14.46)	(5.33)	(6.55)	(5.65)
MP	−0.091***	−0.072***	−0.072***	−0.066***	−0.047***	−0.043***
	(−4.46)	(−3.65)	(−3.68)	(−3.26)	(−3.43)	(−3.27)
OBS		0.033***	0.044***		0.042***	0.051***
		(5.31)	(4.76)		(3.36)	(3.43)
MP×OBS			−0.003*			−0.004*
			(−1.72)			(−1.83)

续表

指标	改变变量度量方式			工具变量法		
	(1)	(2)	(3)	(4)	(5)	(6)
银行层面控制变量	控制	控制	控制	控制	控制	控制
宏观层面控制变量	控制	控制	控制	控制	控制	控制
N	160	160	160	160	160	160
R^2	0.861	0.892	0.895	0.758	0.803	0.854

上述稳健性检验结果显示，在采用市场化利率作为货币政策替代变量后，我国货币政策银行风险承担渠道依然存在，这体现在不同模型回归结果中货币政策的回归系数都为负数且显著；列(2)和列(5)考察了在不考虑货币政策与表外业务交叉项下的表外业务对银行风险承担的影响，可以发现，表外业务的回归系数在 1%水平下显著为正，说明商业银行开展表外业务提高了银行的风险承担水平，这与假设 H_1 的研究结论一致；列(3)和列(6)中货币政策与表外业务交叉项的回归系数为负数，且在 10%水平下显著，说明表外业务强化了货币政策银行风险承担渠道，因此表外业务对银行风险承担的影响具有双重效应，即表外业务一方面通过自身风险溢出提高银行风险承担水平，另一方面还可以强化货币政策银行风险承担渠道，进一步提高银行风险承担水平。事实上，表外业务通过利益搜寻效应强化货币政策银行风险承担渠道已经得到了部分学者的验证，项后军等(2017)以银行理财产品为研究对象，研究发现银行发行理财产品会强化银行利益搜寻动机，对货币政策银行风险承担产生强化作用。

值得注意的是，当采用市场化利率作为货币政策工具变量时，货币政策与表外业务交叉项的回归系数的显著水平明显降低，可能的解释为我国商业银行开展表外业务是银行适应利率市场化竞争的体现，表外业务监管套利空间的大小决定了银行对表外业务的风险容忍度以及表外业务扩张的规模及速度。市场化利率能够更加有效地反映市场资金价格，压缩监管套利空间，因此市场化利率有助于抑制表外业务扩张，进而降低表外业务对货币政策银行风险承担渠道的强化作用。

3. 异质性影响的稳健性检验

表5-8报告了异质性影响的稳健性检验结果。在替换了被解释变量以及采用工具变量法后，对比列(2)和列(4)的回归结果可以发现，当选择市场化利率作为货币政策工具时，货币政策与表外业务交叉项的回归系数对国有商业银行并不显著，说明对国有商业银行而言，表外业务通过强化货币政策银行风险承担渠道而加剧其风险承担影响的间接影响渠道并不显著，但表外业务的回归系数依然显著为正，表明表外业务对银行风险承担的直接影响渠道不会因银行所有制属性差异而消失。作为对比，表外业务对非国有商业银行的回归系数显著水平更高，系数值更大，因此表外业务对非国有商业银行的直接影响更大。对非国有商业银行而言，货币政策与表外业务交叉项回归系数为负数且在5%水平下显著，说明表外业务能够通过强化货币政策银行风险承担渠道间接提高银行风险承担水平，但与其他货币政策工具相比，其系数的显著性水平下降，并且系数的绝对值减小，说明市场化利率能够降低表外业务对银行风险承担的强化作用，这与前文的分析相一致。总体来看，表外业务对不同类型商业银行风险承担的影响具有异质性：国有商业银行受表外业务影响程度较低，并且表外业务仅能够通过直接效应影响其风险承担；对非国有商业银行而言，表外业务对其风险承担具有直接影响和间接影响的双重影响。考虑到表外业务对不同所有制属性银行风险承担的差异化影响，监管当局在表外业务监管中需要实施差异化监管措施。

表 5－8　异质性影响的稳健性检验结果

指标	国有商业银行		非国有商业银行	
	(1)	(2)	(3)	(4)
$Risk_{t-1}$	0.488***	0.569***	0.621***	0.591***
	(6.25)	(7.03)	(8.78)	(8.30)
OBS	0.071***	0.046**	0.054***	0.050***
	(4.30)	(2.19)	(5.60)	(4.56)
MP	−0.137***	−0.107**	−0.077***	−0.094***
	(−2.63)	(−2.63)	(−2.86)	(−3.46)
MP×OBS		−0.000		−0.003**
		(−0.08)		(−2.27)
银行层面控制变量	控制	控制	控制	控制
宏观层面控制变量	控制	控制	控制	控制
N	50	50	110	110
R^2	0.826	0.883	0.897	0.907

5.3.2　考虑货币政策非对称性影响

已有的文献研究了货币政策的非对称性效果(熊启跃 等,2015),即相同程度的宽松或紧缩货币政策产生的影响存在明显差异。研究货币政策对银行风险承担的作用是否还受到货币政策非对称性影响,首先要确定在某一时期内货币政策是宽松的还是紧缩的。考虑到文本挖掘方法在定性研究中的优势,借鉴李成等(2014)的研究结论,本书将 2010—2011 年、2017—2018 年设置为货币政策紧缩年份,而在 2008—2016 年中的其他年份设置为货币政策宽松年份。定义货币政策虚拟变量(Dum):若当年的货币政策是紧缩的,则 Dum＝1;否则取值为 0。为考察货币政策的非对称性影响,设置如下回归模型:

$$\begin{aligned} Risk_{i,t} = {} & \alpha + \alpha_1 Risk_{i,t-1} + \beta_1 (OBS_{i,t-1})_{RES} + \beta_2 MP_{t-1} + \\ & \beta_3 MP_{t-1} \times Dum + \beta_4 MP_{t-1} \times (OBS_{i,t-1})_{RES} + \\ & \gamma' Controls_{i,t} + \lambda_i + \varepsilon_{i,t} \end{aligned} \tag{5-8}$$

通过在模型中引入货币政策与 Dum 的交叉项来判断货币政策的非对称效应。根据饶品贵等(2013)的研究,若回归系数 β_3 显著,则表明货币政策对银行风险承担的影响存在异质性。

表 5-9 给出了货币政策的非对称效应估计结果,可以发现,表外业务、货币政策以及两者的交叉项三个变量的回归系数与前文保持一致,说明了表外业务对货币政策银行风险承担渠道的强化效应是存在的。货币政策与 Dum 交叉项的回归系数是关注的重点,可以发现,采用存款基准利率(RD)、存款准备金率(RR)或市场化利率(RM)来度量货币政策,MP×Dum 的回归系数 β_4 都显著不为零,说明货币政策存在非对称效应。比较 MP 回归系数与 MP×Dum 回归系数的绝对值大小可以发现,宽松货币政策对银行风险承担的影响效果要大于紧缩货币政策,这与陈雄兵等(2016)的研究结论一致。

表 5-9 货币政策非对称性影响

指标	RD (1)	RR (2)	RM (3)
$Risk_{t-1}$	0.566*** (13.97)	0.557*** (10.72)	0.582*** (12.16)
MP	−0.065*** (−4.52)	−0.064*** (−2.87)	−0.089** (−2.42)
OBS	0.016*** (4.52)	0.029*** (4.20)	0.060*** (3.12)
MP×OBS	−0.008** (−2.18)	−0.005** (−2.22)	−0.002* (−1.88)
MP×Dum	−0.019*** (−3.04)	−0.023** (−2.13)	−0.039** (−2.27)

续表

指标	RD (1)	RR (2)	RM (3)
银行层面控制变量	控制	控制	控制
宏观层面控制变量	控制	控制	控制
N	160	160	160
R^2	0.891	0.892	0.895

除了上述稳健性检验之外，我们进一步检验不同货币政策环境下表外业务对银行风险承担渠道影响的异质性。考虑到表外业务受货币政策的直接影响，不同货币政策环境对表外业务的作用效果可能存在差异，进而影响表外业务对货币政策银行风险承担渠道的影响机理。比如，在紧缩的货币政策下，银行通过表外业务来提升负债能力（表外理财＋信贷承诺业务），扩大信贷资金规模，故而能够削弱紧缩货币政策的信贷传导效果；在宽松的货币政策环境下，银行开展表外业务的资金成本更低（如表外理财业务），在贷款收益无法满足银行目标收益目标时，银行通过表外业务获取较高投资收益，强化了银行的信贷传导渠道以及银行风险承担渠道。由于本书着重探讨表外业务对货币政策银行风险承担渠道的影响，而货币政策银行风险承担渠道强调宽松货币政策对银行风险承担偏好的改变，进而影响银行风险承担水平这一作用链条，因此本书对样本数据进行缩减。借鉴李成等（2014）对货币政策环境的定义方法，我们舍去货币政策紧缩年份 2010—2011 年和 2017—2018 年的样本数据进行回归，以检验宽松货币政策环境下表外业务对货币银行风险承担渠道的影响。

表 5－10 给出了在宽松货币政策环境下表外业务对货币政策银行风险承担的强化影响结果。可以发现，货币政策与表外业务交叉项的回归系数显著为负，并且对比前文的回归结果可以发现，在排除紧缩的货

币政策年份样本后，货币政策与表外业务交叉项的回归系数的绝对值相对更大，这再次说明表外业务对货币政策银行风险承担渠道的强化作用是存在的，并从侧面反映了在紧缩货币政策环境下表外业务对货币政策银行风险承担渠道的影响存在非对称性。

表 5-10 宽松货币政策环境下表外业务对银行风险承担渠道的影响结果

指标	RD (1)	RR (2)	RM (3)
$Risk_{t-1}$	0.587*** (13.16)	0.597*** (10.75)	0.649*** (10.35)
MP	−0.104*** (−2.67)	−0.095** (−2.16)	−0.106*** (−3.56)
OBS	0.081*** (10.24)	0.095** (2.24)	0.112*** (6.67)
MP×OBS	−0.010*** (−4.64)	−0.007*** (−2.86)	−0.006** (−2.26)
银行层面控制变量	控制	控制	控制
宏观层面控制变量	控制	控制	控制
N	102	102	102
R^2	0.886	0.841	0.897

5.3.3 不同类型表外业务对银行风险承担的影响分析

根据前文的对表外业务的划分标准，我们将表外业务分为担保承诺(OBS_DB)、代理投融资服务(OBS_DT)、中介服务(OBS_ZJ)三类①，并分别测算各类型表外业务的规模，以各类表外业务占总资产规模的比例

① 上市银行年报中其他类表外业务数据难以获取，故此处不再讨论其他类表外业务对银行风险承担的影响。

作为不同类型表外业务的代理变量，检验不同类型表外业务对银行风险承担的影响。

1. 不同类型表外业务对银行风险承担的直接影响

与前文类似，根据 F 检验及 Hausman 检验结果，采用固定效应模型对不同类型表外业务进行回归，结果如表 5－11 所示。

表 5－11　不同类型表外业务对银行风险承担的直接影响

指标	OBS_DB (1)	OBS_DT (2)	OBS_ZJ (3)
$Risk_{t-1}$	0.619*** (14.54)	0.630*** (18.24)	0.650*** (17.27)
OBS	0.168* (2.02)	0.217*** (3.15)	−0.106** (−2.62)
Size	0.022* (1.67)	0.043*** (3.09)	0.064*** (4.55)
Caprate	−0.034** (−2.23)	−0.017** (−2.18)	−0.026** (−2.21)
Loanration	0.008** (2.25)	0.014*** (3.81)	0.016*** (4.00)
NIM	−0.040 (−0.76)	0.004 (0.07)	0.058 (1.02)
Liq	−0.010 (−0.44)	0.014 (0.51)	0.008 (0.29)
Lerner	−0.015** (−2.50)	−0.015*** (−2.72)	−0.013*** (−2.87)
Sfgap	0.440*** (4.38)	0.471*** (4.29)	0.465*** (4.73)
Rategap	0.348*** (4.31)	0.376*** (4.87)	0.383*** (4.26)
GDP	−0.053*** (−2.73)	−0.051*** (−2.83)	−0.058*** (−3.22)
N	160	160	160
R^2	0.899	0.892	0.898

从上述回归结果可以发现，不同类型表外业务对银行风险承担的影响不同。代理投融资服务类表外业务的回归系数为0.217且在1%水平下显著，表明代理投融资服务类表外业务提高了银行风险承担水平；担保承诺类表外业务的回归系数为0.168且在10%水平下显著，说明担保承诺类表外业务提高了银行风险承担水平，但与代理投融资服务类表外业务相比，其对银行风险承担的影响程度较弱；中介服务类表外业务的回归系数为−0.106且在5%水平下显著，说明中介服务类表外业务规模的扩大降低了银行风险承担水平。不同类型表外业务回归结果存在明显差异，可能的解释是：担保承诺类表外业务反映了银行未来或有风险，如担保业务风险主要来自被担保公司或有债务转化为现实债务的风险，而银行信贷承诺风险则主要指当银行面临着借款人财务恶化同时信贷承诺又不可撤销时，银行将承担较大的信贷风险，因此整体来看担保承诺类表外业务对银行风险承担的影响作用较小；代理投融资服务类表外业务的风险主要是商业银行利用理财产品资金池进行期限错配容易导致的流动性风险以及理财产品投向高风险投资项目带来的风险，由于表外风险和表内风险的隔离制度并不健全，表外业务风险向表内转移最终提高银行风险承担水平；中介服务类表外业务不占用银行资本，通过提供资产托管、财务顾问等金融服务收取手续费，有利于多元化银行经营收入而降低银行风险承担水平。

在银行层面的控制变量回归结果中，银行规模的回归系数为正数，说明规模越大的银行的风险承担水平越高，符合“大而不倒”理论；核心资本充足率水平的回归系数显著且为负数，说明核心资本充足率水平的提高有助于降低银行的风险承担水平，更高的资本充足率有助于解决逆向选择难题，迫使银行采取更加审慎的经营行为；存贷比的回归系数为正数且至少在5%水平下显著，说明存贷比越高的银行，银行风险承担水平相对更高，可能的解释是存贷比监管约束提高了银行风险承担意愿，存贷比更高的银行面临的监管压力大，导致风险承担水平上升；流动性比例与净息差的回归系数不显著，与前文保持一致；市场竞争程度

Lerner 的回归系数为负数且至少在 5%水平下显著，表明市场竞争程度的提升提高了银行的风险承担水平。在宏观层面控制变量回归结果中，GDP 增速与银行风险承担水平负相关，而理财产品预期收益率与存款基准利率的差值和社会融资规模缺口与银行风险承担水平正相关。

2. 不同类型表外业务对货币政策银行风险承担渠道的影响

根据前文的分析，为检验表外业务对货币政策银行风险承担渠道的影响，本书选择了存款基准利率为代表的价格型货币政策工具变量、以法定存款准备金率为代表的数量型货币政策工具变量，以及在稳健性检验中选择市场化利率作为货币政策代理变量三种货币政策工具变量。若对每一类型表外业务选择一个回归模型进行回归，则至少需要 9(3×3)个回归结果。为了简化分析，此处我们选择市场化利率作为货币政策工具变量，检验不同类型表外业务对货币政策银行风险承担渠道的影响。选择市场化利率的原因是，表外业务受到利率市场化竞争的影响较大，商业银行开展表外理财等业务时，受市场化利率的波动影响最为明显。采用固定效应模型，不同类型表外业务对银行风险承担的回归结果如表 5－12 所示。

表 5－12　不同类型表外业务对银行风险承担的间接影响

指标	OBS_DB (1)	OBS_DT (2)	OBS_ZJ (3)
$Risk_{t-1}$	0.571***	0.527***	0.608***
	(13.75)	(11.91)	(17.50)
OBS	0.056**	0.101***	−0.095**
	(2.36)	(3.34)	(−2.34)
MP	−0.078**	−0.087**	−0.052*
	(−2.48)	(−2.50)	(−1.71)
MP×OBS	−0.002	−0.016**	−0.022
	(−1.19)	(−2.37)	(−1.27)
银行层面控制变量	控制	控制	控制

续表

指标	OBS_DB (1)	OBS_DT (2)	OBS_ZJ (3)
宏观层面控制变量	控制	控制	控制
N	160	160	160
R^2	0.867	0.845	0.847

表 5－12 的回归结果反映了不同类型表外业务对货币政策银行风险承担渠道的影响。可以发现，第一，银行风险承担的滞后一期在 1%水平下显著为正，表明银行风险承担具有连续性；不同类型表外业务的回归系数显著为正，说明表外业务对银行风险承担的直接效应是存在的。第二，货币政策的回归系数为负数且至少在 10%水平下显著，再次证明了我国货币政策银行风险承担渠道的存在性。第三，货币政策与不同类型表外业务交叉项的回归结果存在明显差异：货币政策与担保承诺类及中介服务类表外业务交叉项的回归系数为负数但并不显著，表明担保承诺类及中介服务类表外业务对货币政策银行风险承担渠道无强化影响；货币政策与代理投融资服务类表外业务交叉项的回归系数在 5%水平下显著，表明代理投融资服务类表外业务强化了货币政策银行风险承担渠道，说明代理投融资服务类表外业务对银行风险承担的影响具有双重效应。总体来看，表外业务对银行风险承担渠道的影响整体表现为表外业务强化了货币政策银行风险承担渠道，与研究假设 H_2 保持一致。

3. 不同类型表外业务、所有制属性差异与银行风险承担

为探讨不同所有制属性商业银行的不同类型表外业务对银行风险承担的影响差异，本节采用固定效应回归模型检验银行担保承诺类、代理投融资服务类和中介服务类三类表外业务对不同所有制属性银行风险承担的影响。与上文类似，我们仅采用市场化利率作为货币政策代理变量，采用固定效应模型的回归结果如表 5－13 所示。

表 5-13　表外业务类型、银行所有制差异与银行风险承担

指标	国有商业银行			非国有商业银行		
	OBS_DB	OBS_DT	OBS_ZJ	OBS_DB	OBS_DT	OBS_ZJ
	(1)	(2)	(3)	(4)	(5)	(6)
$Risk_{t-1}$	0.491***	0.601***	0.594***	0.681***	0.691***	0.693***
	(6.58)	(9.55)	(9.18)	(11.93)	(11.42)	(11.72)
OBS	0.112**	0.104***	−0.113**	0.152***	0.123***	−0.131**
	(2.39)	(2.68)	(−2.21)	(3.65)	(3.36)	(−2.62)
MP	−0.043**	−0.037**	−0.055***	−0.025*	−0.045**	−0.069**
	(−2.22)	(−2.31)	(−2.76)	(−1.79)	(−2.35)	(−2.51)
MP×OBS	0.017	−0.021	−0.002	−0.019*	−0.024**	−0.026
	(1.36)	(−1.23)	(−1.41)	(−1.82)	(−2.14)	(1.63)
银行层面控制变量	控制	控制	控制	控制	控制	控制
宏观层面控制变量	控制	控制	控制	控制	控制	控制
N	50	50	50	110	110	110
R^2	0.867	0.871	0.892	0.876	0.869	0.896

根据表 5-13 的回归结果，可以发现：①对国有商业银行而言，货币政策与三类表外业务的交叉项的回归系数都不显著，这表明表外业务对国有商业银行风险承担的间接影响并不显著；担保承诺类和代理投融资服务类表外业务的回归系数至少在 5%水平下显著为正，说明上述两类表外业务提高了国有商业银行风险承担水平，而中介服务类表外业务的回归系数为负数则表明该类表外业务降低了银行风险承担水平。总体来看，上述三类表外业务仅对国有商业银行风险承担存在直接影响效应。因此，对国有商业银行而言，防范表外业务风险的重点在于关注表外业务对银行风险承担的直接影响。②对非国有商业银行而言，三类表外业务的回归系数显著性水平更高且回归系数的绝对值更大，表明表外业务对非国有商业银行风险承担的直接影响更强。与此同时，货币政策

与担保承诺类和代理投融资服务类表外业务交叉项的回归系数为负数且显著，并且与货币政策回归系数的符号保持一致，这表明表外业务对非国有商业银行风险承担的间接影响是存在的。事实上，我国股份制商业银行和城市商业银行具有强烈的动机开展表外业务。由于国有商业银行具有资产规模优势及在贷款业务中存在明显竞争优势（王晓芳 等，2017），表外业务高杠杆、高风险和高收益特点成为股份制商业银行与城市商业银行实现“弯道超车”的最优选择。在宽松的货币政策环境下，非国有商业银行开展表外业务强化了货币政策的利益搜寻效应，故而能够通过强化货币政策银行风险承担渠道间接影响银行风险承担。因此，防范表外业务对非国有商业银行风险承担的冲击，不仅应关注表外业务对银行风险承担的直接影响，还需关注表外业务对银行风险承担的间接影响。

5.4 本章小结

伴随着表外业务规模的快速扩张，表外业务潜在风险得到监管部门的密切关注。考虑到现有的研究缺乏对表外业务风险的系统研究，本书从表外业务整体和分类视角，从理论和实证中检验了表外业务对银行风险承担的双重影响效应，有助于更好地理解表外业务对银行风险承担的影响。

从理论分析来看，表外业务对银行风险承担的直接影响主要是由于表外业务高复杂性、高杠杆性、低透明度和期限错配提高了银行风险承担水平，同时表外业务风险隔离不严格导致的表外风险向表内转移也直接导致银行风险承担水平上升；表外业务对银行风险承担的间接影响体现在表外业务对货币政策银行风险承担渠道的强化影响。表外业务通过强化利益搜寻效应以及改变央行沟通和反应函数效应，强化了货币政策银行风险承担渠道，间接提高了银行的风险承担水平。在实证检验中，利用上市银行 2008—2018 年面板数据，采用两步法规避内生性问题后实证研究发现：①表外业务与银行风险承担之间存在正相关关系，说明银行表外业务对银行风险承担水平有直接影响。②货币政策与表外业务交叉项回归系数显著为负，并且与货币政策回归系数保持一致，表明表外业务确实强化了银行风险承担渠道，从而间接提高了银行风险承担水平。③表外业务对银行风险承担的影响还因银行所有制属性不同表现出异质性。相比与国有商业银行，表外业务对股份制商业银行和城市商业银行的风险承担影响更加强烈，表外业务不仅直接提升了股份制商业银行和城市商业银行的风险承担水平，还强化了货币政策银行风险承担渠道，间接地提高了它们的风险承担水平。替换变量度量方式、采用工具变量法以及区分宽松或紧缩货币政策的稳健性检验结果依然支持上述研究结论。

为进一步探讨不同类型表外业务对银行风险承担的影响，本章将表外业务划分为担保承诺类、代理投融资服务类和中介服务类三种类型，实证检验了不同类型表外业务对银行风险承担的影响。实证结果表明，代理投融资服务类表外业务对银行风险承担存在直接影响和间接影响；担保承诺类和中介服务类表外业务对银行风险承担的影响则表现为直接效应显著而间接效应不显著。进一步的研究发现，上述影响还因银行所有制属性差异而变化。相比于国有商业银行，表外业务对非国有商业银行的风险承担影响更加显著。

总的来看，本章的研究不仅拓宽了货币政策银行风险承担渠道的研究范围，而且明确了表外业务对银行风险承担的双重影响，这为表外业务风险监管提出了新的思路。表外业务监管不仅要关注表外业务发展对银行风险承担的直接影响，还需考虑表外业务对货币政策银行风险承担渠道的强化影响。因此，表外业务的风险监管还需要货币政策与其他监管措施协调配合，以更好地防范表外业务对银行风险承担造成的负向冲击。

第 6 章

表外业务对银行系统性风险影响的实证研究

防范系统性金融风险是我国经济工作的重点。鉴于我国以银行为主的金融结构体系,防范银行系统性风险是重中之重。表外业务作为银行创新业务,其快速发展不仅改变了银行资产结构,也对货币政策传导及银行风险承担产生影响。前文对银行个体风险向银行系统性风险的转换特征分析,带来一个重要的问题是,表外业务是否还对银行系统性风险产生影响。回答上述问题不仅有助于全面把握表外业务对银行风险的影响,也为防范银行系统性风险提供了新的视角。

部分学者关注了银行创新业务对银行系统性风险的影响,但研究对象并不是以银行表外业务为主。魏伟等(2018)研究指出,商业银行通过同业业务和委外业务创新,提高了银行杠杆率水平,也导致表外业务风险向表内转移,并且过高的杠杆率水平容易导致局部流动性紧缩,引发银行系统性风险。李建军等(2014)研究发现影子银行业务使得单个风险在银行间的传染性增大;以表外非保本理财业务为代表的影子银行业务通过“银信”“银证”“银银”通道业务,提高银行间金融机构的关联性,放大了单个银行风险冲击对整个银行体系的系统性风险带来的潜在威胁。郭晔等(2017)则研究指出存款竞争导致了银行理财产品发行规模的急速飙升,银行通过发行非保本理财产品筹集资金,并通过通道业务将资金转移至表外,投资于房地产、政府融资平台等高风险领域,提高了银行业的系统性风险。

与既有的研究相比，本章的边际贡献体现在：依据《商业银行表外业务风险管理办法》中关于表外业务的定义和分类，在测算表外业务整体规模和不同类型表外业务规模基础上，实证检验表外业务对银行系统性风险的影响效应及传导渠道，并探讨不同类型表外业务对不同所有制属性银行系统性风险的影响差异，为当前表外业务分类监管和功能监管提供实证支持。

6.1　考虑风险传染特征的银行系统性风险测算

6.1.1　银行系统性风险度量的方法选择

在银行系统性风险的传导和测度研究中，系统性风险的测度方法主要分为简式法、综合法和结构法三种（方意，2013）。但若考虑到风险传染性特征，常用金融市场传染方法和资产负债表传染方法来度量银行系统性风险。金融市场传染方法是从金融市场风险传染角度出发，通过考察银行资产收益的尾部依赖相关关系来考察银行间或单个银行对银行体系的风险外溢程度（黄秀路 等，2018），常用的系统性风险度量方法有 CoVaR（条件风险价值）和 MES（边际期望损失）方法等。资产负债表传染方法则基于银行资产负债表构建关联网络模型来考察银行体系的系统性风险大小。关联网络模型可进一步划分为直接关联网络模型和间接关联网络模型。直接关联网络模型通过考察银行间资产负债的关联度，构建银行个体网络结构，并测算在此网络中单个或多个银行个体遭受随机事件冲击时导致的银行破产损失和易受感染程度。在实际操作中，由于直接关联网络模型中所需的银行间关联的双边资产负债数据难以获得，故模型参数不得已采用最大熵原理进行大致估计，这对系统性风险测算的准确性带来了较大的挑战。考虑到表外业务信息披露程度较低，银行间相互持有表外业务资产数据难以获取，因此基于表外业务数据构建直接关联网络模型来测算银行系统性风险的难度较大。间接关联网络模型则以银行持有某类型共同资产为基础，当该类型资产价格受到冲击后，假设银行为维持杠杆水平（由于监管限制）而抛售资产，从而导致银行系统性风险。银行持有共同资产的间接网络模型能够更好地区分和度量因降价抛售而导致的风险传染程度，但由于表外业务不纳入资产负债表，银行表外业务资产冲击并不会影响银行杠杆率水平，不满足模型的前提假设条件[①]，因此无法采用间接关联网络模型来分析表外业务对银行系统性的影响。鉴于此，本书采用金融市场传染方法来度量银行系统性风险。

事实上，利用金融市场传染方法测算银行系统性风险，不仅计算简便、耗时较少，还具有前瞻性和时效性等优点，并且能够度量单个银行对系统性风险的外溢程度。在具体方法选择中，CoVaR 是“自下而上”的度量方法，即通过测算单个银行对银行体系的风险溢出程度来反映银行体系的系统性风险；而 MES 则是“自上而下”的方法，先测算银行体系的整体系统性风险，然后按照某种方式分配给单个银行，因此分配方式差异决定了单个银行对系统性风险的作用。考虑到本书旨在探讨表外业务对单个银行风险对于银行系统性风险的外溢影响，因此采用 CoVaR 方法来度量单个银行的系统性风险。

根据 Adrian 等（2016）的研究，CoVaR 方法能够反映在特定概率水平下，单个银行受到随机事件冲击时，单个银行风险通过不同的风险传染通道导致的其他银行或整个银行体系可能受到的最大损失。因此，CoVaR 事实上反映了银行个体或银行体系在一定“条件”下的风险价值（VaR）。将单个银行对整个银行体系的系统性风险溢出效应定义为：当银行个体 i 所处的状况从常态变化为极端情形时，引起的整个银行体系的 CoVaR 值的变化量大小，记为 ΔCoVaR。因此，可以用风险溢出程度

---

① 根据 Greenwood 等（2015）提出的银行持有共同资产网络模型，模型的前提假设为银行在遭受资产价格冲击时，银行杠杆率水平提高，为满足杠杆率监管限制，银行不得不抛售资产满足杠杆率监管要求。表外业务由于不纳入资产负债表，因此表外业务资产价格冲击并不会影响银行杠杆率水平变动，因此无法满足该模型前提假设条件。

的大小来衡量个体银行 i 的系统性风险。

单个银行对银行体系的系统性风险的溢出效应(本书所指的银行系统性风险)可定义为

$$\Delta \mathrm{CoVaR}_{q,t}^{\text{system}|i} = \mathrm{CoVaR}_{q,t}^{\text{system}|X^i=\mathrm{VaR}_{q,t}^i} - \mathrm{CoVaR}_{q,t}^{\text{system}|X^i=\mathrm{VaR}_{50,t}^i} \tag{6-1}$$

$\mathrm{CoVaR}_{q,t}^{j|i}$ 表示在 t 时刻,机构 i 在发生极端风险事件 $C(X^i)$ 条件下,机构 j 在特定时间内持有置信水平为 $1-q$ 时的 VaR 值,其定义为

$$\Pr[X^j \leqslant \mathrm{CoVaR}_{q,t}^{j|C(X^i)} \mid C(X^i)] = q \tag{6-2}$$

可以发现,单个银行对银行体系系统性风险的溢出效应是单个银行在发生极端风险事件与中间一般状态下,整个银行体系的系统性风险价值之差。事件 X^i 一般是指个体银行 i 的收益率水平,故一般来讲,VaR、CoVaR 和 ΔCoVaR 都为负值。ΔCoVaR 的绝对值越大,表明单个银行的系统性风险越大。

CoVaR 事实上为某一随机变量在给定显著水平下的另一个随机变量的条件概率分布的分位数,因此可以发挥分位数回归对异方差处理优势,利用分位数回归方法得到单个银行的系统性风险。值得注意的是,分位数回归方法适用于描述线性的风险相关关系,而对于非线性风险的相关关系刻画较弱,这也是后文度量银行系统性风险重点改进之处。利用分位数回归的计算步骤如下。

首先,利用分位数回归方法对收益率进行回归:

$$X_t^i = \alpha^i + \sum_k \gamma_k^i M_{k,t-1} + \varepsilon_t^i \tag{6-3}$$

$$X_t^{\text{system}|i} = \alpha^{\text{system}|i} + \beta^{\text{system}|i} X_t^i + \sum_k \gamma_k^{\text{system}|i} M_{k,t-1} + \varepsilon_t^{\text{system}|i} \tag{6-4}$$

式中,X_t^i 指个体银行 i 在 t 时刻的股票收益率水平;$X_t^{\text{system}|i}$ 指 t 时刻银行业整体收益率水平,此处用银行业指数收益率来反映;M 为状态变量。

其次,根据上述回归结果,可以计算相对应的 VaR 和 CoVaR:

$$\mathrm{VaR}_{t,q}^i = \hat{\alpha}_q^i + \sum_k \hat{\gamma}_{k,q}^i M_{k,t-1} \tag{6-5}$$

$$\mathrm{CoVaR}_{t,q}^{\mathrm{system}|i} = \hat{\alpha}_q^{\mathrm{system}|i} + \hat{\beta}_q^{\mathrm{system}|i}\mathrm{VaR}_{t,q}^i + \sum_k \hat{\gamma}_{k,q}^{\mathrm{system}|i} M_{k,t-1} \quad (6-6)$$

根据研究需要设置相应的置信水平 q，再根据上述式(6－5)和式(6－6)可以得出

$$\begin{aligned}\Delta\mathrm{CoVaR}_t^i(q) &= \mathrm{CoVaR}_t^i(q) - \mathrm{CoVaR}_t^i(50\%) \\ &= \hat{\beta}_q^{\mathrm{system}|i}[\mathrm{VaR}_t^i(q) - \mathrm{VaR}_t^i(50\%)] \end{aligned} \quad (6-7)$$

根据 Adrian 等(2016)的研究，状态变量可选取为：①反映宏观金融市场整体状况的沪深 300 指数回报率；②刻画金融系统波动情况的沪深 300 指数回报波动率；③反映市场整体流动性风险的短期流动性价差，用 3 个月 Shibor 利率与 3 个月国债到期收益率差值替代；④无风险收益变动情况用 3 个月国债到期收益率的波动率反映；⑤市场期限结构特征变量，用 10 年国债到期收益率与 1 个月国债到期收益率差值替代；⑥反映市场信用风险的信用利差：1 年 AAA 级中债企业债到期收益率减去 1 年国债到期收益率。银行业系统收益率用 Wind 数据库中银行业指数收益率来反映。

6.1.2 样本选择与数据来源

为了得到样本的收益率数据，并且与后文中实证检验表外业务对系统性风险影响的研究样本区间(2008—2018 年)相对应，本节选择上市日期在 2008 年之前的 14 家银行作为研究样本①，分别为平安银行、浦发银行、民生银行、招商银行、华夏银行、中国银行、中国工商银行、兴业银行、中信银行、交通银行、南京银行、宁波银行、北京银行和中国建设银行。考虑到以日度交易数据测算过于频繁且意义不大，本书选择周度数据进行测算。样本区间为 2008 年 1 月 5 日至 2018 年 12 月 31 日，共计 494 个观测值。本书所有数据来源均为 Wind 数据库。

① 考虑到样本区间选择，本书的样本数量与现有的研究保持一致，参见朱波等(2016)的研究。

6.1.3　测度结果分析

根据本书的计算方法测算，ΔCoVaR 为负值，且绝对值越大，说明单个银行的系统性风险越高。从测算的结果来看，我国商业银行系统性风险具有如下特征：第一，在不同时期，各商业银行的系统性风险大小不同。总体来看，2008 年金融危机期间及 2015 年股灾期间，各商业银行的 ΔCoVaR 值较小，说明在此期间银行的系统性风险相对较高，这与黄秀路等(2018)的研究发现保持一致。2017 年银行整体系统性风险有显著提高趋势，但 2018 年有缓慢下降趋势，这与我国重点防范系统性金融风险的实际相吻合。第二，不同类型商业银行系统性风险表现出明显的差异性。以中国工商银行为代表的国有商业银行以及以兴业银行为代表的股份制商业银行系统性风险较高，而以宁波银行为代表的城市商业银行系统性风险较低。

为了检验表外业务对银行系统性风险的影响，本书对上述测算结果进行变频处理，将周度数据做几何平均变为年度数据，从而进行面板数据回归。各银行 ΔCoVaR 年度值如表 6－1 所示。

表 6－1　各银行 ΔCoVaR 年度值

银行名称	2008	2009	2010	2011	2012	2013	2014	2015	2016	2017	2018
中国工商银行	−5.26	−3.78	−3.84	−4.10	−3.79	−3.97	−3.47	−4.33	−3.17	−4.56	−4.07
交通银行	−4.18	−3.55	−3.29	−3.46	−3.54	−3.68	−3.29	−3.76	−2.82	−3.94	−3.53
中国建设银行	−4.79	−3.51	−3.75	−3.93	−3.86	−3.98	−3.33	−4.14	−2.57	−3.76	−3.31
中国银行	−4.45	−3.36	−3.41	−3.38	−3.49	−3.39	−3.20	−3.89	−2.95	−3.86	−3.22
平安银行	−5.01	−3.18	−3.06	−3.18	−3.39	−3.52	−3.09	−4.05	−2.39	−3.44	−3.07
浦发银行	−4.21	−2.83	−3.01	−2.49	−2.75	−3.32	−2.71	−3.97	−2.89	−3.46	−3.12
招商银行	−4.46	−3.53	−3.73	−3.97	−3.66	−3.00	−3.20	−3.98	−2.69	−3.32	−2.87
民生银行	−4.21	−3.69	−3.78	−2.73	−3.17	−3.61	−2.98	−3.89	−3.19	−3.81	−3.32
华夏银行	−3.72	−2.45	−2.75	−3.69	−3.23	−2.74	−2.86	−3.94	−2.94	−3.52	−3.07

续表

银行名称	2008	2009	2010	2011	2012	2013	2014	2015	2016	2017	2018
兴业银行	−4.72	−3.30	−3.46	−3.35	−3.33	−3.10	−3.03	−3.53	−2.82	−4.15	−3.62
南京银行	−3.65	−2.65	−2.09	−2.31	−2.45	−2.24	−2.42	−2.94	−2.34	−3.21	−2.64
中信银行	−3.89	−2.96	−3.10	−3.07	−2.85	−3.02	−3.15	−3.76	−2.86	−3.56	−3.21
宁波银行	−3.53	−2.58	−2.69	−3.16	−2.67	−2.29	−2.69	−3.79	−2.21	−3.27	−2.88
北京银行	−3.69	−2.60	−3.05	−2.94	−2.63	−2.41	−2.73	−3.56	−2.16	−3.43	−3.06

数据来源:作者计算。

6.2 研究设计

6.2.1 模型构建

为了检验表外业务对银行系统性风险的影响,检验研究假设 H_3 是否成立,本节设计如下基准回归模型:

$$\begin{aligned}\Delta \mathrm{CoVaR}_{i,t} = {} & \alpha_0 + \alpha_1 \mathrm{OBS}_{i,t} + \alpha_2 \mathrm{Size}_{i,t} + \alpha_3 \mathrm{Caprate}_{i,t} + \alpha_4 \mathrm{Liq}_{i,t} + \\ & \alpha_5 \mathrm{NIM}_{i,t} + \alpha_6 \mathrm{Loanration}_{i,t} + \alpha_7 \mathrm{GDP}_{i,t} + \\ & \alpha_8 \mathrm{Sfgap}_{i,t} + \alpha_9 \mathrm{Rategap}_{i,t} + \lambda_i + \varepsilon_{i,t}\end{aligned} \tag{6-8}$$

式中,被解释变量 ΔCoVaR 为银行系统性风险,核心解释变量为银行表外业务(OBS)。控制变量包含:①银行业特征层面变量,包括银行资产规模(Size)、资本充足率水平(Caprate)以及流动性比例(Liq)、净息差(NIM)、存贷比(Loanration);②宏观经济层面变量,包括经济增速(GDP)、社会融资规模缺口(Sfgap)以及收益率缺口(Rategap)。我们重点关注回归系数 α_1 的正负情况。根据本书的理论分析,表外业务会提高银行的系统性风险,但考虑到 ΔCoVaR 为负值,其绝对值越大则系统性风险越高,因此本书采用其绝对值来衡量系统性风险。根据研究假设 H_3,表外业务可能与银行系统性风险正相关,因此预期 α_1 显著为正。

根据郭晔等(2017)的研究,银行系统性风险可能受市场竞争的影响,并且市场竞争可能会通过影响表外业务渠道来作用于银行系统性风险,因此我们在上述回归模型中加入市场竞争变量以及其与表外业务交叉项。参考涂晓枫等(2016)的研究设计,设计如下回归模型:

$$\begin{aligned}\Delta \mathrm{CoVaR}_{i,t} = {} & \alpha_0 + \alpha_1 \mathrm{OBS}_{i,t} + \alpha_2 \mathrm{Lerner}_{i,t} + \alpha_3 \mathrm{Lerner}_{i,t} \times \mathrm{OBS}_{i,t} + \\ & \alpha_4 \mathrm{Size}_{i,t} + \alpha_5 \mathrm{Caprate}_{i,t} + \alpha_6 \mathrm{Liq}_{i,t} + \alpha_7 \mathrm{NIM}_{i,t} + \\ & \alpha_8 \mathrm{Loanration}_{i,t} + \alpha_9 \mathrm{GDP}_{i,t} + \alpha_{10} \mathrm{Sfgap}_{i,t} + \\ & \alpha_{11} \mathrm{Rategap}_{i,t} + \lambda_i + \varepsilon_{i,t}\end{aligned} \tag{6-9}$$

为解决变量的内生性问题,消除银行个体差异对回归结果的影响,我们借鉴杨天宇等(2013)的研究,采用固定效应两阶段最小二乘法估计式(6-9),同时还将银行特征变量取滞后一期处理。

为深入探讨不同类型表外业务对银行系统性风险的影响差异,本书还进一步将表外业务划分担保承诺类、代理投融资服务类和中介服务类三种类型,分别探讨不同类型表外业务对银行系统性风险的影响,因此设计如下回归模型:

$$\begin{aligned}\Delta \mathrm{CoVaR}_{i,t} = {} & \alpha_0 + \alpha_1 \mathrm{OBS\_DB}_{i,t} + \alpha_2 \mathrm{Lerner}_{i,t} + \alpha_3 \mathrm{Lerner}_{i,t} \times \mathrm{OBS\_DB}_{i,t} + \\ & \alpha_4 \mathrm{Size}_{i,t} + \alpha_5 \mathrm{Caprate}_{i,t} + \alpha_6 \mathrm{Liq}_{i,t} + \alpha_7 \mathrm{NIM}_{i,t} + \alpha_8 \mathrm{Loanration}_{i,t} + \\ & \alpha_9 \mathrm{GDP}_{i,t} + \alpha_{10} \mathrm{Sfgap}_{i,t} + \alpha_{11} \mathrm{Rategap}_{i,t} + \lambda_i + \varepsilon_{i,t}\end{aligned} \tag{6-10}$$

$$\begin{aligned}\Delta \mathrm{CoVaR}_{i,t} = {} & \alpha_0 + \alpha_1 \mathrm{OBS\_DT}_{i,t} + \alpha_2 \mathrm{Lerner}_{i,t} + \alpha_3 \mathrm{Lerner}_{i,t} \times \mathrm{OBS\_DT}_{i,t} + \\ & \alpha_4 \mathrm{Size}_{i,t} + \alpha_5 \mathrm{Caprate}_{i,t} + \alpha_6 \mathrm{Liq}_{i,t} + \alpha_7 \mathrm{NIM}_{i,t} + \alpha_8 \mathrm{Loanration}_{i,t} + \\ & \alpha_9 \mathrm{GDP}_{i,t} + \alpha_{10} \mathrm{Sfgap}_{i,t} + \alpha_{11} \mathrm{Rategap}_{i,t} + \lambda_i + \varepsilon_{i,t}\end{aligned} \tag{6-11}$$

$$\begin{aligned}\Delta \mathrm{CoVaR}_{i,t} = {} & \alpha_0 + \alpha_1 \mathrm{OBS\_ZJ}_{i,t} + \alpha_2 \mathrm{Lerner}_{i,t} + \alpha_3 \mathrm{Lerner}_{i,t} \times \mathrm{OBS\_ZJ}_{i,t} + \\ & \alpha_4 \mathrm{Size}_{i,t} + \alpha_5 \mathrm{Caprate}_{i,t} + \alpha_6 \mathrm{Liq}_{i,t} + \alpha_7 \mathrm{NIM}_{i,t} + \alpha_8 \mathrm{Loanration}_{i,t} + \\ & \alpha_9 \mathrm{GDP}_{i,t} + \alpha_{10} \mathrm{Sfgap}_{i,t} + \alpha_{11} \mathrm{Rategap}_{i,t} + \lambda_i + \varepsilon_{i,t}\end{aligned} \tag{6-12}$$

进一步,为检验研究假设 H_4,明确表外业务是否通过提高银行对融资市场依赖性渠道而影响银行系统性风险。借鉴 Baron 等(1986)的中介效应检验方法,采取如下步骤进行实证检验。

第一步,构建如下回归模型检验表外业务对融资市场依赖性的影响:

$$\text{Liqdep}_{i,t} = \alpha_0 + \alpha_1 \text{OBS}_{i,t} + \sum_{j=1}^{n} \chi_j \times \text{Control}_{jt} + \lambda_i + \varepsilon_{i,t} \quad (6-13)$$

第二步,检验融资市场依赖性是否真正提高了银行系统性风险:

$$\Delta\text{CoVaR}_{i,t} = \beta_0 + \beta_1 \text{Liqdep}_{i,t} + \sum_{j=1}^{n} \chi_j \times \text{Control}_{jt} + \lambda_i + \varepsilon_{i,t} \quad (6-14)$$

若研究假设 H_4 成立,则预期 α_1 和 β_1 的回归系数显著。

6.2.2 变量设计

1. 被解释变量

被解释变量为银行系统性风险(ΔCoVaR)。根据 Adrian 等(2016)提出的条件分位数计算方法得出,该数值的绝对值越大,则相应的银行系统性风险越高。为了分析方便,此处我们取该值的绝对值来衡量银行系统性风险。

2. 核心解释变量

核心解释变量为银行表外业务变量(OBS)。Perera 等(2014)采用表外业务资产规模和表外业务资产占总资产的比例作为表外业务的代理变量。本书首先利用表外业务资产占总资产的比例度量表外业务,在稳健性检验中,用表外业务规模的对数作为表外业务的代理变量。

3. 中介变量

中介变量为融资市场依赖性(Liqdep)。参考吴卫星等(2016)研究,我们用“同业及其他金融机构存放款项/流动性负债总额”来度量银行对银行融资市场的依赖程度，上述指标能够反映银行流动性负债对银行间同业市场流动性的依赖程度。

4. **控制变量**

在银行层面控制变量选择中，参考张晓玫等（2014）的研究，选择银行资产规模、资本充足率水平、存贷比、流动性比例、净息差以及市场竞争度来反映银行层面变量对银行系统性风险的影响。

在宏观层面的控制变量中，选择经济增速、社会融资规模缺口以及收益率缺口反映宏观层面变量对银行系统性风险的影响。

各变量的具体定义和计算方式如表 6 - 2 所示。

表 6 - 2　变量定义与设计

变量符号	变量含义	变量计算方式
ΔCoVaR	银行系统性风险	单个银行对银行系统的风险溢出
OBS	表外业务	表外业务资产占总资产的比例
OBS_DB	担保承诺类表外业务	担保承诺类表外业务占总资产的比例
OBS_DT	代理投融资服务类表外业务	代理投融资服务类表外业务占总资产的比例
OBS_ZJ	中介服务类表外业务	中介服务类表外业务占总资产的比例
Liqdep	融资市场依赖性	同业及其他金融机构存放款项/流动性负债总额
Size	银行资产规模	银行总资产规模的对数
Caprate	资本充足率水平	商业银行资本充足率水平
Loanration	存贷比	贷款与存款的比例
Liq	流动性比例	流动性资产与流动性负债的比例
NIM	净息差	净利息收入与全部生息资产的比例
Lerner	市场竞争程度	计算方法同第 5 章
Sfgap	社会融资规模缺口	社会融资规模缺口的对数
Rategap	收益率缺口	理财产品预期收益率与定期存款利率的差值
GDP	经济增速	实际 GDP 增长速度

6.2.3 数据来源与描述性统计

根据我国商业银行系统性风险测算数据的可得性，本书所选择的样本区间为 2008—2018 年 14 家上市商业银行。在实证分析所需的数据中，有关银行表外业务和相关的财务指标全部来自 Bankscope 数据库、Wind 数据库以及上市银行年报。不同类型表外业务的划分和度量则根据上市公司年报手动整理计算而得。

表 6－3 为主要变量的描述性统计结果。从表 6－3 中可以发现，ΔCoVaR 最小值为 2.09，最大值为 5.26，表明不同银行的系统性风险差异较大。在表外业务分类中，担保承诺类、代理投融资服务类和中介服务类表外业务的最小值和最大值之间也存在显著差距，说明不同类型表外业务发展状况也有明显的差异。其余变量的描述性统计结果与前文并无差异，此处不再赘述。

表 6－3 主要变量的描述性统计结果

指标	均值	标准差	最小值	最大值	中位数
ΔCoVaR	3.441	0.603	2.09	5.26	3.35
OBS_DB	0.201	0.065	0.034	0.361	0.196
OBS_DT	0.159	0.078	0.012	1.431	0.148
OBS_ZJ	0.551	0.568	0.013	3.146	0.321
Liqdep	0.156	0.077	0.007	0.407	0.152

6.3 实证结果分析

6.3.1 基准回归结果

表 6－4 给出了基本回归结果。根据回归结果列(1)可以发现，在不考虑市场竞争条件下，表外业务对银行系统性风险的回归系数为 0.121 且在 1%水平下显著，表明表外业务与银行系统性风险之间存在正相关关系，表外业务发展提高了银行的系统性风险。其原因为，银行表外业

务创新水平较低，表外业务更多地作为银行监管套利通道，借助通道业务形成的表外资产增加了银行间关联性，强化了单个银行风险对银行系统性的冲击。同时，表外业务中表外理财业务等类影了银行业务增加了银行对银行间市场的依赖性(李建军 等,2014)，更加容易导致单个银行的风险传染和扩散，故表外业务的风险传染效应大于其风险分散效应，提高了银行系统性风险。

表 6-4　主要回归结果

指标	ΔCoVaR		ΔCoVaR(国有)		ΔCoVaR(非国有)	
	(1)	(2)	(3)	(4)	(5)	(6)
OBS	0.121***	0.341**	0.047**	0.157*	0.159***	0.423***
	(4.51)	(2.51)	(2.31)	(1.79)	(3.46)	(5.36)
Lerner		0.011*		0.054*		−0.083*
		(1.86)		(2.05)		(1.78)
Lerner×OBS		−0.003*		0.016		−0.005**
		(−1.82)		(1.26)		(−2.28)
Size	0.036*	0.042*	0.058**	0.049**	0.102**	0.214*
	(1.79)	(1.82)	(2.39)	(2.25)	(2.27)	(1.89)
Caprate	−0.156***	−0.124**	−0.286*	−0.407*	−0.187***	−0.148**
	(−2.92)	(−2.23)	(−1.82)	(−2.10)	(−2.12)	(−2.34)
Liq	−0.011*	−0.014*	−0.048*	−0.023*	−0.012*	−0.015*
	(−1.89)	(−1.81)	(−2.18)	(−2.09)	(−1.96)	(−1.87)
NIM	0.088	0.325	0.187	0.152	−0.029	−0.112
	(0.38)	(1.12)	(1.12)	(0.88)	(−0.73)	(−1.26)
Loanration	0.011	0.008	0.023	0.034	0.024	0.009
	(1.01)	(1.41)	(1.25)	(1.23)	(1.27)	(0.87)
Sfgap	0.331*	0.295*	0.104	0.154	0.341**	0.142*
	(1.73)	(1.82)	(1.02)	(1.32)	(2.23)	(1.21)
Rategap	0.136*	0.152*	0.122	0.103	0.142**	0.163*
	(1.83)	(1.92)	(1.35)	(1.44)	(2.24)	(1.86)
GDP	−0.116**	−0.247**	−0.127**	−0.128*	−0.107**	−0.321**
	(−2.18)	(−2.34)	(−2.33)	(−1.86)	(−2.28)	(−2.46)
N	140	140	40	40	100	100
R^2	0.324	0.373	0.313	0.362	0.404	0.418

考虑到表外业务既是银行参与市场竞争的产物，又是银行进行市场竞争的重要手段。若表外业务对银行系统性风险的影响会因市场竞争而削弱，则不需要对表外业务进行监管来防范银行系统性风险；反之若表外业务对银行系统性风险的影响会因市场竞争而加强。为了考虑市场竞争是否会通过表外业务渠道作用于银行系统性风险，我们加入市场竞争与表外业务交叉项。根据列(2)的回归结果可以发现，表外业务对银行系统性风险的总效应为：0.341－0.003×Lerner，Lerner 的均值为0.61，因此表外业务对银行系统性风险的影响为 0.339，表明考虑市场竞争影响下，表外业务依然与银行系统性风险正相关，但随着 Lerner 指数的下降(银行竞争程度的提高)，表外业务对银行系统性风险的影响将会上升。Lerner 指数的回归系数为正，说明 Lerner 指数的下降将导致银行系统性风险的降低。由于 Lerner 指数的下降代表市场竞争程度的提高，因此 Lerner 指数的回归系数表明，市场竞争程度的提高能够在一定程度上降低银行系统性风险。交叉项回归系数与 Lerner 指数相反，表明随着表外业务的提高，市场竞争与表外业务共同作用，导致银行系统性风险水平显著上升，即说明了市场竞争能够通过表外业务渠道提高银行系统性风险。

其余控制变量的回归结果显示：银行资产规模的回归系数为正数，说明银行资产规模与系统性风险正相关，存在“大而不倒”的逆向选择问题，因此对资产规模较大的国有商业银行，政府应加强对银行系统性风险的管理和防范(范小云 等，2013)；资本充足率水平和流动性比例回归系数显著为负，说明银行资本充足率水平和流动性水平越高，则银行系统性风险越低；存贷比、净息差的回归系数并不显著，这可能与表外业务规避监管套利的属性有关。宏观经济层面控制变量中，收益率缺口和社会融资规模缺口的回归系数显著为正，表明两者与银行系统性风险正相关；而经济增速的回归系数显著为负，表明经济增速下滑时银行系统性风险水平上升，这与经济增速放缓背景下需重点防范系统性金融风险的实际情况相吻合。

为了进一步探讨表外业务对不同类型商业银行系统性风险的异质性影响，列(3)和列(4)给出了对国有商业银行的回归结果，而列(5)和列(6)则是对非国有商业银行的回归结果。对比列(3)和列(5)可以发现，在不考虑市场竞争时，表外业务对国有商业银行系统性风险的回归系数为 0.047 且在 5%水平下显著；而对非国有商业银行系统性风险的回归系数高达 0.159，且在 1%水平下显著。这表明表外业务对国有商业银行系统性风险的影响弱于对非国有商业银行的影响，其可能的原因为：国有商业银行的所有制属性决定了其对表外业务的偏好相对较弱，并且国有商业银行的风险管理能力相对较强，故表外业务对其系统性风险的影响相对较弱；而以股份制商业银行和城市商业银行为代表的非国有商业银行，表外业务规模占比相对更高，同时非国有商业银行抵御市场负面冲击的能力相对较弱，表外业务占比更高的银行在面临市场负向冲击时，其对系统性风险的溢出效应更加强烈。在考虑市场竞争条件下[对比列(4)和列(6)]，对国有商业银行而言，Lerner 回归系数为 0.054，表明市场竞争程度的提升(Lerner 指数下降)有助于降低国有商业银行的系统性风险；对非国有商业银行而言，市场竞争的回归系数为－0.083，说明市场竞争增强了非国有商业银行的系统性风险。进一步，对国有商业银行而言，市场竞争通过表外业务渠道影响银行系统性风险的效果并不显著，但是上述影响渠道却对非国有商业银行的系统性风险影响显著，这体现在交叉项回归系数为－0.005 且在 5%水平下显著。上述回归结果表明，表外业务对银行系统性风险的影响还因银行所有制属性差异而不同，相比于非国有商业银行，表外业务对国有商业银行系统性风险的影响更小。

6.3.2　表外业务对银行系统性风险的异质性影响

1. 不同类型表外业务对银行系统性风险的影响差异

为了进一步厘清不同类型表外业务对银行系统性风险的影响，表 6－5给出了不同类型表外业务对银行系统性风险的回归结果。列(1)、列(3)和列(5)是不考虑市场竞争影响下的回归结果，可以发现，担保承诺类表外业务和代理投融资服务类表外业务对银行系统性风险的回归系数在5%水平下显著为正，而中介服务类表外业务的回归系数为负且在10%水平下显著，这表明担保承诺类表外业务和代理投融资服务类表外业务提高了银行系统性风险，而中介服务类表外业务降低了银行系统性风险。代理投融资服务类表外业务主要包含非保本理财业务，理财产品期限错配导致的流动性风险以及资金投向高风险投资领域都增加了银行系统性风险。与担保承诺类表外业务相比，代理投融资服务类表外业务的业务模式更加复杂。银行通过开展代理投融资业务增强了银行金融机构之间的关联性，放大了单个银行遭受冲击时对银行系统性风险的溢出效应，因此对银行系统性风险的影响程度较大。中介服务类表外业务对银行系统性风险的抑制效应可能与中介服务类表外业务的业务属性相关，以资产托管为代表的中介服务类表外业务以收取手续费为盈利手段，其对银行系统性风险的溢出影响并不显著。

表6-5 不同类型表外业务对银行系统性风险的回归结果

指标	OBS_DB		OBS_DT		OBS_ZJ	
	(1)	(2)	(3)	(4)	(5)	(6)
OBS	0.083**	0.106***	0.121**	0.129***	−0.031*	−0.041***
	(2.49)	(3.33)	(2.49)	(2.74)	(−2.01)	(−3.13)
Lerner		0.031*		0.048**		0.062**
		(2.03)		(2.21)		(2.40)
Lerner×OBS		−0.001		−0.036**		−0.013**
		(−1.44)		(−2.41)		(−2.32)
Size	−0.835**	−0.436	−7.854**	−7.144**	−2.332**	−1.806*
	(−2.13)	(−1.06)	(−2.47)	(−2.30)	(−2.41)	(−1.89)
Caprate	−0.542***	−0.441**	−2.565**	−2.388**	−0.575**	−0.479**
	(−2.64)	(−2.18)	(−2.53)	(−2.40)	(−2.64)	(−2.20)
Liq	−0.058**	−0.049**	0.120**	0.113**	−0.009	−0.008
	(−2.35)	(−2.01)	(2.52)	(2.41)	(−1.26)	(−1.20)

续表

指标	OBS_DB		OBS_DT		OBS_ZJ	
	(1)	(2)	(3)	(4)	(5)	(6)
NIM	3.275***	3.090***	−5.576**	−5.026**	−0.864	−0.494
	(2.84)	(2.65)	(−2.29)	(−2.11)	(−1.49)	(−0.86)
Loanration	−0.058**	−0.039	0.411**	0.391**	0.106**	0.097**
	(−2.20)	(−1.42)	(2.49)	(2.41)	(2.44)	(2.27)
Sfgap	0.213**	0.133*	0.098*	0.031*	0.312**	0.299*
	(2.10)	(1.99)	(2.07)	(1.86)	(2.27)	(2.02)
Rategap	0.085**	0.095**	0.147	0.131	0.222***	0.194***
	(2.31)	(2.29)	(1.15)	(1.34)	(3.14)	(4.70)
GDP	−0.125**	−0.232**	−0.118**	−0.106*	−0.125**	−0.271**
	(−2.09)	(−2.36)	(−2.27)	(−1.79)	(−2.31)	(−2.42)
N	140	140	140	140	140	140
R^2	0.320	0.391	0.320	0.379	0.320	0.382

考虑到市场竞争的影响[列(2)、列(4)和列(6)]，在不同类型表外业务回归结果中，市场竞争与表外业务交叉项的回归系数存在明显差异。对担保承诺类表外业务而言，交叉项的回归系数为负数且不显著，说明市场竞争通过影响担保承诺类表外业务而作用于银行系统性风险的影响作用并不显著，这与近年来上市银行担保承诺类表外业务发展相对缓慢的事实相一致。对代理投融资服务类表外业务而言，交叉项回归系数在5%水平下显著为负，根据前文计算方法，代理投融资服务类表外业务对银行系统性风险的总效应约为0.107(0.129−0.036×Lerner)，表明代理投融资服务类表外业务提高了银行系统性风险；中介服务类表外业务对银行系统性风险总效应约为−0.049(−0.041−0.013×Lerner)，表明中介服务类表外业务与银行系统性风险负相关。综合来看，代理投融资服务类表外业务对银行系统性风险提升作用最大，担保承诺类表外业务次之，而中介服务类表外业务则有助于降低银行系统性风险。

2. 不同类型表外业务对不同所有制银行系统性风险的影响

为进一步考察不同所有制属性对上述回归结果的影响，表 6-6 报告了不同类型表外业务对不同所有制属性银行系统性风险的回归结果。总的来看，担保承诺类和代理投融资服务类表外业务与银行系统性风险正相关，但对非国有商业银行的影响更大，这反映在不同类型表外业务的回归系数均为正数，且非国有商业银行样本下回归系数的值更大且显著性水平更高。以代理投融资服务类表外业务为例，其在国有商业银行样本下回归系数为 0.112 且在 5%水平下显著；而在非国有商业银行样本下，其回归系数为 0.186 且在 1%水平下显著。中介服务类表外业务的回归系数显著为负，且在国有商业银行样本下的回归系数更小，说明中介服务类表外业务对降低国有商业银行系统性风险的作用效果更佳。考虑市场竞争与表外业务交叉项并不会改变上述结论，这表明不同类型表外业务对银行系统性风险的影响也因银行所有制属性而具有异质性。

表 6-6 不同表外业务类型、所有制属性差异与银行系统性风险

指标	国有商业银行			非国有商业银行		
	OBS_DB (1)	OBS_DT (2)	OBS_ZJ (3)	OBS_DB (4)	OBS_DT (5)	OBS_ZJ (6)
OBS	0.065*	0.112**	−0.089*	0.112**	0.186***	−0.058*
	(1.86)	(2.38)	(−1.92)	(2.37)	(4.53)	(−1.81)
Lerner	0.032*	0.035**	0.017**	0.057*	0.062**	0.042**
	(1.93)	(2.24)	(2.27)	(1.88)	(2.53)	(2.45)
Lerner×OBS	−0.004	−0.016*	−0.031*	−0.003*	−0.057***	−0.012**
	(−1.09)	(−1.92)	(−1.94)	(−1.83)	(−3.45)	(−2.26)
银行特征层面变量	控制	控制	控制	控制	控制	控制
宏观经济层面变量	控制	控制	控制	控制	控制	控制
N	40	40	40	100	100	100
R^2	0.388	0.393	0.392	0.397	0.386	0.388

6.3.3　稳健性分析

为了保证研究结论的可靠性，我们从以下两个方面进行稳健性检验。第一，改变变量的度量方式以及采用动态面板模型进行稳健性检验：①改变对银行系统性风险的度量。根据周爱民等（2017）的研究，利用分位数回归计算的 ΔCoVaR 能够精确反映线性风险的溢出效应，但对非线性风险的刻画不够精确，特别是不能够反映收益率尾部相关特征。引入 Copula 函数有助于描述单个银行与银行系统之间的相异结构，从而能够更加准确地刻画单个银行的系统性风险。与此同时，分位数回归方法忽略了收益率时间序列普遍存在的“尖峰厚尾”特征，而利用偏 t 分布的 GARCH 模型则能够更好地刻画上述特征，因此利用偏 t-GARCH-时变 Copula-CoVaR 方法能够更好地刻画单个银行对系统性风险的溢出效应。②替换核心解释变量的度量方式，采用表外业务资产规模的对数作为表外业务代表变量，分别用 OBS_1 表示表外业务整体资产规模的对数，用 OBS_DB_1 表示担保承诺类表外业务资产规模的对数，用 OBS_DT_1 表示代理投融资服务类表外业务资产规模的对数，用 OBS_ZJ_1 表示中介服务类表外业务资产规模的对数，进行稳健性检验以保证回归结果的可靠性。③相比于静态面板模型，动态系统 GMM 方法能够更好地解决组内估计不一致的情形，并且能够更好地解决差分 GMM 存在的弱工具变量问题，因此采用动态系统 GMM 方法进行稳健性回归。第二，采用工具变量法进一步规避内生性问题。借鉴 Fisman 等（2005）的研究，我们采用具有相同所有制属性其他商业银行表外业务规模平均值的对数作为工具变量。考虑到表外业务发展的协同性特征，采用其他银行表外业务规模均值与单个银行表外业务规模之间存在紧密的相关性，但与单个银行不可观测的特征无关，因此该变量符合工具变量相关性和外生性要求。

1. 改变 ΔCoVaR 计量方法的稳健性检验

为准确反映单个银行风险对系统性风险的溢出效应，本节采用 GARCH-Copula-CoVaR 方法对 ΔCoVaR 进行计算。首先为了确定最优的 Copula 函数，需要对收益率原始序列进行边缘分布拟合。沈悦等(2014)研究指出，采用偏 t 分布的 GARCH(1,1)模型能够更好地反映收益率尖峰厚尾特征，因此首先利用偏 t 分布的 GARCH(1,1)模型对单个银行收益率进行拟合。其次，将拟合得到的残差序列标准化，并经过概率积分转化代入 Copula 函数，求得单个银行收益率与银行系统收益率之间的最优 Copula 函数形式及密度函数，进而计算获得 ΔCoVaR。

1)边缘分布的拟合

对收益率序列 r_{nt} 构建 ARMA(0,0)-GARCH(1,1)-t 模型进行边缘分布拟合，模型表达形式如下：

$$r_{nt}=\mu_n+\varepsilon_{nt},n=1,2,\cdots;t=1,2,\cdots \tag{6-15}$$

$$\varepsilon_{nt}=h_{nt}^{1/2}\xi_{nt},h_{nt}=\tilde{\omega}_n+\alpha_n\varepsilon_{n,t-1}^2+\beta_n h_{n,t-1} \tag{6-16}$$

$$\sqrt{\frac{v}{h_t(v-2)}}\cdot\varepsilon_t\mid I_{t-1}\sim t(v) \tag{6-17}$$

式中，$\tilde{\omega}_n>0,\alpha_n\geqslant0,\beta_n\geqslant0$，且 $\alpha_n+\beta_n<1$；h_{nt} 表示 ε_{nt} 的条件方差；$t(v)$ 表示自由度为 v 的标准 t 分布。

2)时变 Copula 函数选择

利用时变 Copula 函数能够更加精准地反映单个银行收益率与银行业整体收益率之间的动态相依结构。参考 Patton(2006)的研究，常用的时变 Copula 函数如表 6-7 所示。

表 6-7 参数动态方程

名称	方程
时变 Gaussian Copula	$\rho_t = \frac{1}{1+e^{-x}}\left[\omega_N + \beta_N \rho_{t-1} + \alpha_N \frac{1}{10}\sum_{j=1}^{10} \Phi^{-1}(u_{1,t-j})\Phi^{-1}(u_{2,t-j})\right]$
时变 t Copula	$\rho_t = \frac{1}{1+e^{-x}}\left[\omega_T + \beta_T \rho_{t-1} + \alpha_T \frac{1}{10}\sum_{j=1}^{10} t_k^{-1}(u_{1,t-j})t_k^{-1}(u_{2,t-j})\right]$
时变 Gumbel Copula 时变 Clayton Copula 时变 Frank Copula	$\rho_t = \frac{1}{1+e^{-x}}\left[\omega + \beta\rho_{t-1} + \alpha \frac{1}{10}\sum_{j=1}^{10} \lvert u_{1,t-j} - u_{2,t-j} \rvert\right]$
时变 SJC Copula	做变换：$\tau^u = 2-2^{1/\kappa}, \tau^L = 2-2^{1/\gamma}$ $\tau_t^u = \frac{1}{1+e^{-x}}\left[\omega_u + \beta_u \tau_{t-1}^u + \alpha_u \frac{1}{10}\sum_{j=1}^{10} \lvert u_{1,t-j} - u_{2,t-j} \rvert\right]$ $\tau_t^L = \frac{1}{1+e^{-x}}\left[\omega_L + \beta_L \tau_{t-1}^L + \alpha_L \frac{1}{10}\sum_{j=1}^{10} \lvert u_{1,t-j} - u_{2,t-j} \rvert\right]$

为进一步比较不同 Copula 函数的拟合优劣，通常利用 Kolmogorov-Smirnov（柯尔莫哥洛夫-斯米尔诺夫）检验和 Cramer-von Mises（克拉默-冯·米塞斯）检验方法进行拟合优度检验，它们的检验原理都是比较不同 Copula 函数与经验 Copula 函数的相对距离，两者的数学表达式分别为

$$KS_c = \max_t \left| C(u_t;\hat{\rho}_t) - \hat{C}_T(u_t) \right| \tag{6-18}$$

$$CvM_c = \sum_{t=1}^{T} \{C(u_t;\hat{\rho}_{tt}) - \hat{C}_T(u_t)\}^2 \tag{6-19}$$

式中，$u_t = [u_{1t}, u_{2t}, \cdots, u_{nt}]$；$\hat{\rho}_{tt}$ 是 $\hat{\rho}_t$ 的参数估计量；$\hat{C}_T(u_t)$ 表示经验 Copula 函数，并且 $\hat{C}_T(u_t) \equiv \frac{1}{T}\sum_{t=1}^{T}\prod_{i=1}^{n} I(\hat{u}_{it} \leqslant u_{it})$，这里 $I(x)$ 为判别函数，当 x 为真时，$I(x)=1$，否则 $I(x)=0$。对于时变 Copula 函数，经验 Copula 函数不再是 Copula 函数的非参数估计，此时需要进行 Rosenblatt（罗森布拉特）概率积分变换，得到估计的相关系数；利用 Kendall（肯德尔）相

关系数将模型得到的线性相关系数转化为非线性相关系数，消除变量内部因素可能导致的非一致性影响（李丛文，2015），然后基于转换后的Kendall 系数进行相关结果分析，Kendall 相关系数 τ_t 与时变线性相关系数 ρ_t 之间的关系为：$\tau_t=(2/\pi)\arcsin(\rho_t)$。根据本书的数据拟合效果，我们采用时变$t$-Copula函数进行拟合。

3）风险溢出的度量——CoVaR 模型

此处 CoVaR 的定义与前文类似，此处不再赘述。

4）计算 ΔCoVaR

根据 Sklar（斯克拉）定理，Copula 的密度函数可表述为 $c(u,v)=\partial^2 C(u,v)/\partial u\partial v$，因此可用随机变量 X、Y 的联合密度函数来反映，即

$$f_{XY}(x,y)=c(u,v)f_X(x)f_Y(y) \tag{6-20}$$

式中，$f_X(x)$和 $f_Y(y)$分别为 X 和 Y 的边缘密度函数。

CoVaR 的计算依赖于条件概率密度函数的计算，因此需要确定相关变量的条件密度函数形式。根据式（6－16）可以求得

$$f_{Y|X}(y|x)=\frac{f_{XY}(x,y)}{f_X(x)}=c(u,v)f_Y(y) \tag{6-21}$$

根据 Copula 函数的性质，经过单调变换后的 Copula 函数保持不变。由于收益率序列为各自残差序列的单调递增函数，因此用残差序列来替代收益率序列并不会改变 Copula 函数，因此可以用残差序列计算收益率序列的 Copula 函数（王晓芳 等，2017）。

根据式（6－21），对满足偏 t 分布的收益率序列 X^j 的条件分布函数为

$$F_{X^j|X^i}(X^j|X^i)=\int_{-\infty}^{x_j}c[t_{\lambda_j,\eta_j}(X^j),t_{\lambda_j,\eta_j}(X^i)]t_{\lambda_j,\eta_j}(X^j)\mathrm{d}x_j \tag{6-22}$$

式中，$t_{\lambda_j,\eta_j}(X^i)$为序列 X^i 的边缘分布函数，即自由度为 λ_j、对称性参数为 η_j 的偏 t 分布函数。

进一步，当 X^i 在显著性水平 $\alpha\%$ 的风险价值给定时，即 $t_{\lambda_j,\eta_j}(X^i)=\alpha\%$，有

$$\alpha\% = \int_{-\infty}^{x_j} c[t_{\lambda_j,\eta_j}(X^j), \alpha\%] t_{\lambda_j,\eta_j}(X^j) \mathrm{d}x_j \tag{6-23}$$

根据式(6－23)可以解出 $\mathrm{CoVaR}_{\alpha}^{j|i}$。设置显著水平为 50%，则可以求得 $\mathrm{CoVaR}_{\alpha}^{j|X^i=\mathrm{VaR}_{50}^i}$。其中，显著性水平 $\alpha\%$ 的无条件风险价值计算公式为 $\mathrm{VaR}_{\alpha}^i = \mu_{i,t} + \sigma_{i,t} t_{\lambda_j,\eta_j}^{-1}(\alpha\%)$。

根据 ΔCoVaR 计算公式，可以得到

$$\Delta\mathrm{CoVaR} = \mathrm{CoVaR}_{\alpha}^{j|i} - \mathrm{CoVaR}_{\alpha}^{j|X^i=\mathrm{VaR}_{50}^i} \tag{6-24}$$

根据上述计算方法，最终得到新的系统性风险值 $\Delta\mathrm{CoVaR}_1$。利用 $\Delta\mathrm{CoVaR}_1$ 代替 ΔCoVaR 进行回归。与此同时，替换核心解释变量度量方式，采用表外业务资产规模的对数作为表外业务代表变量，分别用 OBS_1 表示表外业务整体资产规模的对数，用 $\mathrm{OBS\_DB}_1$ 表示担保承诺类表外业务资产规模的对数，用 $\mathrm{OBS\_DT}_1$ 表示代理投融资服务类表外业务资产规模的对数，用 $\mathrm{OBS\_ZJ}_1$ 表示中介服务类表外业务资产规模的对数，进行稳健性检验。

表 6－8 是在替换了被解释变量和核心解释变量后后采用系统 GMM 方法的回归结果。AR(1)均小于 0.05，AR(2)均大于 0.1，表明扰动项的差分存在一阶自相关但不存在二阶自相关，因此采用系统 GMM 方法是合适的，相关估计结果可靠。可以发现，对全样本而言，表外业务对银行系统性风险的回归系数为正并且在 5%水平显著，表明表外业务确实提高了银行系统性风险水平；在考虑市场竞争及市场竞争与表外业务交叉项的回归结果中，市场竞争的回归系数为 0.032且在 10%水平下显著，表明市场竞争有助于降低银行系统性风险，这与郭晔等(2017)的研究保持一致。表外业务与市场竞争交叉项的回归系数为负数且在 5%水平下显著，表明随着表外业务规模的扩大，市场竞争会提高银行系统性风险承担水平，这与前文分析保持一致。

表 6-8 稳健性检验结果 1(改变度量方式)

指标	$\Delta CoVaR_1$		$\Delta CoVaR_1$(国有)		$\Delta CoVaR_1$(非国有)	
	(1)	(2)	(3)	(4)	(5)	(6)
L. $\Delta CoVaR_1$	0.123***	0.109***	0.124***	0.102***	0.161***	0.136***
	(4.36)	(3.46)	(3.52)	(4.52)	(3.97)	(3.81)
OBS_1	0.062**	0.121***	0.036**	0.093**	0.116***	0.142***
	(2.43)	(3.85)	(2.46)	(2.45)	(3.28)	(3.36)
Lerner		0.032*		0.025*		0.042**
		(1.92)		(2.08)		(2.32)
Lerner×OBS_1		−0.003**		−0.008		−0.011**
		(−2.32)		(−1.09)		(−2.35)
银行特征层面变量	控制	控制	控制	控制	控制	控制
宏观经济层面变量	控制	控制	控制	控制	控制	控制
N	140	140	40	40	100	100
AR(1)	0.000	0.000	0.000	0.000	0.000	0.000
AR(2)	0.633	0.645	0.652	0.546	0.568	0.571
Sargan-P	1.000	1.000	1.000	1.000	1.000	1.000

说明:L. $\Delta CoVaR_1$表示$\Delta CoVaR_1$的一期滞后;*、**、*** 分别表示在10%、5%、1%的显著水平下显著,括号内为 t 值;AR(1)和 AR(2)分别代表一阶和二阶自相关检验,为统计推断的 p 值;Sargan-P 代表对模型工具变量过度识别检验的 p 值;回归结果省略了常数项。下同。

考虑所有制属性对回归结果带来的差异,对比回归结果列(3)和列(5)可以发现,表外业务对非国有商业银行系统性风险的回归系数更大并且显著性水平更高,表明表外业务对银行系统性风险的影响存在异质性。国有商业银行由于受到的监管更加严格,经营目标多元化导致其对表外业务开展更加审慎,因此表外业务对系统性风险的影响程度相对更小。考虑市场竞争下,表外业务对银行系统性风险的综合影响依然是正向作用,但市场竞争与表外业务交叉项的回归系数在国有商业银行样本下并不显著,而在非国有商业银行样本下显著,表明对非国有商业银行而言,市场竞争通过表外业务渠道而影响银行系统性风险。控制变量的回归结果与前文无明显差异，此处不再赘述。

在替换被解释变量后，表6-9给出了不同类型表外业务对银行系统性风险的回归结果。可以发现：在不考虑市场竞争条件下，代理投融资服务类表外业务、担保承诺类表外业务的回归系数显著为正，表明上述两类表外业务的规模扩张提升了银行系统性风险水平，并且对银行系统性风险的影响强度依次递减。中介服务类表外业务的回归系数为负数，说明中介服务类表外业务扩张有助于降低银行系统性风险。在考虑市场竞争及市场竞争与表外业务交叉项后，担保承诺类表外业务与代理投融资服务类表外业务对银行系统性风险依然具有正向溢出效应，且代理投融资服务类表外业务对银行系统性风险的溢出影响程度更大；中介服务类表外业务的综合效应依然为负，表明中介服务类表外业务有助于降低银行系统性风险，这与前文的研究结论一致。

表6-9 稳健性检验结果2(表外业务分类视角)

指标	OBS_DB		OBS_DT		OBS_ZJ	
	(1)	(2)	(3)	(4)	(5)	(6)
L. $\Delta CoVaR_1$	0.148***	0.112***	0.187***	0.156***	0.153***	0.133***
	(3.38)	(3.19)	(5.32)	(4.18)	(3.58)	(3.65)
OBS_1	0.076**	0.115***	0.132**	0.156***	−0.073**	−0.084**
	(2.32)	(3.47)	(2.58)	(2.84)	(−1.97)	(−2.08)
Lerner		0.038*		0.032**		0.056**
		(1.94)		(2.32)		(2.21)
Lerner×OBS_1		−0.003*		−0.042**		−0.027**
		(−1.88)		(−2.37)		(−2.29)
银行特征层面变量	控制	控制	控制	控制	控制	控制
宏观经济层面变量	控制	控制	控制	控制	控制	控制
N	140	140	140	140	140	140
AR(1)	0.000	0.000	0.000	0.000	0.000	0.000
AR(2)	0.434	0.545	0.572	0.589	0.543	0.552
Sargan-P	1.000	1.000	1.000	1.000	1.000	1.000

考虑到不同所有制属性对回归结果带来的差异性影响，我们还进一步检验银行不同所有制属性下，不同类型表外业务对银行系统性风险的影响差异。表 6-10 给出了稳健性检验结果，可以发现，不同类型表外业务对银行系统性风险的影响与前文也无明显差异，此处不再赘述。

表 6-10 稳健性检验结果 3(银行所有制属性差异视角)

指标	国有商业银行			非国有商业银行		
	(1) OBS_DB	(2) OBS_DT	(3) OBS_ZJ	(4) OBS_DB	(5) OBS_DT	(6) OBS_ZJ
$L.\Delta CoVaR_1$	0.137***	0.126***	0.173***	0.142***	0.167***	0.128***
	(3.57)	(3.29)	(4.82)	(4.33)	(3.97)	(3.25)
OBS_1	0.076*	0.134**	−0.031*	0.135**	0.203***	−0.049***
	(1.79)	(2.41)	(−1.93)	(2.48)	(4.42)	(−3.23)
Lerner	0.023*	0.047**	0.044*	0.039*	0.078***	0.036**
	(1.97)	(2.38)	(2.07)	(1.94)	(2.89)	(−2.39)
$Lerner \times OBS_1$	−0.006	−0.054*	0.036	−0.005*	−0.028***	−0.013*
	(−1.32)	(−1.97)	(1.42)	(−1.86)	(−3.26)	(−1.96)
银行特征层面变量	控制	控制	控制	控制	控制	控制
宏观经济层面变量	控制	控制	控制	控制	控制	控制
N	40	40	40	100	100	100
AR(1)	0.001	0.000	0.003	0.000	0.005	0.000
AR(2)	0.378	0.426	0.468	0.495	0.452	0.483
Sargan-P	1.000	1.000	1.000	1.000	1.000	1.000

2. 采用工具变量法的稳健性检验

借鉴 Fisman 等(2005)的研究，我们采用具有相同所有制属性其他商业银行表外业务规模平均值的对数作为工具变量。考虑到表外业务发展的协同性特征，采用其他银行表外业务规模均值与单个银行表外业务规模之间存在紧密的相关性，但与单个银行不可观测的特征无关，因此该变量符合工具变量相关性和外生性要求。采用工具变量法的稳健性检验结果如表 6－11 所示。

表 6－11　稳健性检验结果 4(工具变量法)

指标	ΔCoVaR		ΔCoVaR(国有)		ΔCoVaR(非国有)	
	(1)	(2)	(3)	(4)	(5)	(6)
L. ΔCoVaR	0.132***	0.148***	0.186***	0.173***	0.193***	0.186***
	(3.24)	(5.35)	(6.58)	(4.87)	(4.88)	(5.21)
OBS	0.112**	0.125**	0.097**	0.123**	0.128***	0.123***
	(2.42)	(2.65)	(2.21)	(2.87)	(3.65)	(4.05)
Lerner		0.105*		0.238*		−0.127*
		(1.86)		(1.95)		(−2.04)
Lerner×OBS		−0.015**		−0.014		−0.024***
		(−2.38)		(−0.57)		(−3.26)
银行特征层面变量	控制	控制	控制	控制	控制	控制
宏观经济层面变量	控制	控制	控制	控制	控制	控制
N	140	140	40	40	100	100
R^2	0.425	0.621	0.356	0.423	0.325	0.538

整体来看，表外业务对银行系统性风险的回归系数为正并且在 5%水平下显著，表明表外业务确实提高了银行系统性风险水平；在考虑市场竞争及市场竞争与表外业务交叉项的回归结果中，市场竞争的回归系数在 10%水平下显著为正而交叉项的回归系数在 5%水平下显著为负，表明不考虑表外业务情形下，市场竞争能够降低银行系统性风险，而考虑表外业务影响下，市场竞争会通过影响表外业务而提高银行系统性风险水平，这与前文分析保持一致。考虑所有制属性带来的影响，上述回归结果依旧表明表外业务对非国有商业银行系统性风险的回归系数更大并且显著性水平更高，表明表外业务对银行系统性风险的影响存在异质性。市场竞争与表外业务交叉项的回归系数在国有商业银行样本下

并不显著，而在非国有商业银行样本下显著，表明对非国有商业银行而言，市场竞争通过表外业务渠道而影响银行系统性风险。

从表外业务分类视角的检验结果（见表 6－12）来看，不考虑市场竞争影响下，担保承诺类表外业务和代理投融资服务类表外业务提高了银行系统性风险，而中介服务类表外业务降低了银行系统性风险；考虑市场竞争及市场竞争与表外业务交叉项的影响，担保承诺类表外业务与代理投融资服务类表外业务对银行系统性风险依然具有正向溢出效应，且代理投融资服务类表外业务对银行系统性风险的溢出影响程度更大；中介服务类表外业务的综合效应依然为负，这与前文的研究结论一致。

表 6－12　稳健性检验结果 5（表外业务分类视角）

指标	OBS_DB		OBS_DT		OBS_ZJ	
	(1)	(2)	(3)	(4)	(5)	(6)
L. ΔCoVaR	0.158***	0.134***	0.142***	0.116***	0.188***	0.167***
	(3.41)	(3.58)	(4.86)	(4.66)	(5.96)	(6.01)
OBS	0.053**	0.062**	0.135**	0.156**	−0.087*	−0.078**
	(2.44)	(2.66)	(2.57)	(2.68)	(−1.85)	(−2.31)
Lerner		0.108*		0.128**		0.122**
		(1.85)		(2.31)		(2.14)
Lerner×OBS		−0.013		−0.009**		−0.014**
		(−1.08)		(−2.35)		(−2.65)
银行特征层面变量	控制	控制	控制	控制	控制	控制
宏观经济层面变量	控制	控制	控制	控制	控制	控制
N	140	140	140	140	140	140
R^2	0.325	0.454	0.382	0.554	0.412	0.587

我们还检验银行不同所有制属性下，不同类型表外业务对银行系统性风险的影响差异。表 6－13 给出了稳健性检验结果。可以发现，不同

类型表外业务对银行系统性风险的影响与前文也无明显差异，此处不再赘述。

表 6-13　稳健性检验结果 6(银行所有制属性差异视角)

指标	国有商业银行			非国有商业银行		
	(1)	(2)	(3)	(4)	(5)	(6)
	OBS_DB_1	OBS_DT_1	OBS_ZJ_1	OBS_DB_1	OBS_DT_1	OBS_ZJ_1
L. ΔCoVaR	0.089***	0.132***	0.108***	0.136***	0.157***	0.155***
	(3.44)	(3.61)	(3.18)	(4.23)	(4.38)	(4.81)
OBS	0.053**	0.082**	−0.089*	0.126**	0.153***	−0.063*
	(2.52)	(2.63)	(−2.05)	(2.55)	(3.651)	(−1.982)
Lerner	0.153*	0.182**	0.209**	0.221*	0.195**	0.144**
	(1.92)	(2.68)	(2.557)	(2.03)	(2.579)	(2.636)
Lerner×OBS	−0.026	−0.031*	−0.018*	−0.042	−0.043***	−0.012**
	(−0.56)	(−2.05)	(−1.98)	(−1.28)	(−4.54)	(−2.62)
银行特征层面变量	控制	控制	控制	控制	控制	控制
宏观经济层面变量	控制	控制	控制	控制	控制	控制
N	40	40	40	100	100	100
R^2	0.522	0.618	0.646	0.721	0.423	0.558

6.3.4　渠道分析检验

根据第 4 章 4.3.2 小节的理论分析，银行协同开展表外业务竞争提高了银行对融资市场的依赖性，容易引发银行融资市场流动性枯竭导致银行系统性风险。为检验表外业务是否通过提高银行融资市场依赖性而影响银行系统性风险，表 6-14 给出了相关回归结果。

表 6-14 渠道分析 1(整体及所有制属性差异视角)

指标	整体样本		国有商业银行		非国有商业银行	
	(1)	(2)	(3)	(4)	(5)	(6)
	Liqdep	ΔCoVaR	Liqdep	ΔCoVaR	Liqdep	ΔCoVaR
Liqdep		0.134*** (4.58)		0.086** (2.33)		0.187*** (4.51)
OBS	0.168** (2.52)		0.031** (2.23)		0.096*** (5.82)	
银行特征层面变量	控制	控制	控制	控制	控制	控制
宏观经济层面变量	控制	控制	控制	控制	控制	控制
N	140	140	40	40	100	100
R^2	0.335	0.464	0.358	0.521	0.432	0.565

首先,列(1)和列(2)给出了整体样本下渠道分析的回归结果。可以发现,列(1)中表外业务的回归系数在5%水平下显著为正,表明表外业务提高了银行对银行融资市场的依赖性。列(2)中融资市场依赖性的回归系数在1%水平下显著为正,表明银行对银行融资市场依赖性程度上升会提高银行系统性风险,这与廉永辉(2020)的研究结论保持一致。上述回归结果表明,表外业务通过提高银行对融资市场依赖性渠道而影响银行系统性风险,研究假设 H_4 得以验证。

为分析上述渠道是否还受到银行所有制属性的影响,列(3)至列(6)分别给出了国有商业银行和非国有商业银行样本下的回归结果。对比列(3)和列(5)可以发现,表外业务对非国有商业银行对于银行融资市场依赖性的影响效用更强,这体现在非国有商业银行样本下表外业务回归系数的显著性水平更高(1%显著性高于5%显著性),且回归系数值更大(0.096大于0.031)。与此同时,不同所有制属性银行融资市场依赖性对银行系统性风险的影响也存在明显差异,与国有商业银行相比,融资市场依赖性对非国有商业银行系统性风险的影响更加显著且影响程度更大，这与前文的异质性分析保持一致。

进一步考察上述作用渠道是否还因表外业务类型不同而存在异质性，表 6－15 汇报了相关回归结果。对比列(1)、列(3)和列(5)可以发现，以银行融资市场依赖性为被解释变量，担保承诺类表外业务的回归系数不显著，代理投融资服务类表外业务的回归系数在 1%水平下显著为正，中介服务类表外业务的回归系数在 10%水平下显著为负，这表明代理投融资服务类表外业务对提高银行融资市场依赖性的作用最强、担保承诺类表外业务次之，而中介服务类表外业务则能够缓解银行对融资市场的流动性依赖。再结合列(2)、列(4)和列(6)的回归结果，比较分析表外业务对融资市场依赖性的回归系数以及融资市场依赖性对银行系统性风险的回归系数两者的符号及显著性(两者都显著说明渠道存在，两者符号一致表明存在强化影响，符号相反则说明存在弱化效应)，可以发现，担保承诺类表外业务并不能够通过提升银行对融资市场流动性依赖渠道而影响银行系统性风险；代理投融资服务类表外业务则能显著通过上述渠道而提高银行系统性风险；中介服务类表外业务通过降低银行对银行融资市场的依赖性抑制了银行系统性风险。不同类型表外业务对银行系统性风险的作用渠道差异，再次验证了前文有关表外业务类型差异对银行系统性风险影响的研究结论。在防范表外业务对银行系统性风险影响中，监管当局需要重点关注代理投融资服务类表外业务通过提高银行对融资市场依赖性渠道而影响银行系统性风险。

表 6－15　渠道分析 2(表外业务类型差异视角)

指标	担保承诺类		代理投融资服务类		中介服务类	
	(1)	(2)	(3)	(4)	(5)	(6)
	Liqdep	ΔCoVaR	Liqdep	ΔCoVaR	Liqdep	ΔCoVaR
Liqdep		0.122**		0.213***		0.126**
		(2.42)		(4.89)		(2.48)
OBS	0.127	0.016**	0.106***	0.035***	−0.056*	−0.023**
	(1.36)	(2.32)	(4.34)	(3.88)	(−2.02)	(−2.34)

续表

指标	担保承诺类		代理投融资服务类		中介服务类	
	(1)	(2)	(3)	(4)	(5)	(6)
	Liqdep	ΔCoVaR	Liqdep	ΔCoVaR	Liqdep	ΔCoVaR
银行特征层面变量	控制	控制	控制	控制	控制	控制
宏观经济层面变量	控制	控制	控制	控制	控制	控制
N	140	140	140	140	140	140
R^2	0.356	0.386	0.383	0.442	0.331	0.452

根据前文研究思路,此处还可以分析不同类型表外业务对不同所有制属性银行系统性风险的作用渠道差异,实证结果表明不同类型表外业务对不同所有制属性银行系统性风险的作用渠道影响与上述分析保持一致,此处不再赘述。

6.4 本章小结

本章从金融市场风险传染溢出视角出发,采用 ΔCoVaR 方法以及偏 t-GARCH-时变 Copula-CoVaR 方法来度量单个银行风险对银行系统的风险溢出程度,并将其定义为银行系统性风险,利用我国 14 家上市银行 2008—2018 年面板数据,从表外业务分类视角和银行所有制属性差异视角,检验了表外业务对银行系统性风险的影响,研究发现,我国商业银行表外业务与银行系统性风险正相关,但表外业务对银行系统性风险的影响存在异质性:相比于国有商业银行,表外业务对非国有商业银行的系统性风险影响更加显著。担保承诺类表外业务和代理投融资服务类表外业务都与银行系统性风险正相关,而中介服务类表外业务与银行系统性风险负相关。上述研究结论在改变被解释变量度量方式、解释变量度量方式以及运用工具变量方法等稳健性检验下都保持稳健,说明了研究结论的合理性。进一步通过渠道分析表明,表外业务通过提高银行对银行融资市场依赖性渠道影响银行系统性风险，且上述影响渠道也因银行所有制属性及表外业务类型差异而存在异质性：从银行所有制属性来看，相比国有商业银行，表外业务通过上述渠道对非国有商业银行的系统性风险影响更大；从银行表外业务类型来看，代理投融资服务类表外业务通过融资市场依赖性渠道提升了银行系统性风险，中介服务类表外业务则通过上述渠道弱化了银行系统性风险，担保承诺类表外业务对银行系统性风险的影响并不存在上述渠道。

根据本章的研究结论，表外业务对银行系统性风险的影响为表外业务监管提供了新的思路。商业银行开展表外业务不仅会影响银行自身风险承担水平，同时还能通过改变银行博弈均衡、影响银行融资市场流动性而提升银行系统性风险，故表外业务的风险防范应从宏观审慎视角出发，避免微观审慎监管不足。鉴于表外业务对银行系统性风险的影响还随所有制属性差异和表外业务类型不同而存在异质性，故而表外业务的宏观审慎监管还应根据微观主体特征及表外业务类型实行差异化监管和功能化监管，以更加全面、准确地防范表外业务对银行系统性风险的影响。以表外理财业务为代表的代理投融资服务类表外业务对银行系统性风险的影响程度最大，为当前隔离表外理财业务风险（通过成立独立法人理财子公司）监管政策提供了实证支持。

第7章

表外业务监管政策的有效性评估及选择

根据第5章和第6章的研究结论可知,表外业务不仅可以直接影响银行风险承担,还对银行系统性风险带来负向影响。因此,我们需要从银行个体风险和银行系统性风向双重视角来探讨表外业务风险监管政策的有效性。根据前文对表外业务监管现状的总结,以资本充足率为代表的微观审慎监管政策通过将表外项目的风险资产按照一定的风险转换系数转换进入表内进行监管,但由于表外业务类型不断创新,监管政策必须紧随表外业务创新,表现出监管滞后性特征。与此同时,由于表外业务与理财、信托、证券等业务不断创新融合,监管当局不得不针对表外业务创新进行"围堵"式监管,如限制表外业务资金投资方向、限制表外业务资产规模等。监管当局对不同类型表外业务创新进行监管限制,可以纳入宏观审慎监管框架之中。然而,以资本充足率监管为代表的微观审慎监管以及监管当局出台的相关宏观审慎监管政策是否能够抑制表外业务对银行风险的影响尚未得到实证检验。因此本章将从微观审慎监管和宏观审慎监管两个视角来探讨监管政策的有效性。

在微观审慎监管政策有效性方面,众多学者从资本充足率监管视角出发,探讨资本充足率监管能否缓解银行个体风险和系统性风险。苏帆等(2019)以2013年实施的《商业银行资本管理办法(试行)》为"准自然实验",运用双重差分方法研究了资本充足率监管对银行个体风险以及银行系统性风险的影响，研究发现更高的资本充足率监管要求能够降低银行个体风险，但容易导致单个银行风险向银行系统的外溢。在宏观审慎监管政策有效性方面，以银行风险为研究对象来探讨宏观审慎监管政策有效性的文献较少，并且仅研究了宏观审慎政策对防范银行个体风险的有效性。如宋科等(2019)以当年采用的宏观审慎政策工具数量为宏观审慎政策代理变量，实证检验发现宏观审慎政策能够有效降低银行风险承担水平。刘澜飚等(2019)则将宏观审慎政策工具划分为紧缩和宽松两类，以年度宏观审慎工具实施频率加总，得到了宏观审慎政策代理变量。他们的研究指出，宏观审慎政策有效地促进了银行信贷规模增长，同时不会提高银行的风险水平。苏嘉胜等(2019)的研究则指出，宏观审慎监管政策的有效性还需考虑与货币政策协调搭配问题。

可以发现，以资本充足率监管为代表的微观审慎监管政策的有效性已得到广泛研究，但已有研究并未关注不同类型监管政策在防范表外业务风险中的有效性问题。本书借鉴苏帆等(2019)的研究思路，在双重差分模型基础上构建三重差分模型，以更好地验证资本充足率监管政策能否有效抑制表外业务对银行风险的影响。在宏观审慎监管政策有效性研究中，已有的宏观审慎监管政策度量并未体现出对表外业务的监管力度，并且缺乏宏观审慎监管政策对防范银行系统性风险有效性的研究。考虑到表外业务扩张改变了表外资产与表内资产的比例，并显著提高了银行表内外资产规模，因此在表外业务的宏观审慎监管工具选择中，本书选择杠杆率指标进行实证[①]，探讨宏观审慎监管政策对防范银行个体风险以及银行系统性风险的有效性。考虑到表外业务还强化了货币政策银行风险传导渠道，本书在评估宏观审慎监管政策有效性基础上，进

① 国际货币基金组织(IMF)将宏观审慎监管工具分为信贷类、资本类和流动类三类政策工具。其中，信贷类政策工具主要限制金融机构对借款的信贷供给，包括抵押贷款约束、债务收入比等工具；资本类政策工具主要是为了降低金融部门杠杆率，包括杠杆率、逆周期资本监管和资产负债表约束等工具；流动类政策工具主要强化对金融机构的流动性监管，包括流动性覆盖和存贷比等工具。根据杠杆率定义，杠杆率＝一级资本净额/调整后的表内外资产余额。因此对表外业务监管而言，杠杆率指标最为直接。

一步探讨表外业务监管中货币政策和宏观审慎监管政策的协调问题。

与已有的研究相比,本章的贡献体现在:第一,利用三重差分模型实证检验资本充足率监管政策在防范表外业务对银行风险影响方面的有效性,为回答微观审慎监管政策能否防范表外业务风险这一问题提供了实证支持。第二,以杠杆率监管作为宏观审慎监管工具,实证检验宏观审慎监管政策对表外业务监管的有效性,拓展了宏观审慎监管政策有效性的研究范围。第三,在对比分析微观审慎监管政策与宏观审慎监管政策的监管效果基础上,进一步探讨表外业务监管中宏观审慎监管政策与货币政策协调搭配问题,为监管当局有效监管表外业务提供指导和借鉴。

7.1 研究设计与数据来源

7.1.1 模型设定

1. 微观审慎监管——银行资本充足率监管有效性探讨

根据前文表外业务监管的现状总结,不同时期出台的资本充足率监管考虑了表外项目风险,通过将表外项目风险转化到表内,并计算表内及表外风险加权资产总和来计算资本充足率水平,以此来限制银行表外业务。为检验资本充足率监管政策能否减轻表外业务对银行风险的影响,此处我们尝试构建一个三重差分模型。

构建三重差分模型的基础是双重差分模型。2013 年实行的《商业银行资本管理办法(试行)》提高了对银行资本充足率的监管要求,可视作一项"准自然实验"。在该办法下,资本充足率水平较低的银行面临着更大的资本压力,而资本充足率较高的银行面临的监管压力相对较弱,因此,如何划分实验组和对照组是采用双重差分的难点。借鉴苏帆等(2019)的研究,根据银行资本充足率监管面临的监管压力差异进行划分。具体而言,定义监管压力指标为 $stress = caprate - caprate_{min}$,其中 caprate 为银行实际资本充足率水平,$caprate_{min}$ 为最低监管要求,显然该值越大则表明银行所受的监管压力越小。由于该办法在 2013 年 1 月 1 日开始实施，因此选择银行在 2011 年和 2012 年资本充足率平均值 caprate_{av} 作为判断分组变量的标准。2012 年末，若 $\text{caprate}_{av}\quad \text{caprate}_{min}>\delta$，该银行为对照组 Treat＝0；反之则为处理组 Treat＝1。双重差分模型设定为

$$\text{Risk}_{it}=\alpha+\beta\text{Treat}_i\times\text{Post}_t+\gamma\text{Controls}_{it}+\mu_i+\pi_t+\varepsilon_{it}\quad(7-1)$$

式中，$i=1,2,\cdots,N$ 表示银行个体，t 表示时间。Risk 为被解释变量，包含银行个体风险和银行系统性风险两个层面风险指标。Treat_i 为分组变量，Post_t 为政策实施的时间虚拟变量，若年份为 2013 年及以后，则取值为 1；反之，则取值为 0。交叉项 $\text{Treat}_i\times\text{Post}_t$ 是重点关注的核心变量，其回归系数反映了资本充足率监管政策对银行风险的影响效果。Controls_{it} 为一组控制变量，包括银行个体层面特征变量与宏观层面的控制变量，为缓解银行个体特征变量与银行风险之间的内生性问题，银行个体层面特征变量采用滞后一阶项。μ_i 为银行固定效应；π_t 为不随银行变化的时间固定效应；ε_{it} 为残差项，是随时间变化的不可观测的影响银行风险的因素。

为进一步明确《商业银行资本管理办法（试行）》实施后，受到资本充足率监管压力的银行是否会抑制表外业务对银行风险的影响，本章尝试在回归模型中加入银行表外业务变量，与银行是否受到资本充足率监管以及监管政策实施前后这两个变量共同构成一个三变量交叉项，进而采用三重差分进行实证分析，构建如下三重差分模型：

$$\begin{aligned}\text{Risk}_{it}=\alpha&+\beta_1\text{Treat}_i\times\text{Post}_t+\beta_2\text{OBS}_{it}+\beta_3\text{Treat}_i\times\\&\text{Post}_t\times\text{OBS}_{it}+\gamma\text{Controls}_{it}+\mu_i+\pi_t+\varepsilon_{it}\end{aligned}\quad(7-2)$$

式中，OBS_{it} 为银行 i 在 t 时期表外业务与表内资产的比例。交叉项的回归系数 β_3 是关注的重点。若回归系数 β_3 显著为负，则表明在该办法实施后，受资本充足率监管压力银行通过降低表外业务比例来降低银行风险，即以资本充足率为代表的微观审慎监管能够有效防范表外业务对银行风险的冲击；若回归系数 β_3 不显著，则表明资本充足率监管不能够限制银行表外业务对银行风险的影响。

2. 宏观审慎监管政策的有效性

由于表外业务创新的本质在于规避监管，因此从微观审慎视角进行的资本充足率监管要求可能难以避免因表外业务创新导致的监管有效性弱化问题。从监管当局对表外业务的监管历程来看，资本充足率监管是对表外项目风险根据一定的风险转换系数来测算其风险资产规模，通过限制资本与风险资产规模的比例来防范表外业务规模扩张带来的风险。伴随着表外业务的业务创新，资本充足率监管难以全面有效地将表外业务风险纳入监管之中。而与资本充足率监管政策相比，宏观审慎监管工具——杠杆率监管则是通过限制资本与表内外资产余额的比例来控制表外业务规模，因此与资本充足率监管相比，杠杆率监管指标更加直接。

为检验宏观审慎监管政策的有效性，本章选用杠杆率指标作为宏观审慎监管工具，构建如下回归模型：

$$\begin{aligned}\text{Risk}_{it} = \alpha + \beta_1 \text{Lev}_{it} + \beta_2 \text{OBS}_{it} + \beta_3 \text{Lev}_{it} \times \text{OBS}_{it} + \\ \gamma \text{Controls}_{it} + \mu_i + \pi_t + \varepsilon_{it}\end{aligned} \tag{7-3}$$

式中，Lev_{it} 表示银行 i 在 t 时期的杠杆率，用来反映宏观审慎监管对银行风险的影响；若回归系数 β_1 显著为负，则表明以杠杆率为代表的宏观审慎监管能够降低银行风险，反之则说明无法降低银行风险。交叉项 $\text{Lev}_{it} \times \text{OBS}_{it}$ 的回归系数 β_3 是我们关注的重点，若交叉项的回归系数 β_3 显著为负，则表明宏观审慎监管政策降低了表外业务对银行风险的影响，反之则表明宏观审慎监管政策也难以有效抑制表外业务对银行风险的影响。其余变量定义与前文一致。为减轻银行特征变量与被解释变量的内生性问题，我们对所有银行特征变量采取滞后一期处理。

7.1.2 变量设计

1. 被解释变量：银行风险(Risk)

Risk 为被解释变量，包含银行个体风险和银行系统性风险两个层面风险指标。与第 5 章和第 6 章中变量设计保持一致，此处银行个体风险依然采用风险加权资产比例($Risk_{RW}$)来度量,银行系统性风险依旧采用 $\Delta CoVaR$ 的绝对值来衡量。上述指标的值越大,表明银行个体风险及银行系统性风险水平越高。为保证结果稳健性,我们进一步采用资产减值损失比例($Risk_{Loss}$)和改变银行系统性风险度量办法后得到的 $\Delta CoVaR_1$ 分别作为银行个体风险和系统性风险的代理变量,进行稳健性检验。

2. 核心解释变量

(1)Treat 为分组变量,若银行处于对照组,则取值为 0;反之,若银行处于处理组则取值为 1。处理组划分办法见上文模型设定部分。

(2)Post 为政策实施的时间虚拟变量,若年份为 2013 年及以后,则取值为 1;反之,则取值为 0。

(3)Lev 表示银行杠杆率,以反映宏观审慎监管政策工具对防范银行风险的有效性。根据杠杆率的定义,杠杆率＝一级资本净额/调整后表内外资产余额,因此杠杆率越高,则表明银行一级资本净额占表内外资产的比例越高,则银行以自有资本吸收外部风险冲击的能力越强。值得注意的是,通过手工收集和整理上市银行年报中有关杠杆率资料,发现现有银行年报中公布的银行调整后表内外资产余额仅包含了信贷承诺类表外业务,而忽略了代理投融资服务类表外业务和中介服务类表外业务。因此,借鉴第 3 章对表外业务的测算方法,我们将非保本理财业务规模和资产托管业务规模纳入银行表内外资产余额,以得到银行真实杠杆率＝一级资本净额/(调整后表内外资产余额＋非保本理财产品业务规模＋资产托管业务规模)。进一步考虑表外业务能够通过银信合作、银证合作以及资产管理计划等方式,规避资金投资限制,将资金投向房地产等限制行业,不仅增强了银行与其他金融机构之间的关联性,而且增加了实体经济风险向金融体系溢出影响。因此,抵押贷款约束、流动性覆盖率等其他宏观审慎监管工具在一定程度上也能够有效防范表外业务对银行系统性风险的溢出。我们已借鉴宋科等(2019)宏观审慎政策指数的构建方法,采用当年宏观审慎监管政策工具实施数量的自然对数来度量宏观审慎监管政策,进行稳健性检验。

3. 控制变量

在银行层面控制变量选择中，选择银行资产规模、存贷比、流动性比例及市场竞争程度来反映银行层面变量对银行风险的影响。

在宏观层面的控制变量中，选择经济增长速度、市场化利率水平来反映宏观层面变量对银行系统性风险的影响。

各变量的具体定义和计算方式如表 7－1 所示。

表 7－1　变量定义与设计

变量符号	变量含义	变量计算方式
ΔCoVaR	银行系统性风险	CoVaR 方法计算(见第 6 章)
ΔCoVaR$_1$	银行系统性风险	GARCH-Copula-CoVaR 方法计算(见第 6 章)
Risk$_{RW}$	银行个体风险	银行风险加权资产比例
Risk$_{Loss}$	银行个体风险	银行资产减值损失比例
Treat	处理组银行	见模型设定部分
Post	资本管理办法实施时间	2013 年及以后取值为 1,否则取值为 0
Lev	杠杆率监管	真实杠杆率(见变量设计部分)
Rg	宏观审慎监管指数	当年宏观审慎监管政策工具实施数量的自然对数
OBS	表外业务	表外业务资产占总资产的比例
Size	银行资产规模	银行总资产规模的对数
Loanration	存贷比	贷款与存款的比例
Liq	流动性比例	流动性资产与流动性负债的比例
Lerner	市场竞争程度	计算方法同第 5 章
GDP	经济增长速度	GDP 同比增速
RM	市场化利率水平	一年期同业拆借利率

7.1.3　数据来源与描述性统计

本书所选择的样本区间为 2008—2018 年 16 家上市商业银行。在实证分析所需的数据中,有关银行表外业务和相关的财务指标全部来自 Wind 数据库以及上市银行年报。

表 7－2 为新增主要变量的描述性统计结果。可以发现，银行真实杠杆率均值为 3.921，略低于杠杆率不得低于 4%的监管要求，说明将代理投融资服务类表外业务和中介服务类表外业务纳入表内外总资产余额后，银行杠杆率监管面临的压力更大。其余变量的描述性统计结果与前文并无差异，此处不再赘述。

表 7－2 新增主要变量的描述性统计结果

指标	均值	标准差	最小值	最大值	中位数
Treat	0.663	0.328	0	1	0
Post	0.5	0.250	0	1	0
Lev	3.921	1.056	2.64	9.86	3.955
Rg	2.164	0.215	1.864	2.548	2.484

7.2 实证结果分析

7.2.1 微观审慎监管政策有效性讨论

1. 资本充足率监管是否能够抑制表外业务对银行个体风险的影响

表 7－3 给出了资本充足率监管在防范表外业务对银行个体风险影响中的有效性回归结果。列(1)和列(2)是不考虑表外业务情形下双重差分模型的回归结果，可以发现，交叉项 Treat×Post 的回归系数在 5%水平下显著为负，表明资本充足率监管政策能够有效降低银行个体风险，这与苏帆等(2019)的研究结论保持一致。列(3)和列(4)给出了考虑表外业务情形下，资本充足率监管政策对银行个体风险的影响。可以发现，交叉项 Treat×Post 的回归系数依然显著为负，但包含表外业务的交叉项 Treat×Post×OBS 的回归系数为负数但并不显著，这表明 2013 年实施的资本充足率监管并不能够有效降低表外业务对银行个体风险的影响，即以资本充足率为代表的微观审慎监管政策在防范表外业务风

险中可能是无效的，这与银行在面临资本监管压力下的行为调整方式有关(钟永红 等，2018)。可能的解释是，面临资本充足率监管压力较大的银行通过开展表外业务规避资本充足率监管的内在动机更加强烈。商业银行通过扩大低风险转换系数表外项目资产规模或者开展表外业务创新，规避资本充足率监管限制，弱化了资本充足率监管在防范表外业务风险中的有效性。

表 7-3 资本充足率监管、表外业务与银行个体风险

指标	(1) $Risk_{RW}$	(2) $Risk_{RW}$	(3) $Risk_{RW}$	(4) $Risk_{RW}$	(5) $Risk_{Loss}$	(6) $Risk_{Loss}$
Treat×Post	−0.391**	−0.121**	−0.203*	−0.145*	−0.322**	−0.218**
	(−2.06)	(−2.10)	(−1.94)	(−1.88)	(−2.08)	(−2.09)
OBS			0.132***	0.105**	0.121***	0.106**
			(3.95)	(2.11)	(3.09)	(2.07)
Treat×Post×OBS			−0.028	−0.025	−0.034	−0.031
			(−0.92)	(−0.98)	(−1.18)	(−1.12)
Size		−2.816***		−2.508***		−2.651***
		(−5.27)		(−3.86)		(−3.87)
Loanration		−0.077		−0.079		−0.072
		(−0.46)		(−0.36)		(−0.38)
Liq		−0.068*		−0.049**		−0.047*
		(−1.87)		(−2.18)		(−1.91)
Lerner		−0.023**		−0.028**		−0.019**
		(−2.16)		(−2.17)		(−2.14)
GDP		−0.278***		−0.229***		−0.401***
		(−5.03)		(−4.03)		(−5.26)
RM		−0.021*		−0.012*		−0.014*
		(−1.93)		(−1.99)		(−1.95)
个体效应	否	是	否	是	否	是
时间效应	否	是	否	是	否	是
N	160	160	160	160	160	160
R^2	0.56	0.65	0.57	0.68	0.59	0.86

说明：*、**、*** 分别表示在10%、5%、1%的显著水平下显著，括号内为 t 值。回归结果省略了常数项。

为保证结论的可靠性，列(5)和列(6)用银行资产减值损失比例来度量银行个体风险，从回归系数可以发现，是否纳入控制变量以及控制个体和时间效应，交叉项 Treat×Post×OBS 的回归系数仍然不显著，说明以资本充足率监管为代表的微观审慎监管政策，难以有效防范表外业务对银行个体风险的影响。

从控制变量回归系数来看，银行特征层面：银行资产规模的系数显著为负，表明银行资产规模越大，经营更加稳健审慎，风险水平相对更低；流动性比例回归系数显著为负，表明流动性充足银行的风险水平更低；由于市场竞争程度越高，则 Lerner 指数的值越低，因此市场竞争的回归系数为负表明，更高的市场竞争程度将导致银行风险水平上升。存贷比的回归系数不显著，表明存贷比并不影响银行风险行为。商业银行可以通过多种表外业务手段来降低存贷比指标，弱化了存贷比对银行风险的影响。宏观层面，GDP 增速的回归系数显著为负，表明更好的经济增长环境有助于降低银行风险；市场化利率的回归系数显著为负，说明提高市场化利率水平有助于抑制银行风险承担意愿，降低银行个体风险，这与第 5 章的结论保持一致。

2. 资本充足率监管是否能够抑制表外业务对银行系统性风险的影响

表 7－4 给出了资本充足率监管在防范银行系统性风险中的回归结果。列(1)和列(2)是不考虑表外业务情形下，资本充足率监管对银行系统性风险的回归结果。可以发现，不论是否控制个体效应和时间效应以及纳入控制变量，交叉项 Treat×Post 的回归系数在 5％水平下显著为正，说明资本充足率监管提高了银行系统性风险水平。可能的解释是，资本充足率监管使得银行在降低个体风险承担中存在“以邻为壑”的负外部性(苏帆 等，2019)，资本充足率监管降低银行风险资产规模的同时，还可能导致银行扩大银行同业关联业务，导致了银行风险转移行为，并提高了银行外部风险敞口，最终提高了银行系统性风险(胡利琴 等，2018)。

表 7-4 资本充足率监管、表外业务与银行系统性风险

指标	(1) ΔCoVaR	(2) ΔCoVaR	(3) ΔCoVaR	(4) ΔCoVaR	(5) $\Delta CoVaR_1$	(6) $\Delta CoVaR_1$
Treat×Post	0.086** (2.22)	0.036** (2.16)	0.057** (2.14)	0.048* (1.86)	0.059** (2.06)	0.052* (1.82)
OBS			0.124** (2.11)	0.108** (2.09)	0.112** (2.15)	0.101** (2.13)
Treat×Post×OBS			0.027* (1.85)	0.018* (1.81)	0.012* (1.84)	0.011* (1.85)
Size		0.933*** (3.63)		0.628*** (5.61)		0.515*** (4.23)
Loanration		−0.143 (−0.86)		−0.152 (−0.56)		−0.136 (−0.78)
Liq		−0.024** (−2.21)		−0.019** (−2.14)		−0.021* (−1.78)
Lerner		0.009* (1.86)		0.014** (2.11)		0.012** (2.14)
GDP		0.073** (2.13)		0.032*** (3.46)		0.027*** (3.28)
RM		0.051 (0.30)		0.031* (1.81)		0.033** (2.09)
个体效应	否	是	否	是	否	是
时间效应	否	是	否	是	否	是
N	140	140	140	140	140	140
R^2	0.52	0.64	0.64	0.76	0.62	0.85

为进一步检验上述监管政策能否有效抑制表外业务对银行系统性风险的影响，列(3)和列(4)利用三重差分模型进行回归分析。可以发现，交叉项 Treat×Post×OBS 的回归系数在10%水平下显著为正，说明资本充足率监管非但不能降低表外业务对银行系统性风险的负面影响，反而强化了表外业务对银行系统性风险的影响。可能的解释是，资

本充足率监管使得银行在降低自身风险承担水平的同时，选择扩张表外业务增强单个银行与银行系统之间的关联性，实现了风险由内向外的转移。列(5)和列(6)是替换被解释变量后的回归结果，交叉项 Treat×Post×OBS 的回归系数依然显著为正，再次表明资本充足率监管无法有效抑制表外业务对银行系统性风险的溢出影响。因此，以资本充足率监管为代表的微观审慎监管政策难以有效降低表外业务对银行个体风险以及银行系统性风险的影响。

在银行层面的控制变量中，银行资产规模的回归系数显著为正，表明资产规模越大，则银行系统性风险水平越高；流动性比例的回归系数显著为负，说明银行流动性比例越高，则面临的系统性风险水平越低；市场竞争程度的回归系数为正，说明伴随着市场竞争程度的提高，银行系统性风险水平下降。在宏观层面，GDP 增速的回归系数显著为正，表明经济增速越高，则银行累积的系统性风险水平越高；市场化利率水平的上升也容易导致银行系统性风险，这可能是由于较高的市场化利率水平容易引发银行融资市场流动性枯竭，进而导致银行系统性风险水平上升。

7.2.2 宏观审慎监管政策有效性讨论

1. 宏观审慎监管能否抑制表外业务对银行个体风险的影响

根据 F 检验和 Hausman 检验结果，此处选择固定效应模型对式(7-3)进行回归分析，表 7-5 给出了宏观审慎监管政策在防范表外业务对银行个体风险影响方面的回归结果。根据列(1)和列(2)的回归结果，杠杆率的回归系数在1%水平下显著为负，表明以杠杆率为工具的宏观审慎监管政策能够有效降低银行个体风险，这与张庆君等(2019)的研究结论保持一致。列(2)中杠杆率与表外业务交叉项的回归系数显著为负，表明宏观审慎监管政策能够降低表外业务对银行个体风险的溢出影响。可能的解释是在银行一级净资本与表内资产规模保持不变的情形下，针对表外业务的杠杆率监管能够直接限制表外资产规模，增加了银行表外业务规模扩张面临的监管压力，迫使银行审慎扩张表外业务规模，从而降低了表外业务对银行个体风险的影响。综合上述结果，对银行表外业务实施的宏观审慎监管政策也达到了微观审慎监管目标。

表 7－5 杠杆率监管、表外业务与银行个体风险

指标	(1) $Risk_{RW}$	(2) $Risk_{RW}$	(3) $Risk_{Loss}$	(4) $Risk_{Loss}$
Lev	−0.093***	−0.074***	−0.103**	−0.096**
	(−3.72)	(−3.42)	(−2.05)	(−2.03)
OBS	0.107**	0.088**	0.102**	0.081**
	(2.12)	(2.07)	(2.13)	(2.11)
Lev×OBS	−0.015**	−0.013**	−0.019**	−0.017**
	(−2.13)	(−2.13)	(−2.14)	(−2.18)
Size		−0.202***		−0.195***
		(−4.18)		(−4.32)
Loanration		−0.227		−0.193
		(−0.94)		(−0.82)
Liq		−0.083**		−0.102**
		(−2.11)		(−2.11)
Lerner		−0.031**		−0.029**
		(−2.06)		(−2.03)
GDP		−0.166**		−0.171**
		(−2.12)		(−2.16)
RM		−0.038*		−0.034**
		(−1.91)		(−2.09)
个体效应	是	是	是	是
时间效应	是	是	是	是
N	160	160	160	160
R^2	0.63	0.78	0.64	0.79

为保证回归结果可靠性，列(3)和列(4)为替换被解释变量度量指标后的回归结果，可以发现，杠杆率的回归系数显著为负，并且交叉项的回

归系数也在 5%水平下显著为负，说明以杠杆率为工具的宏观审慎监管政策能够抑制表外业务对银行个体风险的影响。

2. 宏观审慎监管能否抑制表外业务对银行系统性风险的影响

表 7-6 给出了宏观审慎监管政策对银行系统性风险影响的回归结果。列(1)和列(2)的回归结果表明，杠杆率监管不仅直接降低了银行系统性风险，还能够抑制表外业务对银行系统性风险的溢出影响。这体现在杠杆率的回归系数在 1%水平下显著为负，并且杠杆率与表外业务交叉项的回归系数同样在 5%水平下显著为负。杠杆率监管通过限制表外业务规模，降低了商业银行因开展表外业务而导致的机构关联性，削弱了单个银行风险在银行系统中的传染和溢出，因此能够有效防范银行系统性风险(卢露 等，2020)。列(3)和列(4)是替换被解释变量度量指标后的回归结果，杠杆率以及交叉项的回归系数依然显著为负，与前文保持一致，因此宏观审慎监管政策能够有效抑制表外业务对银行系统性风险的溢出影响。

表 7-6　杠杆率监管、表外业务与银行系统性风险

指标	(1) ΔCoVaR	(2) ΔCoVaR	(3) $\Delta CoVaR_1$	(4) $\Delta CoVaR_1$
Lev	−0.132***	−0.123***	−0.143***	−0.136***
	(−4.36)	(−4.15)	(−4.26)	(−4.16)
OBS	0.154**	0.105**	0.131**	0.096**
	(2.10)	(2.04)	(2.11)	(2.09)
Lev×OBS	−0.033**	−0.022**	−0.024**	−0.015*
	(−2.12)	(−2.15)	(−2.11)	(−1.87)
Size		0.103***		0.098***
		(4.46)		(4.09)
Loanration		0.028		0.021
		(0.54)		(0.76)
Liq		−0.052**		−0.043*
		(−2.06)		(−1.88)

续表

指标	(1) ΔCoVaR	(2) ΔCoVaR	(3) $\Delta CoVaR_1$	(4) $\Delta CoVaR_1$
Lerner		0.057**		0.048**
		(2.09)		(2.06)
GDP		0.066*		0.059*
		(1.74)		(1.82)
RM		0.023*		0.023**
		(1.89)		(2.08)
个体效应	是	是	是	是
时间效应	是	是	是	是
N	140	140	140	140
R^2	0.62	0.65	0.58	0.66

对比微观审慎监管政策效果，宏观审慎监管政策能够有效避免银行个体风险和银行系统性风险之间的“跷跷板”效应，能够有效防范表外业务对银行个体风险和系统性风险的影响，因此针对表外业务的监管，宏观审慎监管政策优于微观审慎监管政策。

7.2.3 稳健性检验

1. 考虑内生性问题——两步法

在评估微观审慎监管政策和宏观审慎监管政策中，虽然采用了三重差分和文本挖掘方法来度量相关政策，在一定程度上规避了变量之间的内生性问题，但是考虑到上述监管政策本身也可能对银行开展表外业务造成影响，故而本书尝试运用两步法来解决上述内生性问题。第一步，以银行表外业务作为被解释变量，检验不同监管政策对银行表外业务的影响；第二步，以第一步得到的残差项 OBS_{RES} 作为表外业务代理变量，重新检验不同监管政策在防范表外业务对银行风险影响中的有效性。

表 7－7 给出了两步法的回归结果。列(1)至列(3)给出了两步法下

微观审慎监管政策有效性回归结果。可以发现，列(1)中交叉项 Treat×Post 的回归系数显著为正，表明监管当局出台的《商业银行资本管理办法(试行)》显著提高了处理组银行表外业务与表内资产的比例。列(2)中交叉项 Treat×Post×OBS_{RES}的回归系数不显著，说明资本充足率监管难以有效抑制表外业务对银行个体风险的影响。列(3)中交叉项 Treat×Post×OBS_{RES}的回归系数在10%水平下显著为正，表明资本充足率监管促使银行选择“以邻为壑”的风险转移行为，这与前文回归结果保持一致。

表7-7 两步法回归结果

微观审慎指标	(1) OBS	(2) $Risk_{RW}$	(3) ΔCoVaR	宏观审慎指标	(4) OBS	(5) $Risk_{RW}$	(6) ΔCoVaR
Treat×Post	0.177**	−0.106*	0.134**	Lev	−0.083**	−0.102***	−0.087***
	(2.36)	(−1.86)	(2.13)		(−2.32)	(−3.36)	(−4.54)
OBS_{RES}		0.112**	0.224**	OBS_{RES}		0.214**	0.203**
		(2.16)	(2.12)			(2.16)	(2.12)
Treat×Post×OBS_{RES}		0.086	0.083*	Lev×OBS_{RES}		−0.019*	−0.014*
		(1.26)	(2.15)			(−1.93)	(−1.87)
控制变量	是	是	是	控制变量	是	是	是
个体效应	是	是	是	个体效应	是	是	是
时间效应	是	是	是	时间效应	是	是	是
N	160	160	140	N	160	160	140
R^2	0.65	0.68	0.69	R^2	0.53	0.65	0.67

列(4)至列(6)给出了宏观审慎监管政策工具杠杆率监管有效性的回归结果。列(4)结果表明，杠杆率监管能够有效地限制银行表外业务资产规模。列(5)和列(6)中杠杆率与表外业务交叉项的回归系数显著为负，说明杠杆率监管政策能够有效抑制表外业务对银行个体风险和银行系统性风险的影响，这与前文结论保持一致。

2. 宏观审慎监管政策有效性的进一步检验

为避免采用单一宏观审慎监管工具对监管有效性带来的随机影响，

在宏观审慎监管政策有效性评估中，我们通过替换宏观审慎监管政策度量指标，以当年度监管当局所采用的宏观审慎监管工具数量的对数来度量宏观审慎监管，并运用动态系统 GMM 方法来进行稳健性检验。

表 7－8 给出了替换核心解释变量以及运用动态系统 GMM 方法下的稳健性回归结果。银行风险滞后项的回归系数都在 1％水平下显著，说明银行个体风险和银行系统性风险都具有连续性。列（1）和列（2）给出了宏观审慎监管对银行个体风险的影响，可以发现：不论是否加入控制变量，宏观审慎监管指数以及宏观审慎监管指数与表外业务交叉项都显著为负，这与前文的研究结论保持一致，即宏观审慎政策能够有效抑制表外业务对银行个体风险的影响。列（3）和列（4）的回归结果也与前文保持一致，说明宏观审慎监管政策不但能够直接降低银行系统性风险，还能够抑制表外业务对银行系统性风险的溢出影响。

表 7－8　宏观审慎监管政策有效性的进一步检验

指标	(1) $Risk_{RW}$	(2) $Risk_{RW}$	(3) ΔCoVaR	(4) ΔCoVaR
L. Risk	0.626***	0.623***	0.685***	0.674***
	(3.56)	(3.52)	(4.33)	(4.23)
Rg	−0.124**	−0.097**	−0.189***	−0.166***
	(−2.18)	(−2.12)	(−3.21)	(−3.18)
OBS	0.132**	0.128**	0.175**	0.163**
	(2.14)	(2.09)	(2.16)	(2.11)
Rg×OBS	−0.102*	−0.097*	−0.019**	−0.015**
	(1.91)	(1.85)	(−2.13)	(−2.12)
控制变量	否	是	否	是
个体效应	是	是	是	是
时间效应	是	是	是	是
AR(2)	0.275	0.264	0.408	0.383
Sargan(*P*)	1.000	1.000	1.000	1.000
N	160	160	140	140
R^2	0.33	0.45	0.36	0.53

3. 剔除 2012 年和 2013 年样本数据重新评估微观审慎监管政策有效性

在微观审慎监管政策评估中，利用 2013 年开始实施《商业银行资本管理办法(试行)》构建的“准自然实验”以及在此基础上构建的三重差分模型，都能够较好地解决变量内生性问题。但考虑银行需要时间对受到的政策冲击做出反应，本书借鉴苏帆等(2019)的研究办法，剔除了政策实施前后一年(2012 年和 2013 年)的数据进行稳健性检验，以规避对差分模型的干扰。表 7-9 给出了相关回归结果。可以发现，微观审慎监管政策并不能够有效抑制表外业务对银行个体风险的影响，并且微观审慎监管政策还强化了表外业务对银行系统性风险的溢出影响，这体现在交叉项 Treat×Post×OBS 的回归系数的显著性和正负号差异中。上述回归结果与前文保持一致，再次说明了本书结论的稳健性。

表 7-9　微观审慎监管政策有效性的进一步检验

指标	(1)	(2)	(3)	(4)
	$Risk_{RW}$	$Risk_{RW}$	ΔCoVaR	ΔCoVaR
Treat×Post	−0.041*	−0.032*	0.042**	0.036**
	(−1.83)	(−1.78)	(2.11)	(2.08)
OBS	0.132**	0.128**	0.102**	0.101**
	(2.11)	(2.09)	(2.11)	(2.09)
Treat×Post×OBS	0.105	0.107	0.051**	0.045**
	(1.21)	(1.15)	(2.08)	(2.12)
控制变量	否	是	否	是
个体效应	是	是	是	是
时间效应	是	是	是	是
N	144	144	126	126
R^2	0.36	0.42	0.31	0.38

7.3 表外业务监管中货币政策与宏观审慎监管政策的协调

在评估不同类型表外业务监管政策有效性基础上，对表外业务实施宏观审慎监管是监管当局的最优选择。然而，正如苏嘉胜等(2019)研究发现，为了保证宏观审慎监管政策的有效性，宏观审慎监管政策还需与货币政策协调搭配。结合第 5 章中表外业务对货币政策银行风险承担渠道的影响，本节尝试构建理论分析模型，以探讨表外业务监管中货币政策与宏观审慎监管政策的协调搭配问题。

7.3.1 货币政策和宏观审慎政策协调监管基准分析框架

1. 宏观审慎监管函数设定

为简化分析，本节将货币政策与宏观审慎政策协调监管目标设定为"保持经济增长(稳增长)"和"防范系统性金融风险(防风险)"。设定上述两个目标的依据是，纵然我国当前时期主要以供给侧结构性改革来提高经济增长质量，但经济结构的优化和改善并不是以大幅牺牲经济增速为代价的。经济增速维持在合理范围内，不仅有利于提高居民生活水平，促进社会消费，改善经济结构，同时有助于避免银行不良贷款的大幅上升，有助于防范系统性风险。

根据 Agur 等(2019)的研究，我们将宏观审慎监管目标的效用函数设定为 $\Omega(p(x,d),d)$，其中 $p(x,d)$ 代表了银行信贷投资项目的成功率，x 代表银行风险投资项目在信贷投资项目中的比例，d 表示银行的杠杆率水平①。显然，信贷项目的成功率是 x 和 d 的减函数，即 $p'_x<0$

① 银行杠杆率等于一级资本净额除以调整后的表内外资产余额。根据监管当局对杠杆率的监管标准，一级资本净额与调整后表内外资产余额的比例不低于 4%。因此，从银行杠杆率定义来看，杠杆率越高，则表明银行的自有资本较为充足，吸收外部负面冲击的能力较高，这与直观理解的杠杆率有较大区别。参考葛鹏飞等(2019)的研究，本书定义银行杠杆率水平为调整后表内外资产余额除以一级资本净额，故银行杠杆水平越高，则自有资本占比较低，吸收外部风险冲击的能力越弱。

且 $p'_d<0$，表明随着风险投资项目比例的提高或杠杆率水平的上升，银行信贷项目的成功率下降。根据委托代理理论，杠杆率水平越高的银行，其风险承担意愿更加强烈，因此风险投资比例随着杠杆率水平的上升而不断提高，即$\partial x/\partial d>0$。在效用函数中，宏观审慎监管目标用银行信贷投资项目的成功率来表示，因为银行信贷投资项目成功率越高，则银行经营稳定性越好，系统性金融风险越低(金融稳定性越高)。经济增速目标用银行杠杆率水平表示，显然当银行杠杆率水平较高时，银行信贷供给能力扩大，信贷规模扩大能够提高经济增速。进一步，$\Omega'_{p(\cdot)}>0$，$\Omega'_d>0$，说明银行信贷投资的成功率和杠杆率水平对效用函数均有正向的边际效用；$\Omega''_{p(\cdot)}<0$，$\Omega''_d<0$，说明效用函数的无差异曲线是上凹的。其经济学直觉亦非常明显：降低系统性金融风险的边际收益为正，但边际收益逐步减小，即当银行信贷投资项目的成功率较高时，过于严格的系统性金融风险的监管措施带来的收益较低；类似的有，提高杠杆率水平以增加社会信贷供给规模的边际收益为正，但边际效用递减。同理，由于 $p'_d<0$，$p''_d<0$，银行信贷投资项目的成功率曲线是下凹曲线。

由于宏观审慎监管政策与货币政策协调的目标函数既要防范系统性金融风险，还需维持经济增长目标，因此宏观审慎监管对杠杆率水平的最优监管水平是效率曲线的无差异曲线与银行信贷项目成功率曲线(边界前沿)的交点。事实上，为了维护金融稳定，降低系统性金融风险，宏观审慎监管当局会限制银行杠杆率水平，以降低银行风险资产项目比例，提高银行信贷项目成功率。

图 7 - 1 反映了，当宏观审慎监管当局为降低系统性金融风险而对银行的杠杆率水平进行严格控制时，杠杆率水平的降低将使得银行信贷项目的成功率提高，从图中的 $p(x_2,d_2)$提高至 $p(x_1,d_1)$。宏观审慎监管当局通过权衡经济增速与系统性风险目标的相对重要程度，选择放松或提高银行杠杆率监管要求，在“稳增长”和“防风险”目标之间进行权衡取舍。

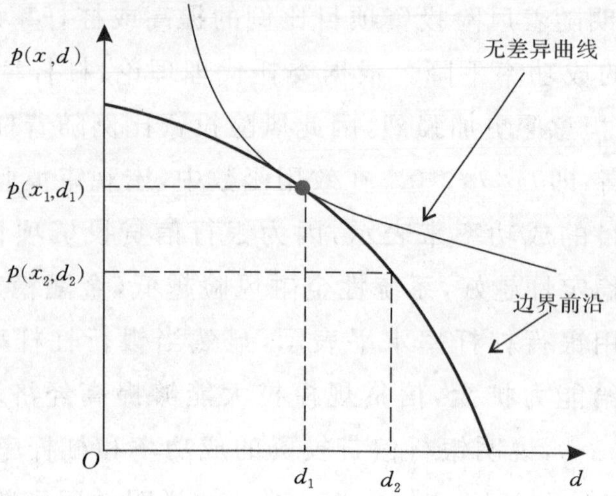

图 7-1　宏观审慎监管与系统性金融风险

2. 货币政策变动与宏观审慎监管效果

货币政策通过两个渠道影响银行风险承担水平：一是盈利效应($\partial x/\partial r>0$)，即更高的货币政策基准利率会降低银行的特许权价值，导致银行盈利能力下降。商业银行为保持其盈利能力，会提高其风险投资项目的比例，进而提高银行风险承担水平。二是杠杆效应($\partial d/\partial r<0$)，即较高的货币政策基准利率会提高银行融资成本，进而降低银行杠杆率水平，抑制银行风险承担意愿，降低银行风险承担水平。为说明货币政策变动对宏观审慎监管的影响，首先要研究货币政策变动对银行信贷投资项目成功率曲线的变动影响。为此，首先对边界前沿曲线求杠杆率水平的一阶导数：

$$p'_d=\frac{\mathrm{d}p(x,d)}{\mathrm{d}(d)}=\frac{\partial p(x,d)}{\partial d}+\frac{\partial p(x,d)}{\partial x}\frac{\partial x}{\partial d} \tag{7-4}$$

对式(7-4)求关于货币政策利率的导数，可得

$$\frac{\partial}{\partial r}\left[\frac{\mathrm{d}p(x,d)}{\mathrm{d}(d)}\right]=\underset{(-)}{\frac{\partial p(x,d)}{\partial x}}\,\underset{(+)}{\frac{\partial x}{\partial d}}\left(\underset{(-)}{\frac{\partial d}{\partial r}}+\underset{(+)}{\frac{\partial x}{\partial r}}\right)+\underset{(-)}{\frac{\partial p(x,d)}{\partial d}}\,\underset{(-)}{\frac{\partial d}{\partial r}} \tag{7-5}$$

可以发现，式(7－5)中由于$\frac{\partial d}{\partial r}+\frac{\partial x}{\partial r}$的正负并不明显，因此最终的符号还需根据其正负情况进行分类讨论。注意到，$\partial d/\partial r$代表了货币政策的杠杆效应，而$\partial x/\partial r$则反映了利率变动对银行盈利效应的影响，因此，货币政策利率变动对式(7－5)的影响还需综合比较两种效应的大小。

情形 1：$\left|\frac{\partial d}{\partial r}\right|\geqslant\frac{\partial x}{\partial r}$，即货币政策对银行风险承担两种效应中的杠杆效应占主要地位。在这种情形下，$\frac{\partial}{\partial r}[p'_d]>0$，这意味着概率边界前沿曲线的斜率$p'_d$随着$r$的增大而增大，因此当利率下降时，此时概率曲线向左下侧移动。反映在图 7－2 中，边界前沿曲线由实线位置旋转至虚线位置。此时，宏观审慎监管当局为提高金融稳定性，降低系统性金融风险，则会对银行杠杆率水平提出更加严格的监管(即降低银行的杠杆率水平$d_1\to d_2$)，但此时银行风险投资项目成功的概率亦从$p(x,d)$降低至$p(x,d_2)$。在此情形下，宏观审慎监管当局实施严格的杠杆率水平监管面临“两难”的困境：降低银行杠杆率水平，不仅难以提高银行信贷项目成功率、降低系统性金融风险，还会因为监管要求的提高而对经济增速造成负向冲击。

情形 2：$\left|\frac{\partial d}{\partial r}\right|<\frac{\partial x}{\partial r}$，货币政策传导渠道中银行盈利效应占优，此时

$$\underset{(-)}{\frac{\partial p(x,d)}{\partial x}}\underset{(+)}{\frac{\partial x}{\partial d}}\Big(\frac{\partial d}{\partial r}\underset{(+)}{+}\frac{\partial x}{\partial r}\Big)+\underset{(-)}{\frac{\partial p(x,d)}{\partial d}}\underset{(-)}{\frac{\partial d}{\partial r}}\tag{7－6}$$

的正负号仍难以确定。

(1) 当$\frac{\partial x}{\partial r}$的值比$\left|\frac{\partial d}{\partial r}\right|$略大时，此时$\frac{\partial}{\partial r}[p'_d]>0$，图 7－2 仍然成立，宏观审慎监管当局面临着“稳增长”与“防风险”的权衡取舍。若严格对银行杠杆率水平的监管，非但不能有效提高银行信贷项目成功率、降低系统性风险，同时将缩小对社会信贷供给水平，影响经济增长。

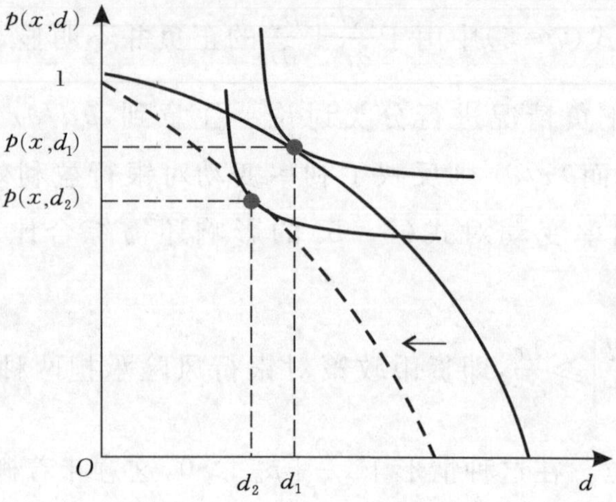

图 7-2　杠杆效应占优时货币政策基准利率降低对银行风险承担的影响

(2)当$\frac{\partial x}{\partial r}$的值远大于$\left|\frac{\partial d}{\partial r}\right|$时，此时$\frac{\partial}{\partial r}[p'_d]<0$，即当货币政策基准利率下降时，银行信贷项目成功率曲线（边界前沿）向右上方移动（见图7-3）。此时宏观审慎监管当局的最优监管选择是放松对银行杠杆率水平监管限制，将对杠杆率水平的限制由d_1提高至d_2水平，此时金融稳定性亦从$p(x,d_1)$提高至$p(x,d_2)$水平。

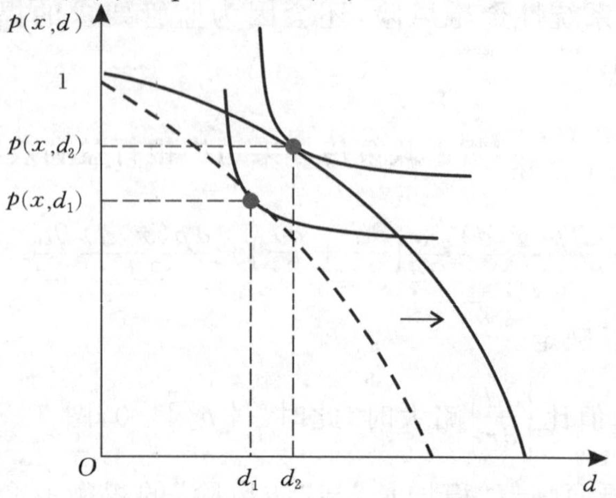

图 7-3　盈利效应占优时货币政策基准利率降低对银行风险承担的影响

结合上述三种情形的分类讨论可以发现，货币政策对银行风险承担的影响，主要是比较货币政策对银行风险承担两种效应的大小。当盈利效应占优时，降低基准利率有助于银行降低其风险承担水平；当杠杆效应占优时，降低基准利率则会加强银行风险投资行为，提高银行风险承担水平。宏观审慎监管当局在面临维护金融稳定和保持经济增长的权衡选择中，不同效应占优下面临的权衡选择难度不同：当盈利效应占优时，降低银行杠杆率水平的监管要求能够以牺牲经济增速换取金融稳定；当杠杆效应占优时，降低银行杠杆率水平非但不能提高金融稳定性，反而会影响经济增长。

7.3.2 表外业务对货币政策和宏观审慎监管政策协调的影响

表外业务对银行风险承担的影响可以通过分析其对盈利效应和杠杆效应的相对大小进行分析。当表外业务加强了货币政策杠杆效应时，银行信贷项目边界前沿曲线向左下方移动，宏观审慎监管"稳增长"和"防风险"目标难以实现；而当表外业务强化了货币政策盈利效应时，宏观审慎监管可以权衡"稳增长"和"防风险"两个目标的相对重要程度，通过适当降低"稳增长"目标权重顺利实现"防风险"目的。考虑到我国当前已经将防范系统性金融风险提升为经济工作重点，而供给侧结构性改革更加注重经济增长质量而非单一的经济增速，因此，在能够牺牲部分经济增长目标前提下，防范和化解系统性金融风险，是符合当前我国宏观审慎监管目标的。

事实上，表外业务对盈利效应和杠杆效应的影响可以结合我国表外业务发展特点进行讨论。表外业务作为银行金融创新业务转型方向(Lewis，2013)，其不纳入资产负债表、不受资本充足率监管的特点决定了商业银行竞相通过开展表外业务提高其信贷规模从而获取更高收益的事实。表外业务利用高杠杆、高复杂度的特点提高了银行主动负债能力、规避了资金投向限制，促使银行在满足资本充足率监管要求前提下，提高了负债规模，隐性提高了银行杠杆率水平(Breuer，2002)。通过手工收集和整理上市银行年报中有关杠杆率资料，发现现有银行年报中公布的银行调整后表内外资产余额仅包含了信贷承诺类表外业务，而忽略了代理投融资服务类表外业务和中介服务类表外业务。因此，借鉴第3章对表外业务的测算方法，我们将非保本理财业务规模和资产托管业务规模纳入银行表内外资产余额，以得到银行真实杠杆率水平：真实杠杆率水平＝(调整后表内外资产余额＋非保本理财产品业务规模＋资产托管业务规模)/一级资本净额。为了保持数据一致性，本书收集了16家上市银行2015—2017年表外业务分类资产规模数据，对比分析了银行公布的杠杆率水平与作者计算得到的真实杠杆率水平之间存在的差异。

表7-10 不同类型商业银行名义杠杆率水平与真实杠杆水平变化趋势

年份	国有五大银行		股份制银行		城市商业银行	
	名义杠杆率水平	真实杠杆率水平	名义杠杆率水平	真实杠杆率水平	名义杠杆率水平	真实杠杆率水平
2015	14.92	22.12	18.46	39.69	18.38	44.33
2016	14.57	22.98	18.30	44.01	18.70	52.67
2017	14.53	23.32	16.46	42.26	18.35	48.67

资料来源：作者计算。

可以发现，不论是国有五大银行还是股份制商业银行或城市商业银行，银行通过开展表外业务能够“隐性”提高银行杠杆率水平。因此，考虑表外业务后，银行的杠杆率水平从 d_1 提高至 d_2，导致银行信贷项目的成功率从 $p(x,d_1)$ 降低至 $p(x,d_2)$，反映在图7-4中即为从 A 点转移至 B 点，显然在此情形下，银行信贷项目成功率下降，系统性风险加重。

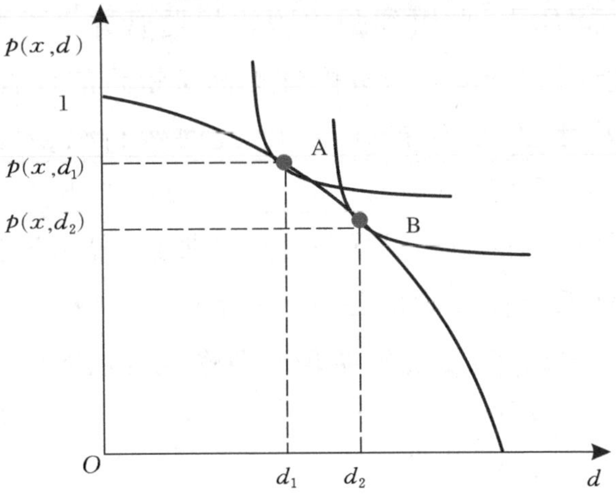

图 7-4　表外业务隐性加杠杆效应

相比杠杆效应，表外业务对货币政策银行风险承担渠道的盈利效应有明显的抑制作用，即考虑表外业务影响时，宽松的货币政策（货币政策利率降低）并不能缩小银行的风险投资项目比例。根据前文对表外业务市场竞争属性的特征总结，表外业务是商业银行被动应对激烈市场竞争和主动参与市场竞争的“产物”，我国商业银行利用委托贷款、资管计划和资产证券化等方式，规避了资本计提、减值拨备等监管限制，将资金投资于高风险高收益的限制行业，能够获得较高的投资收益来应对其通过表外理财业务获取的高成本资金。因此银行开展表外业务，事实上弱化了货币政策的盈利效应，这是因为：当货币政策设定的基准利率降低时，商业银行存款竞争更加激烈，表外业务发展使得银行风险承担意愿加强，从而提高了银行风险投资项目占比，弱化了货币政策的盈利效应。

综合上述分析，表外业务强化了货币政策杠杆效应、削弱了盈利效应，银行信贷项目成功率曲线（边界前沿曲线）向左下方移动幅度更大（见图 7-5）。可以发现，若为稳定增长目标采取宽松的货币政策（降低基准利率），并且提高宏观审慎监管要求、降低杠杆率水平（$d_1 \rightarrow d_2$），则此时银行信贷项目成功率从 $p(x, d_1)$ 降低至 $p(x_1, d_2)$，反映在图中则

为从 A 点转移至 B 点，此时加强宏观审慎监管并不能降低系统性金融风险。更进一步考虑到表外业务隐性提高了银行的杠杆率水平，反映在图中即为杠杆率水平从 d_2 提高至 d_3，此时银行信贷项目的成功率从 $p(x_1, d_2)$ 进一步下降至 $p(x_1, d_3)$，即从 B 点向右下方移动至 C 点。表外业务对盈利效应的削弱和对杠杆效应的加强，最终导致宏观审慎监管难以实现其降低系统性风险的目标。因此，在此情形下，宽松的货币政策结合严格的监管政策，不能够实现防范系统性风险的目标。

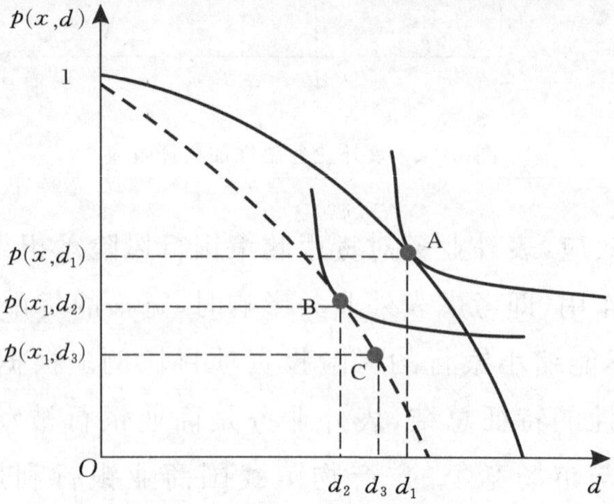

图 7－5　表外业务的综合效应

7.3.3　货币政策与宏观审慎监管政策的最优搭配

根据前文的理论分析，当货币政策的盈利效应占优时，宽松的货币政策＋严格的宏观审慎监管政策能够实现"稳增长"和"防风险"目标；但当杠杆效应占优时，则宽松的货币政策结合严格的宏观审慎监管政策不能够防范系统性风险。因此，要针对不同情况审慎选择货币政策与宏观审慎监管政策的协调搭配。

由于表外业务削弱了货币政策的盈利效应、强化了杠杆效应，因此当表外业务对货币政策传导渠道影响的杠杆效应占优时，再实施"宽货币＋严监管"的政策组合，不能够维持"稳增长"和"防风险"双重目标。

特别是，提高对银行杠杆率水平的监管要求并不能降低系统性金融风险，反而会对经济增长目标带来负面影响。

事实上，为了提高宏观审慎监管工具的有效性，就要从根本上改变表外业务对货币政策中盈利效应和杠杆效应的相对影响。一是要对表外业务全面监管，限制表外业务对货币政策杠杆效应的影响。表外业务不纳入资产负债表，不受资本计提、减值准备等监管限制，极大地提升了商业银行开展表外业务的内在动力，表外业务隐性提高了银行的杠杆率水平，容易引发道德风险，并削弱了银行应对市场负向冲击的能力，威胁系统性金融安全。二是要严格控制表外业务资金投向，规避表外业务对盈利效应的削弱作用。当货币政策利率降低时，激烈的表外业务竞争迫使银行将资金投资于高风险高收益的投资项目，导致银行风险投资项目比例并不随利率的降低而降低。盈利效应的削弱与杠杆效应的加强，导致边界前沿曲线向左下方移动，导致宏观审慎监管的双重目标更加难以达成。

鉴于此，结合表外业务对货币政策银行风险传导渠道的影响，以及宏观审慎监管政策与货币政策搭配效果的研究结果，本书认为，为防范表外业务对系统性金融风险的潜在影响，货币政策与宏观审慎监管政策的协调搭配组合应为“稳健的货币政策＋全面审慎的宏观监管政策”。

在货币政策选择中，宽松的货币政策（降低基准利率）环境下，表外业务对杠杆效应的加强和盈利效应的削弱导致宏观审慎监管困境：提高对银行杠杆率水平的监管要求，非但不能提高金融稳定、降低系统性金融风险，反而还会限制银行的信贷供给能力，影响经济增长目标。因此在当前防范系统性风险为主要重心前提下，保持货币政策稳健中性有助于规避表外业务对银行风险承担渠道的强化影响。具体而言，应选择市场化利率为货币政策工具，并适当提高利率水平，抑制表外业务快速发展。

在宏观审慎监管政策方面，监管当局应联合采用多种监管措施，如限制表外业务资金投向、规范表外业务发展，以削弱表外业务监管套利空间;同时将表外业务纳入表内监管,适当提高对杠杆率水平的监管要求,以降低银行系统性风险。

7.4 本章小结

本章旨在探讨表外业务监管政策的有效性以及监管政策选择问题。本章评估了表外业务不同类型监管政策的有效性,并在此基础上,借助理论模型,探讨了表外业务监管中货币政策与宏观审慎监管政策的协调搭配问题。具体来看,在表外业务监管政策有效性评估中,我们将表外业务监管政策划分为以资本充足率监管为代表的微观审慎监管政策以及以杠杆率为代表的宏观审慎监管政策两类,并实证检验了两类监管政策的有效性。实证结果发现,微观审慎监管政策难以有效抑制表外业务对银行个体风险的影响,同时加剧了表外业务对银行系统性风险的溢出效应;宏观审慎监管政策能够有效抑制表外业务对银行个体风险和银行系统性风险的影响。因此,对表外业务监管而言,宏观审慎监管政策无疑是更为有效的。内生性问题处理以及一系列稳健性结果表明,上述研究结论是可靠的。在此基础上,考虑到表外业务对货币政策银行风险承担渠道的影响,本章进一步研究如何协调货币政策与宏观审慎监管政策以更好地防范表外业务对银行系统性风险的影响问题。研究发现,为规避表外业务对货币政策传导的影响,应尽量选择市场化利率作为货币政策工具,抑制表外业务对银行风险承担的强化作用。在宏观审慎监管政策中,应联合采用多种监管措施,如限制表外业务资金投向、规范表外业务发展,以削弱表外业务监管套利空间;同时适当提高对杠杆率水平的监管要求,以降低系统性金融风险。上述研究结论为监管当局如何对表外业务进行有效监管提供了指导和借鉴。

第 8 章

主要结论和政策建议

8.1 主要结论

本书以“发现问题—分析问题—解决问题”为主要思路，通过总结分析我国商业银行表外业务特征及监管现状，重点研究了我国商业银行表外业务对银行个体风险及银行系统性风险的影响，并进一步检验了不同类型表外业务监管政策的有效性，指出了表外业务监管中政策选择策略。在理论分析中，通过归纳我国商业银行表外业务特征，分析不同表外业务特征对银行脆弱性的影响，发现了表外业务对银行个体风险和银行系统性风险的影响机理。在实证研究中，通过手工收集上市银行表外业务规模数据，并采用 ΔCoVaR 方法以及偏 *t*-GARCH-时变 Copula-CoVaR 方法测算银行系统性风险，实证检验了我国商业银行表外业务对银行风险承担以及银行系统性风险的影响，并从表外业务整体及分类视角、银行所有制属性差异视角探讨了表外业务对银行风险承担及银行系统性风险的影响差异。在此基础上，本书进一步评估了表外业务微观审慎监管政策与宏观审慎监管政策的有效性，并进一步研究了表外业务监管中货币政策与宏观审慎监管政策的协调搭配策略，得到了较多具有价值的结论。

(1)鉴于现有的文献缺乏对表外业务影响银行风险的系统研究，本书以我国商业银行表外业务为视角，从表外业务整体和结构视角刻画了表外业务发展趋势，指出了表外业务监管中存在的问题，并总结提炼了表外业务复杂性、市场竞争属性、监管套利属性等特征。在此基础上，本书从银行脆弱性视角构建了分析表外业务风险的理论分析框架，并分析不同表外业务特征及其对银行风险的影响，研究发现，表外业务复杂性、市场竞争属性和监管套利属性分别从信息不对称、市场竞争以及金融创新层面加剧了银行脆弱性，导致银行风险承担水平上升；而表外业务复杂性带来的银行间机构关联度上升加剧了单个银行风险对银行系统的风险溢出程度，表外业务协同性则通过提高银行对银行融资市场的依赖性，容易触发银行融资市场流动性危机而提高银行系统性风险。

(2)针对表外业务对银行风险承担的影响，本书分析了表外业务对银行风险承担的两个作用渠道(直接影响渠道和间接影响渠道)，并利用上市银行面板数据实证检验了表外业务与银行风险承担之间的联系。在理论分析中，表外业务对银行风险承担的直接影响主要是由于表外业务高复杂性、高杠杆性、低透明度和期限错配导致的，表外业务对银行风险承担的间接影响体现在表外业务对货币政策银行风险承担渠道的强化影响。表外业务通过强化银行利益搜寻效应以及改变央行沟通和反应函数效应，强化了货币政策银行风险承担渠道，间接提高了银行的风险承担水平。实证结果表明，表外业务与银行风险承担之间存在正相关关系，并且表外业务还通过强化货币政策银行风险承担渠道，间接提高了银行风险承担水平。表外业务对银行风险承担的影响还受到银行所有制属性影响：相比国有商业银行而言，表外业务对非国有商业银行风险承担的影响程度更大。对表外业务的分类研究发现，代理投融资服务类对银行风险承担的影响最大，担保承诺类表外业务次之，而中介服务类表外业务对银行风险承担的影响最小。

(3)针对表外业务对银行系统性风险的影响，本书不仅从表外业务规模扩张导致银行间关联性上升，进而导致单个银行风险对银行系统风险溢出程度增加视角分析了表外业务对银行系统性风险的直接影响，还从商业银行协同开展表外业务事实出发，运用博弈均衡模型和数值模拟技术直观反映了表外业务对银行系统性风险的作用机理，研究发现，商业银行发展表外业务还会改变银行原有的博弈均衡水平，容易引发银行融资市场流动性危机，从而提升银行系统性风险。在实证检验中，利用上市银行面板数据，在运用 ΔCoVaR 方法以及偏 t-GARCH-时变 Copula-CoVaR 方法度量单个银行系统性风险基础上，检验了表外业务对银行系统性风险的影响，研究发现，我国商业银行表外业务与银行系统性风险正相关，但表外业务对银行系统性风险的影响存在异质性：相比于国有商业银行，表外业务对股份制商业银行和城市商业银行的系统性风险影响更加显著。担保承诺类表外业务和代理投融资服务类表外业务都与银行系统性风险正相关，而中介服务类表外业务与银行系统性风险负相关。上述研究结论在改变被解释变量计算方法等稳健性检验下都保持稳健，说明了研究假设的合理性。进一步的渠道分析表明，表外业务通过提高银行对银行融资市场依赖性渠道影响银行系统性风险。上述研究为监管当局对不同所有制属性银行表外业务进行功能监管和差异化监管提供了实证支持。

(4)在表外业务监管有效性评估及选择研究中，本书实证检验了表外业务监管中微观审慎监管政策和宏观审慎监管政策的有效性。本书以资本充足率监管代表微观审慎监管政策，利用三重差分模型实证检验发现，微观审慎监管政策难以有效抑制表外业务对银行个体风险的影响，同时还加剧了表外业务对银行系统性风险的溢出效应；以杠杆率监管作为宏观审慎监管政策工具，研究发现宏观审慎监管政策能够有效抑制表外业务对银行个体风险和银行系统性风险的影响。微观审慎监管政策与宏观审慎监管政策有效性差异的根本原因在于，微观审慎监管政策促使面临监管压力的银行扩大表外业务占比，而宏观审慎监管政策能够有效降低银行表外业务占比。因此，对表外业务监管应选择宏观审慎监管政策。进一步考虑到监管政策的有效性还需要与货币政策的协调配合，本书将表外业务对货币政策的影响纳入 Agur 等(2019)的理论模型中，研究发现：为最大限度降低表外业务对银行系统性风险的影响，货币政策与宏观审慎监管政策的最优协调搭配为“稳健的货币政策＋全面审慎的宏观监管政策”。在货币政策选择中，应选择市场化利率为货币政策工具；在宏观审慎监管中，监管当局应联合采用多种监管措施，如限制表外业务资金投向、规范表外业务发展，合理控制表外业务规模，以降低系统性金融风险。

8.2 政策建议

1. 加强表外业务信息披露，提高信息透明度

商业银行表外业务的信息披露不规范、表外业务与表内业务划分界限不明确导致我国商业银行表外业务信息披露程度较低。表外业务信息披露透明度较低表现在我国商业银行表外业务会计核算中没有设置与不同类型表外业务相对应的会计科目，导致表外业务信息难以准确获取，这也是本书样本选择数量偏少的根本原因。在监管压力下，表外业务向表内科目“腾挪”亦增加了表外业务测算的难度。不同商业银行将表外业务划归为不同的表内科目进行监管套利，使得监管当局难以全面掌握表外业务整体规模和风险积累程度。与此同时，表外业务信息披露不规范及披露程度较低等问题，导致现有的研究缺乏直接以表外业务为研究对象，对表外业务风险的研究缺乏深度和广度。因此，要进一步完善表外业务信息披露机制，提高表外业务信息透明度。

2. 加快利率市场化进程，削弱表外业务对货币政策传导渠道的影响

表外业务对货币政策银行风险承担渠道的强化影响，不仅加强了表外业务对银行风险承担的影响，也为表外业务监管带来的挑战。根据第5章的研究结论，市场化利率还可以弱化表外业务对货币政策银行风险承担渠道的强化作用，降低表外业务对银行风险承担的间接影响。因此要进一步推动利率市场化，降低表外业务对银行风险承担渠道的影响，

同时以利率市场化手段压缩商业银行表外业务的套利空间，提高商业银行风险管理能力，促使商业银行真正开展表外业务创新，提升自身盈利能力。

3. 完善表外业务宏观审慎监管体系，对表外业务实施差异化监管

表外业务不仅提高了银行个体的风险承担水平，还提升了银行系统性风险水平，因此要建立和完善表外业务的宏观审慎监管体系，消除多头监管中的监管重叠和监管空白问题。在实际操作中，要对表外业务资金投向进行“穿透式”监管，避免商业银行利用表外业务将资金投向限制性行业或高风险行业，压缩表外业务监管套利空间，适当降低表外业务规模。与此同时，在表外业务向表内回归现实背景下，要提前防范表外业务创新对监管要求的规避，提高宏观审慎监管水平，适应金融机构与金融市场的创新变化，全力防范可能出现的“黑天鹅”或“灰犀牛”事件，构筑金融体系的安全防线，全面防范表外业务对系统性风险的冲击，守住不发生系统性风险的底线。与此同时，考虑到不同类型表外业务对银行风险承担及银行系统性风险的差异化影响，以及对不同所有制属性银行的影响差异，监管当局还需对表外业务进行分类监管，并根据银行主体差异实施差异化监管策略。要加强对股份制商业银行和城市商业银行的监管，重点防范代理投融资服务类表外业务过快增长对银行风险承担和银行系统性风险的影响，这为成立理财子公司、严格隔离表外理财业务风险的监管政策提供了实证支持。进一步考虑到银行表外业务是银行主动加杠杆的重要业务模式，不同类型表外业务对银行系统性风险的差异化影响为银行去杠杆或优化银行业杠杆结构提供了指导和借鉴。

4. 完善货币政策与宏观审慎监管政策的配合，降低表外业务对银行个体风险以及系统性风险的影响

表外业务对货币政策银行风险承担渠道的影响使得监管当局必须关注货币政策工具与宏观审慎监管政策工具的协调配合。表外业务对

货币政策传导渠道的影响，使得“宽货币、严监管”的政策搭配组合难以降低系统性风险，因此在货币政策与宏观审慎监管政策配合中，应综合考虑货币政策工具和宏观审慎监管政策工具搭配的有效性，这就要求进一步健全货币政策与宏观审慎监管政策的双支柱调控框架。货币政策不仅要维护经济增长和物价稳定，也要对宏观审慎监管的金融稳定目标提供帮助。根据本书的研究结论，货币政策保持稳健中性，以市场化利率为货币政策工具能够有效降低表外业务对货币政策传导的影响，有助于降低表外业务对银行系统性风险的影响；同时宏观审慎监管政策要对表外业务进行全面、穿透式监管，堵住表外业务监管套利通道，准确计提风险拨备和资本，抑制表外业务无序、野蛮式增长，逐步控制表外业务风险，维护金融稳定。

8.3 研究不足和展望

尽管本书从我国商业银行开展表外业务的实际出发，全面且系统地研究了表外业务对银行风险承担和银行系统性风险的影响，加深了表外业务影响银行风险的理解，也提出了防范表外业务对银行风险影响的宏观审慎监管政策和货币政策协调搭配策略。但限于主观和客观条件限制，本书还存在如下不足以及有待进一步深化和拓展的研究。

(1)表外业务信息披露不足，难以构建表外业务网络拓扑结构，以准确识别表外业务对银行系统性风险的影响。与已有的研究保持一致，本书利用 CoVaR 方法度量了单个银行风险对系统性风险的溢出程度，并将其定义为银行系统性风险，但上述度量并不能准确反映表外业务对银行风险传染的影响。事实上，借鉴网络拓扑分析结构方法能够更好地反映表外业务对银行系统性风险传染的内在机制和路径，为表外业务监管和风险防范提供更加准确的指导。但由于表外业务信息披露并不完善，银行间相互持有表外业务资产信息难以获取，并且不同银行表外业务披露规范不一，导致相关数据难以准确获取，通过表外业务数据构建网络拓扑结构难以实现。因此，在规范表外业务信息披露、提高信息透明度的前提下，通过构建表外业务网络拓扑结构是研究银行系统性风险的重要研究方向。

(2)将表外业务特征纳入动态随机一般均衡模型，系统分析货币政策与宏观审慎监管政策协调配合问题，并实证检验检验货币政策与宏观审慎监管政策搭配策略对防范表外业务影响银行系统性风险的实际效果。本书基于理论模型，静态比较分析了“稳增长、防风险”目标下，不同货币政策与宏观审慎监管政策协调搭配对防范表外业务风险的效果，但是缺乏对上述研究结论的实证支持。事实上，动态随机一般均衡模型是研究货币政策与宏观审慎监管政策协调搭配的理想工具。若将表外业务对货币政策传导影响特征纳入动态随机一般均衡模型，则能够更加系统地反映货币政策与宏观审慎监管政策配合的效果，并且全面评估不同政策工具搭配的优劣，比本书的研究更有优势。同时一般均衡分析框架的估计是基于现实经济数据进行的，还能够动态模拟未来的变化趋势，也要优于本书的定性分析。动态随机一般均衡的分析框架具有上述的众多的优势，但是在既有研究基础上，将表外业务特征和表外业务对货币政策传导影响特征融入模型仍是一个复杂而艰巨的工程，这是未来研究的一个重要挑战。

(3)探讨表外业务对非常规货币政策传导的影响机制。随着我国经济进入新常态，传统货币政策工具调控效能逐渐减弱。我国央行为适应经济转型发展、提高货币政策调控效力，推出了如常备借贷便利等非常规货币政策工具。借贷便利类货币政策与传统货币政策的传导机制差异，借贷便利类货币政策对市场预期及市场流动性的影响是否会改变商业银行对表外业务的偏好，而表外业务是否也会影响借贷便利类货币政策的传导效果，进而对银行风险承担造成影响并不明确。若表外业务对借贷便利类货币政策的传导影响较低，那么借贷便利类货币政策结合宏观审慎监管政策是否能够降低表外业务风险将成为一个值得研究的课题。

参考文献

巴曙松,2013.应从金融结构演进角度客观评估影子银行[J].经济纵横(4):27-30.

包全永,2005.银行系统性风险的传染模型研究[J].金融研究(8):72-84.

曹凤岐,2015.互联网金融对传统金融的挑战[J].金融论坛,20(1):3-6.

陈浪南,田磊,2014.基于政策工具视角的我国货币政策冲击效应研究[J].经济学:季刊(4):285-304.

陈雄兵,邓伟,2016.商业银行货币政策与表外业务信贷传导[J].国际金融研究,352(8):60-70.

邓伟,付雯雯,2014.我国商业银行表外业务及其对传统业务的影响:15家上市银行的实证研究[J].经济管理(6):99-107.

段军山,杨帆,高洪民,2018.存款保险、制度环境与商业银行风险承担:基于全球样本的经验证据[J].南开经济研究,201(3):138-158.

范小云,方意,王道平,2013.我国银行系统性风险的动态特征及系统重要性银行甄别:基于CCA与DAG相结合的分析[J].金融研究(11):82-95.

范小云,王道平,方意,2011.我国金融机构的系统性风险贡献测度与监管:基于边际风险贡献与杠杆率的研究[J].南开经济研究(4):3-20.

方意,2013.中国宏观审慎监管框架研究[D].南开:南开大学.
方意,2016.系统性风险的传染渠道与度量研究:兼论宏观审慎政策实施[J].管理世界(8):32-57.
方意,陈敏,杨嬿平,2018.金融市场对银行业系统性风险的溢出效应及渠道识别研究[J].南开经济研究,203(5):60-77.
方意,赵胜民,谢晓闻,2012.货币政策的银行风险承担分析:兼论货币政策与宏观审慎政策协调问题[J].管理世界(11):9-19.
方意,郑子文,2016.系统性风险在银行间的传染路径研究:基于持有共同资产网络模型[J].国际金融研究,350(6):61-72.
高蓓,张明,邹晓梅,2016.影子银行对中国商业银行经营稳定性的影响:以中国14家上市商业银行理财产品为例[J].经济管理(6):138-153.
高海红,高蓓,2014.中国影子银行与金融改革:以银证合作为例[J].国际经济评论(2):118-132.
葛鹏飞,黄秀路,2019.中国银行业系统性风险的演变:降价抛售传染视角[J].财贸经济,40(2):66-83.
宫晓琳,2012.宏观金融风险联动综合传染机制[J].金融研究(5):56-69.
顾晓安,王鹏程,2015.非利息收入占比与银行风险分散效应的关系研究:来自美国银行业的经验证据与启示[J].世界经济研究(7):32-43.
郭品,沈悦,2015.互联网金融加重了商业银行的风险承担吗?:来自中国银行业的经验证据[J].南开经济研究(4):80-97.
郭甦,梁斯,2017.资产证券化是否改变了商业银行的风险承担?:一个来自中国的证据[J].国际金融研究,365(9):67-75.
郭晔,赵静,2017.存款竞争、影子银行与银行系统风险:基于中国上市银行微观数据的实证研究[J].金融研究(6):81-94.
何德旭,郑联盛,2009.影子银行体系与金融体系稳定性[J].经济管理(11):20-25.

何靖,2016.延付高管薪酬对银行风险承担的政策效应:基于银行盈余管理动机视角的PSM-DID分析[J].中国工业经济(11):126-143.

胡利琴,胡蝶,彭红枫,2018.机构关联、网络结构与银行业系统性风险传染:基于VAR-NETWORK模型的实证分析[J].国际金融研究,(6):53-64.

黄聪,贾彦东,2010.金融网络视角下的宏观审慎管理:基于银行间支付结算数据的实证分析[J].金融研究(4):1-14.

黄国妍,2015.中国商业银行收入结构多元化能够分散银行风险吗?[J].金融经济学研究(6):16-28.

黄洁莉,汤佩,夏喆,2013.银行表外业务、风险输入与经营业绩:基于中国上市银行2007—2011年均衡面板数据的实证分析[J].金融经济学研究(6):44-54.

黄隽,章艳红,2010.商业银行的风险:规模和非利息收入:以美国为例[J].金融研究(6):75-90.

黄敏,蒋海,杨子晖,2018.资本监管、信息披露质量对银行风险承担的影响[J].国际金融研究,379(11):56-66.

黄小英,许永洪,温丽荣,2016.商业银行同业业务的发展及其对货币政策信贷传导机制的影响:基于银行微观数据的GMM实证研究[J].经济学家(6):24-34.

黄晓薇,郭敏,李莹华,2016.利率市场化进程中银行业竞争与风险的动态相关性研究[J].数量经济技术经济研究(1):75-91.

黄秀路,葛鹏飞,2018.债权激励降低了银行系统性风险吗?[J].财经研究(1):47-60.

黄益平,2017.防控中国系统性金融风险[J].国际经济评论(5):82-98.

黄益平,常健,杨灵修,2012.中国的影子银行会成为另一个次债?[J].国际经济评论(2):42-51.

江曙霞,陈玉婵,2012.货币政策、银行资本与风险承担[J].金融研究(4):1-16.

江曙霞,刘忠璐,2016.存贷款市场竞争对银行风险承担的影响有差异吗?:基于中国利率市场化改革的讨论[J]. 经济管理(6):1-15.

金鹏辉,张翔,高峰,2014. 货币政策对银行风险承担的影响:基于银行业整体的研究[J]. 金融研究(2):16-29.

孔丹凤,王祥,2015. 非利息收入对中美商业银行收益和风险的影响[J]. 金融论坛(1):21-27.

孔德兰,董金,2008. 公司治理机制对商业银行风险承担影响的实证分析[J]. 中央财经大学学报(11):38-42.

李成,高智贤,2014. 货币政策立场与银行信贷的异质性反应:基于信贷传导渠道的理论解读与实证检验[J]. 财贸经济,35(12):51-63.

李成,刘生福,2015. 利率市场化鼓励商业银行过度风险承担吗?:来自中国银行业的经验证据[J]. 经济管理(12):91-102.

李成,杨礼,高智贤,2015. 利率市场化对商业银行风险承担的影响研究:基于非平衡面板数据的实证分析[J]. 金融经济学研究(5):55-71.

李丛文,2015. 中国影子银行与货币政策调控:基于时变 Copula 动态相关性分析[J]. 南开经济研究(5):40-58.

李佳,2012. 银行风险偏好与银行表外业务[J]. 金融论坛(10):27-31.

李建军,薛莹,2014. 中国影子银行部门系统性风险的形成、影响与应对[J]. 数量经济技术经济研究(8):117-130.

李俊霞,刘军,2014. 中国影子银行体系的风险评估与监管建议[J]. 经济学动态(5):26-33.

李双建,田国强,2020. 银行竞争与货币政策银行风险承担渠道:理论与实证[J]. 管理世界,36(4):149-168.

李文泓,2009. 关于宏观审慎监管框架下逆周期政策的探讨[J]. 金融研究(7):7-24.

李向前,诸葛瑞英,黄盼盼,2013. 影子银行系统对我国货币政策和金融稳定的影响[J]. 经济学动态(5):81-87.

李政,梁琪,涂晓枫,2016. 我国上市金融机构关联性研究:基于网络分析法[J]. 金融研究(8):95-110.

廉永辉,2020. 批发融资增加了银行系统性风险吗?:基于系统性风险分解的视角[J]. 暨南学报(哲学社会科学版),42(5):94-108.
梁琪,李政,卜林,2015. 中国宏观审慎政策工具有效性研究[J]. 经济科学(2):5-17.
廖理,高善文,2014. 规范影子银行应平衡创新与监管[J]. 清华金融评论(6):32-42.
廖岷,郭晓夏,2017. 我国商业银行异化创新业务风险分析及监管建议[J]. 国际金融研究,360(4):66-75.
林晶,张昆,2013. "影子银行"体系的风险特征与监管体系催生[J]. 改革(7):51-57.
刘超,马玉洁,2014. 影子银行系统对我国金融发展、金融稳定的影响:基于2002—2012年月度数据的分析[J]. 经济学家(4):72-80.
刘冲,杜通,刘莉亚,等,2019. 资本计量方法改革、商业银行风险偏好与信贷配置[J]. 金融研究(7):38-56.
刘澜飚,戴金甫,2019. 中国宏观审慎政策工具有效性与银行风险[J]. 南开学报:哲学社会科学版,268(2):163-172.
刘生福,李成,2014. 货币政策调控、银行风险承担与宏观审慎管理:基于动态面板系统GMM模型的实证分析[J]. 南开经济研究(5):24-39.
刘新华,孙欢欢,2015. "资金池"模式理财产品的风险透析及防范:与美国次级贷款证券化的比较[J]. 西南金融(6):33-37.
刘忠璐,2016. 互联网金融对商业银行风险承担的影响研究[J]. 财贸经济,37(4):71-85.
卢露,杨文华,2020. 杠杆率监管能有效降低银行体系系统性风险吗?:基于内生性网络模型的模拟分析[J]. 财经研究,46(2):52-66.
马草原,李成,2013. 国有经济效率、增长目标硬约束与货币政策超调[J]. 经济研究(7):76-89.
马君潞,范小云,曹元涛,2007. 中国银行间市场双边传染的风险估测及其系统性特征分析[J]. 经济研究(1):68-78.
马勇,陈雨露,2013. 宏观审慎政策的协调与搭配:基于中国的模拟分析[J]. 金融研究(8):57-69.

潘敏,张依茹,2012.宏观经济波动下银行风险承担水平研究:基于股权结构异质性的视角[J].财贸经济(10):57-65.

裘翔,周强龙,2014.影子银行与货币政策传导[J].经济研究,49(5):91-105.

饶品贵,姜国华,2013.货币政策对银行信贷与商业信用互动关系影响研究[J].经济研究(1):68-82.

任哲,邵荣平,2012.收入结构、经营风险及多元化选择:解析78家商业银行[J].改革(9):64-70.

邵汉华,杨俊,廖尝君,2015.商业银行同业业务扩张与货币政策传导:基于银行信贷渠道的实证检验[J].金融经济学研究(2):15-25.

沈悦,戴士伟,罗希,2014.中国金融业系统性风险溢出效应测度:基于GARCH-Copula-CoVaR模型的研究[J].当代经济科学,36(6):30-38.

史建平,高宇,2011.宏观审慎监管理论研究综述[J].国际金融研究(8):66-74.

宋科,李振,赵宣凯,2019.宏观审慎政策、经济周期与银行风险承担[J].经济理论与经济管理(1):43-58.

苏帆,于寄语,熊劼,2019.更高资本充足率要求能够有效防范金融风险吗?:基于双重差分法的再检验[J].国际金融研究(9):76-86.

苏嘉胜,王曦,2019.宏观审慎管理的有效性及其与货币政策的协调[J].财贸经济(9):65-83.

苏明政,徐佳信,张庆君,2017.金融失衡视角下宏观审慎政策工具有效性研究:基于119家商业银行的实证分析[J].会计与经济研究,31(1):102-116.

孙国峰,贾君怡,2015.中国影子银行界定及其规模测算:基于信用货币创造的视角[J].中国社会科学(11):92-110.

孙勇,2014.银行同业业务创新对信贷管制的突破研究[J].财经问题研究(2):46-51.

汤铎铎,张莹,2017.实体经济低波动与金融去杠杆:2017年中国宏观经济中期报告[J]. 经济学动态(8):6-19.

涂晓枫,李政,2016. 银行的影子:风险分担还是风险传染[J]. 当代经济科学,38(2):20-29.

王爱俭,王璟怡,2014. 宏观审慎政策效应及其与货币政策关系研究[J]. 经济研究(4):17-31.

王晓芳,郑斌,2017. 超额准备金、货币政策传导机制与调控方式转型:基于银行信贷市场的分析[J]. 世界经济研究(6):61-76.

王喆,张明,刘士达,2017. 从"通道"到"同业":中国影子银行体系的演进历程、潜在风险与发展方向[J]. 国际经济评论(4):128-148.

王振,曾辉,2014. 影子银行对货币政策影响的理论与实证分析[J]. 国际金融研究(12):58-67.

王宗润,万源沅,周艳菊,2015. 隐性存款保险下银行信息披露与风险承担[J]. 管理科学学报,18(4):84-97.

魏伟,陈骁,张明,2018. 中国金融系统性风险:主要来源、防范路径与潜在影响[J]. 国际经济评论,135(3):127-152.

吴军,黄丹,2015. 商业银行同业业务超常扩张对金融稳定的影响:基于15家商业银行的实证分析[J]. 金融论坛(5):36-43.

吴卫星,邵旭方,吴锟,2016. 中国商业银行流动性风险传染特征分析:基于商业银行同业负债的时间序列数据[J]. 国际商务:对外经济贸易大学学报(4):81-92.

伍戈,何伟,2014. 商业银行资产负债结构与货币政策调控方式:基于同业业务的分析[J]. 金融监管研究(7):40-53.

夏仕龙,付英俊,2017. 我国货币政策的银行风险承担效应研究:基于中观层面的结构视角[J]. 当代经济科学,39(6):33-45.

项后军,2016. 理解货币政策的银行风险承担渠道:反思与再研究[J]. 经济学动态(2):87-100.

项后军,闫玉,2017. 理财产品发展、利率市场化与银行风险承担问题研究[J]. 金融研究(10):99-114.

肖崎,阮健浓,2014. 我国银行同业业务发展对货币政策和金融稳定的影响[J]. 国际金融研究(3):65-73.

肖文东,2017. 非利息收入对银行经营绩效和风险的影响研究[J]. 经济问题(8):88-91.

熊彼特,2008. 经济发展理论[M]. 孔伟艳,朱攀峰,娄季芳,译. 北京:北京出版社.

熊启跃,黄宪,2015. 资本监管下货币政策信贷渠道的"扭曲"效应研究:基于中国的实证[J]. 国际金融研究,339(1):48-61.

徐明东,陈学彬,2012. 货币环境、资本充足率与商业银行风险承担[J]. 金融研究(7):48-62.

许少强,颜永嘉,2015. 中国影子银行体系发展、利率传导与货币政策调控[J]. 国际金融研究(11):58-68.

杨光,孙浦阳,2015. 流动性过剩是否造成了"钱荒"现象:基于异质性DSGE框架的分析[J]. 南开经济研究(5):59-73.

杨天宇,钟宇平,2013. 中国银行业的集中度、竞争度与银行风险[J]. 金融研究(1):122-134.

姚舜达,朱元倩,2017. 银行业转型背景下的货币政策与金融监管协调[J]. 金融经济学研究(5):17-27.

于研,魏文臻杰,2015. 银行利差与表外业务的内生性研究:基于中国上市商业银行2008—2013年的实证分析[J]. 国际金融研究,340(8):64-74.

曾雪云,韩丽萍,陆正飞,2017. 上市商业银行表外项目的风险与价值相关性研究:基于信用承诺业务[J]. 经济理论与经济管理,36(12):59-72.

翟光宇,2016. 货币政策、理财产品与微观主体存贷款选择:基于上市银行2004—2013年季度数据的实证分析[J]. 当代经济科学,38(1):36-47.

翟光宇,何玉洁,孙晓霞,2015. 中国上市银行同业业务扩张与银行风险:基于2007—2013年季度数据的实证分析[J]. 投资研究(2):34-45.

张强,乔煜峰,张宝,2013. 中国货币政策的银行风险承担渠道存在吗?

[J]. 金融研究(8):84－97.
张庆君，陈思，2019. 杠杆率监管引入对商业银行风险承担具有缓释效应吗?：基于中国96家商业银行的实证分析[J]. 经济与管理研究，40(3):29－44.
张天顶，张宇，2017. 模型不确定下我国商业银行系统性风险影响因素分析[J]. 国际金融研究(3):47－56.
张晓玫，毛亚琪，2014. 我国上市商业银行系统性风险与非利息收入研究：基于LRMES方法的创新探讨[J]. 国际金融研究，331(11):23－35.
张晓玫，弋琳，2013. 货币空转与银行间市场流动性：基于我国“钱荒”事件研究[J]. 财经科学(12):20－28.
张雪兰，何德旭，2012. 货币政策立场与银行风险承担：基于中国银行业的实证研究(2000—2010)[J]. 经济研究(5):31－44.
张羽，李黎，2010. 非利息收入有利于降低银行风险吗?：基于中国银行业的数据[J]. 南开经济研究(4):69－91.
赵胜民，申创，2016. 市场竞争度、非利息收入对银行风险的影响[J]. 中南财经政法大学学报(5):54－65.
中国农业银行财务会计部课题组，张克秋，2015. 从财务视角研究利率市场化下商业银行盈利模式转型[J]. 金融会计(2):15－24.
钟永红，张卫国，2018. 资本监管约束下银行行为调整的动态特征分析[J]. 统计研究，35(4):53－63.
周爱民，韩菲，2017. 股票市场和外汇市场间风险溢出效应研究：基于GARCH-时变Copula-CoVaR模型的分析[J]. 国际金融研究(11):54－64.
朱波，卢露，2016. 不同货币政策工具对系统性金融风险的影响研究[J]. 数量经济技术经济研究(1):58－74.
朱波，马永谈，2018. 行业特征、货币政策与系统性风险：基于“经济金融”关联网络的分析[J]. 国际金融研究(4):22－32.
朱波，杨文华，邓叶峰，2016. 非利息收入降低了银行的系统性风险吗?：

基于规模异质的视角[J]. 国际金融研究,348(4):62-73.

朱孟楠,叶芳,赵茜,等,2012. 影子银行体系的监管问题:基于最优资本监管模型的分析[J]. 国际金融研究(7):49-57.

祝继高,胡诗阳,陆正飞,2016. 商业银行从事影子银行业务的影响因素与经济后果:基于影子银行体系资金融出方的实证研究[J]. 金融研究(1):66-82.

ACHARYA V V, PEDERSEN L H, PHILIPPON T, et al., 2017. Measuring systemic risk[J]. The Review of Financial Studies,30(1):2-47.

ACHARYA V V, 2009. A theory of systemic risk and design of prudential bank regulation[J]. Journal of Financial Stability, 5(3):224-255.

ADRIAN T, BRUNNERMEIER M K, 2016. CoVaR[J]. American Economic Review,106(7):1705-1741.

ADRIAN T, SHIN H S, 2009. Money, liquidity, and monetary policy [J]. American Economic Review,99(2):600-605.

AGUR I, 2014. Bank risk within and across equilibria[J]. Journal of Banking & Finance,48(11):322-333.

AGUR I, DEMERTZIS M, 2019. Will macroprudential policy counteract monetary policy's effects on financial stability? [J]. The North American Journal of Economics and Finance,48:65-75.

AKERLOF G A, 1970. The market for "lemons": quality uncertainty and the market mechanism[J]. The Quarterly Journal of Economics, 84(3):488-500.

ALLEN F, CARLETTI E, MARQUEZ R, 2011. Credit market competition and capital regulation [J]. The Review of Financial Studies,24(4):983-1018.

ALTUNBAS Y, CARBO S, GARDENER E P M, et al., 2007. Examining the relationships between capital, risk and efficiency in European Banking

[J]. European Financial Management, 13(1): 49 - 70.

ALTUNBAS Y, GAMBACORTA L, MARQUES-IBANEZ D, 2010. Bank risk and monetary policy[J]. Journal of Financial Stability, 6(3): 121 - 129.

ANGBAZO L, 1997. Commercial bank net interest margins, default risk, interest-rate risk, and off-balance sheet banking[J]. Journal of Banking & Finance, 21(1): 55 - 87.

ANGINER D, DEMIRGUC-KUNT A, ZHU M, 2014. How does competition affect bank systemic risk? [J]. Journal of Financial Intermediation, 23(1): 1 - 26.

BARON R M, KENNY D A, 1986. The moderator - mediator variable distinction in social psychological research: conceptual, strategic and statistical considerations [J]. Journal of Personality and Social Psychology, 51(6): 1173 - 1182.

BARRELL R, DAVIS E P, KARIM D, et al., 2010. Evaluating off-balance sheet exposures in banking crisis determination models[Z]. NIESR Discussion Papers, 357.

BEHN M W, HASELMANN R, VIKRANT V, 2014. The limits of model-based regulation[Z]. IMFS Working Paper Series, No. 82.

BENNETT R L, GÜNTAY L, UNAL H, 2015. Inside debt, bank default risk, and performance during the crisis [J]. Journal of Financial Intermediation, 24(4): 487 - 513.

BERGER A N, KLAPPER L F, PERIA M S M, et al., 2008. Bank ownership type and banking relationships[J]. Journal of Financial Intermediation, 17(1): 37 - 62.

BILLIO M, GETMANSKY M, LO A W, et al., 2012. Econometric measures of connectedness and systemic risk in the finance and insurance sectors [J]. Journal of Financial Economics, 104(3): 535 - 559.

BLUHM M, KRAHNEN J P, 2014. Systemic risk in an interconnected banking system with endogenous asset markets[J]. Journal of Financial Stability,13:75－94.

BODIE Z,1995. On the risk of stocks in the long run[J]. Financial Analysts Journal,51(3):18－22.

BOOT A W A,THAKOR A V,1991. Off-balance sheet liabilities, deposit insurance and capital regulation[J]. Journal of Banking & Finance,15(4－5):825－846.

BORIO C,DREHMANN M,2009. Towards an operational framework for financial stability:"fuzzy" measurement and its consequences[Z]. BIS Working Papers,No. 284.

BORIO C,ZHU H B,2012. Capital regulation,risk-taking and monetary policy:a missing link in the transmission mechanism? [J]. Journal of Financial Stability,8(4):236－251.

BOYSON N M,FAHLENBRACH R,STULZ RENÉ M,2016. Why don't all banks practice regulatory arbitrage? Evidence from usage of trust-preferred securities[J]. Review of Financial Studies,29(7):1821－1859.

BRÄMER P,GISCHER H,LÜCKE C,2014. A simulation approach to evaluate systemic risk[J]. European Journal of Political Economy,34: 553－564.

BREUER P,2002. Measuring off-balance-sheet leverage[J]. Journal of Banking & Finance,26(2－3):223－242.

BROWNLEES C,ENGLE R F,2017. SRISK:a conditional capital shortfall measure of systemic risk[J]. The Review of Financial Studies,30(1):48－79.

CAI J,EIDAM F,SAUNDERS A,et al.,2009. Syndication, interconnectedness, and systemic risk[J]. Journal of Financial Stability,34:105－120.

CARTER M,1989. Financial innovation and financial fragility[J]. Journal of Economic Issues,23(3):779－793.

CARUANA J, 2010. The challenge of taking macroprudential decisions: Who will press which button(s)? [M]//CLAESSENS S, EVANOFF D D, KAUFMAN G G, et al. Macroprudential regulatory policies: the new road to financial stability. Singapore: World Scientific Publishing Company: 19－28.

CHAN-LAU J A, 2010. Balance sheet network analysis of too-connected-to-fail risk in global and domestic banking systems[J]. Social Science Electronic Publishing, 10(107): 1－25.

CIFUENTES R, FERRUCCI G, SHIN H S, 2005. Liquidity risk and contagion[J]. Journal of the European Economic Association, 3(2－3): 556－566.

CORDELLA T, YEYATI E L, 2002. Financial opening, deposit insurance, and risk in a model of banking competition[J]. European Economic Review, 46(3): 471－485.

CUCINELLI D, DI BATISTA M L, MARCHESE M, et al., 2018. Credit risk in European banks: The bright side of the internal ratings based approach[J]. Journal of Banking & Finance, 93(8): 213－229.

DE NICOLO G, DELL' ARICCIA G, LAEVEN L, et al., 2010. Monetary policy and bank risk taking[J]. SSRN Electronic Journal(9): 975－1009.

DELIS M D, KOURETAS G P, 2011. Interest rates and bank risk-taking[J]. Journal of Banking & Finance, 35(4): 840－855.

DEMIRGUC-KENT A, DETRAGIACHE E, 1998. Financial liberalization and financial fragility[Z]. IMF Working Paper.

DIAMOND D W, RAJAN R G, 2005. Liquidity shortages and banking crises[J]. The Journal of Finance, 60(2): 615－647.

DIAMOND D W, DYBVIG P H, 1983. Bank runs, deposit insurance and liquidity[J]. Journal of Political Economy, 91(3): 401－419.

DIAZ-ALEJANDRO C, 1985. Good-bye financial repression, hello financial crash[J]. Journal of Development Economics, 19(1－2): 1－24.

DUARTE F,EISENBACH T M,2013. Fire-sale spillovers and systemic risk[Z]. Fedral Reserve Bank of New York Staff Report,No. 645.

EDMANS A,LIU Q,2011. Inside debt[J]. Review of Finance,15(1):75 - 102.

ELIZALDE A, REPULLO R, 2004. Economic and regulatory capital: What is the difference? [Z]. CEMFI Working Paper,No. 0422.

FISMAN R, SVENSSON J, 2005. Are corruption and taxation really harmful to growth? Firm level evidence[J]. Journal of Development Economics,83(1):63 - 75.

FRIEDMAN M, SCHWARTZ A J, 1963. Monetary history of the United States, 1867 - 1960 [M]. Princeton: Princeton University Press.

FUNGÁČOVÁ Z, SOLANKO L, WEILL L, 2013. Does bank competition influence the lending channel in the Euro area? [J]. BOFIT Discussion Papers,17:4

FURFINE C, 2003. Interbank exposures: quantifying the risk of contagion [J]. Journal of Money,Credit,and Banking,35(1):111 - 128.

GAI P, HALDANE A, KAPADIA S, 2011. Complexity, concentration and contagion[J]. Journal of Monetary Economics,58(5):453 - 470.

GORTON G,METRICK A,SHLEIFER A,et al. ,2010. Regulating the shadow banking system[J]. Brookings Papers on Economic Activity (2):261 - 297.

GOURIEROUX C, MONFORT A, RENAULT E, et al. , 1987. Generalised residuals[J]. Journal of Econometrics,34(1 - 2):5 - 32.

GRAY D F, JOBST A, 2010. New directions in financial sector and sovereign risk management[J]. Journal of Investment Management,8 (1):23 - 28.

GREENSPAN A, 1997. Maintaining financial stability in a global economy[Z].

GREENWOOD R, LANDIER A, THESMAR D, 2015. Vulnerable banks[J]. Journal of Financial Economics, 115(3): 471 - 485.

HAKENES H, SCHNABEL I, 2010. Credit risk transfer and bank competition[J]. Journal of Financial Intermediation, 19(3): 308 - 332.

HART O, ZINGALES L, 2009. How to avoid a new financial crisis[Z]. Working Paper.

HASSAN M K, 1993. The off-balance sheet banking risk of large U. S. commercial banks [J]. The Quarterly Review of Economics and Finance, 33(1): 51 - 69.

HASSAN M K, 1994. An empirical investigation of the existence of market discipline of off-balance sheet banking risk[J]. International Review of Economics & Finance, 3(2): 153 - 172.

HASSAN M K, KHASAWNEH A, 2009. The risk of off-balance sheet derivatives in U. S. Commercial Banks[J]. SSRN Electronic Journal, 8(35): 367 - 377.

HELLMANN T F, MURDOCK K C, STIGLITZ J E, 1998. Financial restraint: towards a new paradigm [M]//AOKI M, KIM H K, OKUNO-FUJIWARA M. The role of government in East Asian economic development: comparative institutional analysis. Oxford: Oxford University Press: 163 - 207.

HELLMANN T F, MURDOCK K C, STIGLITZ J E, 2000. Liberalization, moral hazard in banking, and prudential regulation: Are capital requirements enough? [J]. American Economic Review, 90(1): 147 - 165.

HORVÁTH B L, WAGNER W, 2017. The disturbing interaction between countercyclical capital requirements and systemic risk[J]. Review of Finance, 21(4): 1485 - 1511.

HUANG X, ZHOU H, ZHU H B, 2009. A framework for assessing the systemic risk of major financial institutions[J]. Journal of Banking &

Finance,33(11):2036-2049.

IOANNIDOU V,ONGENA S,PEYDRÓ J L,2015. Monetary policy, risk-taking, and pricing: evidence from a quasi-natural experiment[J]. Review of Finance,19(1):95-144.

JACKLIN C J,BHATTACHARYA S,1988. Distinguishing panics and information-based bank runs: welfare and policy implications[J]. Journal of Political Economy,96(3):568-592.

JACQUES K T,2008. Capital shocks, bank asset allocation, and the revised Basel Accord[J]. Review of Financial Economics,17(2):79-91.

KANE E J,1984. Regulatory structure in futures markets: jurisdictional competition between the SEC, the CFTC, and other agencies[J]. The Journal of Futures Markets,4(3):367-384.

KAUFMAN G G, SCOTT K E, 2003. What is systemic risk, and do bank regulators retard or contribute to it? [J]. The Independent Review,7(3):371-391.

KEELEY M C, 1990. Deposit insurance, risk, and market power in banking[J]. American Economic Review,80(5):1183-1200.

KORAY F, HILL R C, 1988. Money, debt and economic activity[J]. Journal of Macroeconomics,10(3):351-370.

KREGEL J A,1997. Margins of safety and weight of the argument in generating financial fragility[J]. Journal of Economic Issues,31(2):543-548.

LAEVEN L, LEVINE R, 2009. Bank governance, regulation and risk taking[J]. Journal of Financial Economics,93(2):259-275.

LAEVEN L, RATONVSKI L, TONG H, 2016. Bank size, capital, and systemic risk: some international evidence[J]. Journal of Banking & Finance,69:525-534.

LEWIS M K,2013. Off-balance sheet activities and financial innovation in banking[J]. Moneta e Credito,42(165):156-178.

LORETAN M, 1996. Economic models of systemic risk in financial systems[J]. The North American Journal of Economics and Finance, 7(2):147-152.

MADDALONI A, PEYDRÓ J L, 2011. Bank risk-taking, securitization, supervision, and low interest rates: evidence from the Euro-area and the U. S. Lending Standards[J]. The Review of Financial Studies, 24(6):2121-2165.

MATEUT S, BOUGHEAS S, MIZEN P, 2006. Trade credit, bank lending and monetary policy transmission[J]. European Economic Review, 50(3):603-629.

MAZELI S F, 2014. Monetary policy effects on financial intermediation via the regulated and the shadow banking systems[Z]. SFB 649 Discussion Papers.

MINSKY H, 1982. The financial fragility hypothesis: capitalist process and the behavior of the economy in financial crises[M]. Cambridge: Cambridge University Press.

MISHKIN F S, 1996. Understanding financial crisis: a developing country perspective[Z]. NBER Working Paper, No. 5600.

MISHKIN F S, 1996. The channels of monetary transmission: lessons for monetary policy[Z]. NBER Working Paper Series, No. 5464.

NIE H S, 2014. Off-balance sheet activities, revenue diversification and bank risk: some international evidence[D]. Brisbane: The University of Queensland.

NIJSKENS R, WAGNER W, 2011. Credit risk transfer activities and systemic risk: How banks became less risky individually but posed greater risks to the financial system at the same time[J]. Journal of Banking & Finance, 35(6):1391-1398.

PALIGOROVA T, SANTOS J A C, 2017. Monetary policy and bank risk-taking: evidence from the corporate loan market[J]. Journal of

Financial Intermediation,30:35 - 49.

PATTON A J,2006. Estimation of multivariate models for time series of possibly different lengths[J]. Journal of Applied Econometrics, 21(2):147 - 173.

PENNACCHI G G,1988. Loan sales and the cost of bank capital[J]. The Journal of Finance,43(2):375 - 396.

PERERA A,RALSTON D,WICKRAMANAYAKE J,2014. Impact of off-balance sheet banking on the bank lending channel of monetary transmission:evidence from South Asia[J]. Journal of International Financial Markets,Institutions & Money,29(1):195 - 216.

POZSAR Z, ADRIAN T, ASHCRAFT A B, et al., 2010. Shadow banking[Z]. Federal Reserve Bank of New York Staff Reports, No. 458.

RAJAN R G,2005. Has financial development made the world riskier? [Z]. NEBR Working Papers,No. 11728.

ROTHSCHILD M,STIGLITZ J E,1970. Increasing risk:I. A definition [J]. Journal of Economic Theory,2(3):225 - 243.

SCHWARTZ A J,1997. From obscurity to notoriety:a biography of the exchange stabilization fund [J]. Journal of Money, Credit and Banking,29(2):135 - 153.

SCOPELLITI A D, 2013. Off-balance sheet credit exposure and asset securitisation: What impact on bank credit supply? [Z]. MPRA Paper,No. 43890.

SHELDON G, MAURER M, 1998. Interbank lending and systemic risk:an empirical analysis of Switzerland[J]. Journal of Economics, 134:685 - 704.

SHENG A,2011. Central Banking in an era of quantitative easing[Z]. The Levy Economics Institute Working Paper,No. 684.

SONG Z, HACHEM K, 2015. The rise of China's shadow banking

system[Z]. Working Paper.

STIGLITZ J E, 1981. Potential competition may reduce welfare[J]. The American Economic Review, 71(2): 184-189.

STIGLITZ J E, WEISS A, 1981. Credit rationing in markets with imperfect information[J]. The American Economic Review, 71(3): 393-410.

STIROH K J, 2004. Do community banks benefit from diversification? [J]. Journal of Financial Services Research, 25(2-3): 135-160.

THÉORET R, 2009. Off-balance-sheet activities and the shadow banking system: an application of the Hausman test with higher moments instruments [J]. Social Science Electronic Publishing, 12(5): 598-604.

THORNTON H, 1939. An enquiry into the nature and effects of the paper credit of great britain[M]. New York: Farrar & Rinehart.

UPPER C, 2011. Simulation methods to assess the danger of contagion in interbank markets[J]. Journal of Financial Stability, 7(3): 111-125.

UPPER C, WORMS A, 2004. Estimating bilateral exposures in the German interbank market: Is there a danger of contagion? [J]. European Economic Review, 48(4): 827-849.